W0234316

Schottland per Rad

Ein Fahrrad-Reiseführer

Verlag Wolfgang Kettler

Herausgeber: Wolfgang Kettler

CIP-Kurztitelaufnahme der Deutschen Bibliothek:

Kettler, Wolfgang:

Schottland per Rad: e. Fahrrad-Reiseführer / Wolfgang Kettler. — 1.
Aufl. — Berlin : Kettler, 1986.
    ISBN 3-921939-10-0

Umschlagzeichnung: Jutta Herold

1. Auflage Juni 1986

ISBN 3-921939-10-0

© Copyright 1986 by Verlag Wolfgang Kettler, Goethestr. 80, 1000 Berlin 12

Alle Rechte, auch des auszugsweisen Nachdrucks, vorbehalten.

Druck: Bloch & Partner oHG, 1000 Berlin 61

Schottland per Rad

Ein Fahrrad-Reiseführer

Verlag Wolfgang Kettler

Inhalt

Unterwegs 87

Dem Buch liegt eine Etappen-Übersichtskarte "Schottland" im Maßstab 1:1000000 bei.

Abbildungsnachweis

Alle Fotos, Karten und Skizzen in diesem Buch stammen vom Herausgeber.

Mit dem Fahrrad auf Reisen: Schottland

Unter den Schotten hat sich teils schon herumgesprochen, daß das Fahrrad bei den Besuchern aus den deutschsprachigen Ländern eine beträchtliche Beliebtheit genießt: der Anteil am gesamten Radtourismus in Schottland dürfte über 50 % liegen. Für die Landesbewohner stellt das eine Obskurität dar - etwas spleenig und also besonders liebenswert -, die scheinbar so gar nicht der Topographie und dem Klima ihrer Heimat entspricht. Und doch ist die Popularität des Landes bei dem Fahrradreisenden vollkommen begründet.

Der Nordteil des britischen Königreiches verfügt nämlich über einige fahrradfreundliche Eigenschaften: weitgehend dünne Besiedlung und entsprechend wenig Autoverkehr, landschaftliche Attraktionen erster Güte, eine für Individualreisende günstige touristische Infrastruktur und ein gemäßigtes Klima. Die milden Temperaturen liegen im Sommer in einem idealen Bereich und können daher mit dem Umstand versöhnen, daß Schottland auch mit Regenfällen etwas überdurchschnittlich versorgt ist. Wobei das Wetter in Schottland selbstverständlich genauso unzuverlässig ist wie überall auf der Welt: sonnige und warme Sommer sind in Großbritannien weit häufiger, als gemeinhin angenommen wird.
Ein Blick auf eine Landkarte zeigt bald, daß auch andere Vorurteile über Schottland ein schiefes Bild bieten: zwar gibt es eine ganze Reihe beachtlicher Gebirgszüge, diese sind aber zum einen nicht etwa im Norden am höchsten, sondern quasi in der Mitte, zum andern führen die meisten Straßen durch die Täler zwischen den Höhenzügen hindurch. Eine Schottlandreise per Rad ist daher eine weniger "sportliche" Angelegenheit, als man vermuten sollte, obwohl eine gewisse Bereitschaft zu physischer Betätigung erforderlich ist.
Das Straßennetz des Landes, das kaum Radwege, aber auch nur wenig Autobahnen aufweist, ist in den dichter besiedelten Regionen feinmaschig genug, um ausreichend viele Nebenstraßen für den Radfahrer bereitzustellen. Und in den abgelegenen Gebieten des nordschottischen Hochlandes oder auf den Inseln, deren Besiedlungsgrad noch unter dem der inneren Mongolei liegt, sind die wenigen Straßen ohnehin leer. Nicht wenige Strecken dürfen zu den "Traumstraßen der Welt" gezählt werden, die der Radfahrer mit seinem Frischluftverkehrsmittel viel intensiver genießen kann als motorisierte Touristen.

Anleitung zur Benutzung

Informationen über Benzinpreise fehlen in diesem Reiseführer: er ist voll und ganz auf Fahrradreisen ausgerichtet und verzichtet daher auf alle Details, die für Radler unwichtig sind. Stattdessen legt dieses Buch Wert auf Fahrrad-Werkstätten und Bahntransport, Landkarten mit Höhenlinien und ruhige Nebenstraßen.

Der Nordteil des britischen Königreiches weist eine Fülle von Eigenheiten auf, deren Kenntnis für den Touristen durchaus nützlich ist, will er nicht stetig mit staunend geöffnetem Mund als lebender Fliegenfänger durch die Gegend radeln. Etwas Hintergrundwissen über Schottland und die dort lebenden Menschen steht deshalb am Anfang des Buches. Darunter ist auch einiges zu finden, das für einen Reisenden von unmittelbarer Bedeutung ist; es ist daher anzuraten, diesen Buchabschnitt vollständig zu lesen, eine Reduzierung auf einzelne Kapitel ist nicht sinnvoll. Im Anschluß an die Hintergrundinformationen sind jene kleinen Dinge zusammengestellt, die der Besucher Schottlands wissen sollte und möchte, wie z.B. Einreisebedingungen, geeignete Landkarten, Kulinarisches oder Übersichten zur Infrastruktur.

Der eigentliche Fahrrad-Reiseführer beginnt erst danach. Nach einer Vorstellung der schottischen Regionen wird das Land "etappenweise" behandelt. Dazu ist das Land in 78, auf der dem Buch beiliegenden Übersichtskarte ersichtliche Teilstrecken aufgeteilt, so daß ein weitgehend individueller Reiseverlauf ermöglicht wird. Die durchnumerierten Teilstrecken sind mit Kartenskizzen und Streckenverlauf ausführlich beschrieben, Städte und Sehenswürdigkeiten, teilweise in hervorgehobenen "Kästen", behandelt. Detailinformationen zu einem Ort stehen im allgemeinen nur in jeweils einer Etappenbeschreibung; sie sind über das Register am Ende des Buches schnell zu finden.

Die Streckenführung der Etappen ist speziell auf die Belange des Fahrrad-Touristen abgestimmt: so weit wie möglich werden Nebenstraßen benutzt, starke Steigungen vermieden, landschaftlich und touristisch interessante Stätten ausgesucht.

Die Routenempfehlung beinhaltet keine Vorschriften über die zu vollbringende "Tagesleistung" - die Länge der Tagesstrecken bestimmen Sie ausschließlich selbst. Die Entfernungsangaben in den Etappenbeschreibungen sind nicht als Empfehlung für **Tages**etappen zu verstehen.

Details über Ortschaften sollen sowohl der Vorauswahl der jeweils zu Aufenthalt und/oder Übernachtung angepeilten Dörfer und Städte dienen als auch touristische Tips "vor Ort" geben. Sie nehmen Ihnen jedoch nicht das Selbstentdecken der Orte ab; Näheres dazu in den Kapiteln über

Übernachtung und Kulinarisches.
Die Auswahl der Informationen ist darauf gerichtet, daß sie einen guten Mittelweg zwischen den strikten Vorschriften üblicher "Rad-Wanderführer" und den für Radtouristen unbrauchbaren Angaben gewöhnlicher Reiseführer bieten. Anhand dieses Fahrrad-Reiseführers allein werden Sie aber keine eigenverantwortliche Schottlandreise unternehmen können: als Ergänzung sind gute Straßenkarten unbedingt erforderlich. Die nötige Präzision kann nur mit einer vielfarbigen Karte und nicht mit den in diesem Buch enthaltenen Skizzen erreicht werden.

Damit Sie nicht mit dem aufgeschlagenen Buch in der Hand durch Schottland fahren müssen und womöglich dabei die besten Eindrücke verpassen, ist es sinnvoll, die Streckenführung im voraus mit Bleistift oder Kugelschreiber auf die von Ihnen benutzte Karte zu übertragen. Markieren Sie sich Punkte mit Besonderheiten, zu denen Sie Informationen dann an Ort und Stelle nachschlagen können. Auf diese Art und Weise ist auch die Umkehrung einer Etappenbeschreibung kein Problem.

Land und Leute

Fläche und Topographie

Schottland ist ein recht schmales, langgezogenes Land; obwohl seine 78762 km² nur etwa ein Drittel der Fläche Großbritanniens ausmachen, ist es fast genauso lang wie England. Die stark zerklüftete Form bewirkt aber, daß die Daten für die längste Nord-Süd-Verbindung (360 km) und die größte Ost-West-Breite (225 km) einen unzureichenden Eindruck von den Ausmaßen haben, in denen sich die Schotten bewegen. Über 700 Inseln, die meisten davon unbewohnt, erhöhen die Landmasse Schottlands vor allem im Westen und Norden.

Das Land ist geographisch klar in drei Teile gegliedert: die "Uplands" im Süden, ein Hügelland an der Grenze zu England; die "Lowlands", das zentrale Tiefland zwischen den Mündungen der Flüsse Tay, Forth und Clyde; die "Highlands" im Norden, die etwa die Hälfte der Fläche Schottlands einnehmen.

Die Lowlands beherbergen zwei Drittel der Landesbevölkerung und die meisten Industriebetriebe. Der recht schmale Streifen zwischen den Bergregionen im Süden und Norden ist dementsprechend die für (Rad-) Touristen unattraktivste Gegend.

Die Uplands werden zu Unrecht von vielen Touristen stiefmütterlich behandelt. Wegen des von vielen kleinen Straßen durchzogenen Abwechslungsreichtums der Landschaft wäre es sträflich, die Region mit der Eisenbahn zu durcheilen oder über die unattraktive Ostküstenstrecke links liegen zu lassen. Viele Hügel des südlichen Berglandes, deren höchste Gipfel bei etwa 800 m liegen, sind bewaldet, und die Straßen führen häufig weiter bergauf als in den nördlichen Highlands.

Die höchsten Gipfel des Hochlands befinden sich in den Bergmassiven, die sich unmittelbar nördlich der Lowlands erheben. Der Ben Nevis ist mit seinen 1345 m nicht nur der höchste Berg Schottlands, sondern auch Großbritanniens; da er von Meereshöhe aufsteigt, ist er eine ausgesprochen imposante Erscheinung. Östlich davon erstrecken sich die Grampian Mountains mit etlichen weiteren hohen Gipfeln und schweißtreibenden Paßstraßen. Diagonal durch die Hochlandregion zieht sich ein langgestreckter, fast gradliniger Graben, das Great Glen, gebildet aus den Tälern des Loch Ness und Loch Lochy, der die Grampians deutlich vom nordwestlichen Hochland trennt. Für die nördlichsten Teile Schottlands gilt die Regel, daß der Westen deutlich zerklüfteter und hügeliger als der Osten ist; die Nordostspitze wird von einer weitgehend flachen Weideregion gebildet, die sich auf den vorgelagerten Orkney-Inseln fortsetzt. Diese

Landschaftsform findet sich im südlichen Hochland - in der Nordostecke nördlich von Aberdeen - wieder.

Schon auf halbem Weg nach Island liegen im Nordmeer schließlich die Shetland Inseln, gleichfalls weitgehend eben, wegen der langen und teuren Anreise in den Etappenbeschreibungen aber nicht berücksichtigt.

Vor der schottischen Westküste befinden sich zahlreiche Inseln sehr unterschiedlicher Größe und Topographie, teils sehr bergig wie Arran und Skye, teils fast vollständig flach wie der Großteil der Äußeren Hebriden (Lewis, Harris, Uist, Barra).

Während der Westen Schottlands im Einflußbereich des Golfstroms liegt, spielt im Osten das Nordmeer eine vorherrschende Rolle. Theoretisch ist deshalb das Wetter im Westen milder als im kühlen Osten, da aber die Westküste von den Regenfällen atlantischer Tiefs weit häufiger heimgesucht wird, sorgt im trockeneren Osten die Sonne oft für höhere Temperaturen. Im Sommer darf man deshalb fast überall mit Werten zwischen 15 ° und 20 °C rechnen, aber bei längeren Regenperioden sind auch Temperaturen bei nur 10 °C möglich - der Pullover ist deshalb unverzichtbarer Bestandteil des Reisegepäcks. Die trockensten Monate sind üblicherweise März bis Juni, die wärmsten Juni August. Die günstigste Reisezeit ist daher für den Radtouristen Mitte Juni bis Mitte Juli, da danach die Hauptreisezeit der Briten einsetzt.

Das milde Klima der vom Golfstrom beeinflußten Landesteile hat immer wieder Freunde exotischer Pflanzen dazu bewogen, an den ungewöhnlichsten Stellen tropische Gewächse zu halten oder gar ganze Parks davon anzulegen. Es ist keineswegs ungewöhnlich, in den nordwestlichsten Teilen des Hochlandes Palmen in Vorgärten zu entdecken.

Fast alle größeren Flüsse Schottlands münden in die Nordsee, nur der River Clyde fließt bei Glasgow in den Atlantik. Die Flußmündungen werden von den Schotten "Firth" (Förde) genannt, während die zahlreichen Meereseinschnitte ebenso wie die Binnenseen die Bezeichnung "Loch" erhalten. Und da es sehr viele Seen und noch mehr Meeresbuchten gibt, kommen dabei rund 1700 Lochs zusammen. Die bekanntesten Binnenseen sind zweifellos Loch Ness und Loch Lomond, ersterer wegen des angeblich vorhandenen Monsters (siehe Titelbild), der zweite als größter (und angeblich schönster, aber wer will das ernstlich beurteilen) See Schottlands.

Die Wälder, die vor ein paar hundert Jahren fast alle Berge des Landes bedeckten, sind wie überall auf den Britischen Inseln Rodungen, größtenteils für Schiffbau und Industrie, zum Opfer gefallen. Die folgende Erosion des Bodens hat verhindert, daß neue Bäume nachwuchsen; die heutigen Waldbestände sind durchweg planmäßig durch Aufforstung entstanden. Während in den südlichen Uplands die Hügel mit Weiden bedeckt sind, ist im nördlichen Hochland Heidekraut Hauptbestandteil der Vegetation, stark durchsetzt mit allen Arten von Wildblumen, Ginster und Rhododendron. Wie sich die riesigen Rotwildbestände Schottlands in dieser Landschaft dem menschlichen Auge entziehen, ist kaum auszumachen. Immerhin schaffen britische Jäger es, in jedem Jahr über 6000 davon zu erlegen; es gibt sogar Spezialunternehmen, die Gehörn und Geweihe einsammeln und zur Schmuckherstellung nach Ostasien exportieren!

Die zahlreichen Inseln sind ein einziges Vogelparadies; einige sind zu Reservaten ernannt worden. Recht selten trifft man hingegen auf das zottelige Hochlandrind, das zwar sehr dekorativ und robust ist, den modernen Anforderungen in Hinblick auf schnelle Schlachtreife hingegen nicht entspricht. Im ganzen Hochland verbreitet sind hingegen Schafe, frei umherlaufend und den Menschen zahlenmäßig um ein Vielfaches überlegen (s. Kapitel "Zeugen der Geschichte").

Bevölkerung

Weniger als 10 % der Briten, nämlich nur etwa 5,1 Millionen, leben in Schottland, was dem Land eine statistische Bevölkerungsdichte von nur 65 Einwohner je Quadratkilometer beschert. Über zwei Drittel der Schotten entfallen auf die städtischen Ballungsräume vor allem der Lowlands, davon allein etwa 1,7 Millionen im Großraum Glasgow. Entsprechend dünn besiedelt ist das schottische Hochland, in dessen Nordwestecke die Bevölkerungsquote nur geringfügig über Null liegt.

Alle Welt weiß aus den über die Schotten kursierenden Witzen, daß der Nordteil Großbritanniens von geizigen Rockträgern bewohnt wird, deren größte Leidenschaft der Whisky und die Jagd nach dem Monster von Loch Ness ist. Daß die den Schotten angedichteten Leidenschaften ausgesprochen kostspielig sind, tut der Hartnäckigkeit, mit der sich diese Gerüchte halten, keinen Abbruch; der Geiz ist ohnehin lediglich eine boshafte Auslegung der Sparsamkeit, zu der die Schotten von der Kargheit ihrer Existenz gezwungen waren. Das Tragen des Kilts, des Schottenrocks, ist nicht nur wegen des stolzen Preises einer solchen Traditionsausrüstung eine Seltenheit. Das schottische "Lebenswasser", der Whisky, verdankt der Geldgier englischer Regierungen ein Preisniveau, das so hoch ist, daß viele Schotten geneigt sind, in der Besteuerung (über 70 %) des edlen Nasses eine Schikane erster Güte zu sehen. Diese Ansicht hat eine gewisse Berechtigung, da Schottland seit jeher von den britischen Administrationen vernachlässigt worden ist - das Steueraufkommen fließt vorrangig in Richtung Süden, seltener auch wieder zurück. Dieser Umstand trägt dazu bei, eine sozial bedingte Abneigung gegenüber den Engländern (man hüte sich davor, einen Schotten als Engländer zu bezeichnen; selbst das Wort "Brite" kann manchmal fehl am Platz sein) aufrecht zu erhalten. Dennoch ist der schottische Nationalismus nicht militant und ohnehin eine Neuerung der letzten hundert Jahre. Historisch ist er kaum zu begründen.

Zu den Eigenständigkeiten, die sich die Schotten seit Jahrhunderten bewahrt haben, gehört das Recht zur Herausgabe eigener Banknoten ebenso wie ein schottische Staatskirche, die im Gegensatz zur anglikanischen Kirche Englands presbyterianisch geprägt ist. Über 80 % der Bevölkerung gehören den protestantischen Religionsgemeinschaften an, etwa 15 % sind römisch-katholisch. Vor allem in den abgelegenen Gebieten des Hochlandes und der Inseln wird die Sonntagsruhe strikt beachtet, was von Touristen berücksichtigt werden muß: Fähren sind dort dann ebenso selten in Betrieb wie Restaurants und andere Einrichtungen der Infrastruktur.

Zeugen der Geschichte

Obwohl die schottische Geschichte seit vielen hundert Jahren eng mit der Englands verknüpft ist, ist auch für Touristen leicht festzustellen, daß die spezifisch schottische Historie ihre Spuren hinterlassen hat - in der Landschaft in Formen von Bauwerken aller Art (meistens Ruinen), im Bewußtsein der Schotten und daher auch in ihrer Lebensart, in Erscheinungen wie der "romantischen" Einsamkeit des Hochlandes, die höchst unromantische Ursachen hat.

Prähistorische Stätten sind die ältesten Zeugen der Geschichte, die u.a. von steinzeitlichen Siedlungen und Grabstätten belegt wird. Die 4500 Jahre unter einer Düne verschüttete Siedlung von Skara Brae (Orkneys) berichtet ebenso von vorgeschichtlichen Lebensformen wie Steinkreise (z.B. Callanish auf Lewis), Kammergräber (z.B. Maes Howe, Orkneys) und Befestigungsanlagen (z.B. auf Mousa, Shetlands). Wie man an dieser Auflistung schon erkennt, haben sich auf den diversen Inseln prähistorische Monumente am besten erhalten.

Als die Römer zu Beginn unserer Zeitrechnung nach Britannien kamen, stießen sie im Süden des heutigen Schottland auf recht kriegerische Stämme keltischer Herkunft, die sie als Pikten bezeichneten. Zum Schutz vor deren Überfällen bauten die Römer vom Jahre 122 ab den Hadrianswall als Befestigung; Reste davon sind noch heute etwas südlich der schottisch-englischen Grenze zu sehen, teils sogar noch als Straße zu nutzen. Diese Linie markierte die römische Einflußsphäre, obwohl die römischen Heere weit bis nach Norden vordrangen und auch die Flußmündungen von Forth und Clyde mit einer Befestigung (der Antoninischen Mauer) verbanden.

Die Kelten waren wie überall in Westeuropa maßgeblich an der kulturellen Entwicklung des Landes beteiligt; außer den Pikten, deren Siedlungsraum der Nordosten Schottlands war, sind die Britonen (Südschottland) und Skoten (Nordwesten) zu nennen. Diese Völker waren recht eng verwandt, hatten ähnliche, keltische Sprachen und Sozialsysteme. Vor allem die letzteren sind noch für Jahrhunderte prägend geblieben, denn das keltische Clan-System, ein auf einer Art Großfamilie begründeter Stammesverbund, war noch über tausend Jahre in Funktion und schließlich den zentralistisch gesonnenen Oberherrschern (nicht nur den englischen, sondern auch den schottischen!) ein Quell dauernden Ärgers. Ein Clan bestand ursprünglich aus einer recht überschaubaren Gruppe von Familien, die von einem Chief (auch Laird genannt) angeführt wurde. Der Häuptling bestimmte über die Vergabe von Ländereien und sprach Recht, hatte aber auch eine Fürsorgepflicht gegenüber seinen Clanangehörigen. Dieses Rechtssystem blieb auch dann erhalten, als sich die verschiedenen keltischen Stämme zuerst zu kleineren, schließlich zu einem gesamtschottischen Königreich zusammenschlossen. Im Laufe der Zeit wurden einige Clans aber immer größer, ihre Chiefs immer mehr zu ihren Untertanen entfremdeten Adeligen. Dennoch hielt sich die Clan-Gesellschaft bis weit ins zweite Jahrtausend.

Da der größte Teil Europas vom 5. Jahrhundert an von Irland, der nächstgelegenen Hochburg des Keltentums, aus christianisiert wurde, waren die Schotten die ersten, die in den Genuß einer Bekehrung kamen. In der Anfangszeit der keltischen Mönchskirche waren die beiden Länder ohnehin eng miteinander verknüpft: der irische Nationalheilige St. Patrick stammt angeblich aus Südschottland, und die Klostergründung von St. Columba auf der Hebrideninsel Iona, damals Hauptstützpunkt für die Missionsarbeit in Schottland, war Entstehungsort berühmter keltisch-christlicher Kostbarkeiten wie des "Book of Kells", das heute im Trinity College in Dublin zu sehen ist. Die Bedeutung der Klostergründungen für die schottische Gesellschaft läßt sich leicht daran erkennen, daß bis ins 11. Jahrhundert nahezu alle schottischen Könige (einschließlich der berüchtigten Herren Macbeth und Duncan) auf Iona begraben wurden; etliche irische und norwegische Herrscher gesellten sich zu ihnen. Die Reste des Klosters von Iona können noch besichtigt werden; dort finden sich auch einige der ansonsten in Schottland seltenen keltischen Steinkreuze. Im Gegensatz zur benachbarten Grünen Insel war in Schottland der Einfluß der angelsächsischen Nachbarn im Süden schon vom 7. Jahrhundert an so stark, daß die Ausbildung der keltischen Kultur vergleichsweise gering blieb. Vom Königreich Northumbria der Angeln aus wurde der größte Teil Südschottlands erobert und besetzt.

In der Mitte des 9. Jahrhunderts unterwarfen die Skoten unter ihrem Herrscher Kenneth MacAlpin die benachbarten Pikten; das Resultat war ein gesamtschottisches Königreich mit Machtzentrum im Osten, was durch die Verlagerung des skotischen Krönungssteins nach Scone (bei Perth) quasi "amtlich" gemacht wurde.
Etwa gleichzeitig begannen die schon vorher durch ihre Raubzüge unangenehm aufgefallenen Wikinger (meist als Norweger), den Norden Schottlands einschließlich der Orkneys und Shetlands zu erobern. Sie unterwarfen oder verdrängten die Bewohner und errichteten ihre eigenen Herrschaftsgebiete, die oft recht autark waren. Bis weit ins Mittelalter blieb ihre Sprache erhalten und wurde erst nach der Eingliederung der diversen Gebiete (Nordschottland, Hebriden 1266, Shetlands und Orkneys 1468) in

das schottische Königreich allmählich von englischen Einflüssen verdrängt. Ortsnamen skandinavischen Ursprungs wie Sutherland (Südland - vom Standpunkt der Wikinger aus gesehen) belegen noch heute, wer hier jahrhundertelang das Sagen hatte.

Wie überall im mittelalterlichen Europa wechselten Gebiete ihre Herrscher und umgekehrt ohnehin sehr häufig, teils mit umfangreichen Personalunionen wie die unter dem Dänenkönig Knut im 11. Jahrhundert, der zeitweise gleichzeitig König von England und Norwegen einschließlich der dazugehörigen Teile von Nordschottland, der diversen Inseln und von Grönland war. Solche Besitzveränderungen erfolgten in der Regel nicht etwa über kriegerische Eroberungen, sondern teils über Wahlen (wie im Falle Knuts), meist aber schlicht durch Heirat (z.B. war die Übergabe der Orkneys und Shetlands ein - nie eingelöstes - Pfand für eine Mitgift), manchmal auch durch Kauf (wie im Falle der Hebriden 1266). Das Netz der Verflechtungen von Adelshäusern wurde noch dichter, als im 11. Jahrhundert die Normannen England eroberten und ihren Einfluß in kultureller, politischer und militärischer Hinsicht immer weiter nach Norden ausdehnten. Im Laufe der Zeit kam es dazu, daß etliche Adelige sowohl dem englischen als auch dem schottischen König in irgendeiner Hinsicht unterstellt waren, ja sogar Teilabhängigkeiten des schottischen Herrschers vom englischen Kollegen bestanden. In der Folge wurden nicht nur Wirtschaft, Justiz, Verwaltung und die Kirche dem englischen System angepaßt - mit einigen beachtlichen Blütezeiten, z.B. entstanden die meisten schottischen Klöster im 12. Jahrhundert, ohne allerdings die Reformation heil zu überstehen (Ausnahmen: die Kathedralen in Glasgow und Kirkwall) -, sondern zu Ende des 13. Jahrhunderts sollte der englische König Edward I. sogar über die Thronfolge der Schotten entscheiden. Er tat aber zu viel des Schlechten, fiel 1296 mit seinem Heer in Schottland ein und entführte den Krönungsstein von Scone nach London. Das einigte die schottischen Adeligen und führte zu einer schottisch-französischen Allianz, die 300 Jahre lang Bestand hatte. Nach einigen Schlachten unterschiedlichen Ausgangs errang das schottische Heer 1314 unter Robert Bruce bei Bannockburn einen grundlegenden Sieg, der die Unabhängigkeit des Landes für einige hundert Jahre prinzipiell sicherte - wobei die Engländer selbstverständlich bei jeder sich bietenden Gelegenheit erneut zugegriffen hätten.

Über eine Heirat gelangte die schottische Krone 1371 an die Familie Fitzalan, die nach ihrem (erblichen) Amt als Reichskämmerer "Stewart" (oder auch "Stuart" geschrieben) genannt wurde. Mit kurzen Unterbrechungen blieb es dabei bis 1714. Die mächtigen Adelsfamilien des Landes behandelten hingegen die Stuarts ebenso unfreundlich wie umgekehrt, was oft zu verfrühtem Ableben des jeweiligen Königs führte. Der Nachschub der Dynastie war meistens gerade erst gesichert, so daß fast alle

Stuartkönige als Kinder auf den Thron gehoben wurden. Für die Bevölkerung des Landes waren diese Streitigkeiten vielleicht nicht immer erfreulich, aber prinzipiell ohne tiefere Bedeutung. Noch heute ist an den erhaltenen Bauten des Mittelalters erkennbar, daß im Interesse der Bewohner vor allem der Schutz vor ungebetenen Gästen lag: sie sind durchweg nicht auf Repräsentation, sondern auf Befestigung hin errichtet.

In die "Regierungszeit" der als Säugling zur Königin gesalbten Maria Stuart (1542-67) fällt eine für jeden Schotten markante Entwicklung: die schottische Reformation unter John Knox. Die Schotten spalteten sich in eine calvinistisch-presbyterianische und eine katholische Fraktion; das katholische Königshaus, nicht nur durch den Beistandspakt von 1296, sondern auch familiär mit den Franzosen verbunden, holte ein französisches Expeditionskorps ins Land, das aber wenig erfolgreich und die letzte Aktion der damit endenden schottisch-französischen Allianz war. Maria Stuart durfte den folgenden bürgerkriegsähnlichen Auseinandersetzungen aus der Ferne zusehen; von 1547-1560 lebte sie in Frankreich, davon die letzten zwei Jahre als Frau des französischen Thronfolgers. Als sie nach Schottland zurückkehrte, hatte John Knox gerade die presbyterianische Church of Scotland gegründet. Maria selbst hielt zwar an ihrem katholischen Bekenntnis fest, konnte aber den Siegeszug der Protestanten bei der Bevölkerung nicht verhindern. In bester Stuarttradition führte sie ein derart bewegtes Leben, daß sie trotz ihrer nur siebenjährigen Regentschaft im Bewußtsein der Schotten verankert blieb wie kaum ein anderer Herrscher. Ihre mutmaßliche Beteiligung an einigen Todesfällen, darunter dem ihres zweiten Mannes, dem Vater ihres Sohnes James, führte zu einer Rebellion des Adels. Die Königin dankte ab und floh nach England, wo ihre Kollegin Elizabeth I. sie in der hinreichend bekannten Art "willkommen hieß" und schließlich hinrichten ließ.

Marias gerade erst geborener Sohn wurde - ebenfalls in bester Stuarttradition - ein Jahr später als James VI. zum König gesalbt. Da die Verwandtschaft in England zumindest theoretisch "jungfräulich", also ohne Nachkommen, 1603 das Zeitliche segnete, wurde er als James I. in Personalunion englischer Herrscher. Damit begründete er einen Zusammenschluß der Königreiche, dessen endgültige Besiegelung danach nur noch eine Frage der Zeit war. Der Umstand, daß James und sein Nachfolger Charles I. protestantisch erzogen waren, brachte dem Land hingegen keinen Frieden, im Gegenteil: der Hang des Herrscherhauses zur anglikanisch-episkopalen, zum Absolutismus tendierenden Kirche sorgte in Schottland für stetige Unruhe. In den britischen Bürgerkriegen kämpften daher schottische Verbände auf der Seite des englischen Parlaments gegen den anglikanisch gesinnten König. Daß die Engländer den König 1649 kurzerhand enthaupteten, war den Schotten hingegen zu viel: sie ernannten den Sohn des Hingerichteten, Charles II., zum König und schufen damit die Voraussetzung für die Restauration der Stuart-Herrschaft 1660. Das war ein Fehler, denn Charles vergaß seinen Schwur zur Beibehaltung des schottischen Kirchensystems und führte die anglikanische Bischofskirche wieder ein. Erst als sein Sohn James II. (bzw. VII.) von den Engländern 1688 abgesetzt und durch Wilhelm von Oranien ersetzt wurde, bekamen die Schotten ihre presbyterianische Kirche zurück.

Merkwürdigerweise kam es trotz der negativen Erfahrungen mit den letzten Herrschern zur Sammlung von Stuart-Getreuen im schottischen Hochland und zu einem Aufstand. Wilhelm von Oranien zwang daraufhin die opponierenden Clans zu einem Treueeid, der bis Ende 1691 zu leisten war. Der Chef des Macdonald-Clans, damals noch kein Fleischklopsbrater, kam ein paar Tage zu spät, was ihm einen Besuch der Familie Campbell bescherte.

Diese Abordnung eines scheinbar freundlich gesonnenen Schottenclans war in Wirklichkeit vom englischen König geschickt worden, um die Macdonalds für ihr Widerstreben zu bestrafen. Die Gäste entledigten sich dieser Aufgabe mit einem höchst unfreundlichen Massaker an ihren Gastgebern am 13. Besuchstag, was den Engländern nicht gerade heftige Sympathien einbrachte.

Dennoch wurde 1706/07 die Personalunion der Länder - wohl vor allem aus handfesten wirtschaftlichen Erwägungen - zu einer vertraglich abgesicherten Union der Parlamente erweitert, womit der Zusammenschluß zum "Vereinigten Königreich" endgültig war. Als Gegenleistung für die Anerkennung des englischen (Hannoveraner) Königshauses erhielt Schottland außer finanziellen Zuwendungen die Garantie auf den Erhalt von Rechtstraditionen und einer eigenen Kirche.

Bei den Hochlandclans hielten sich hartnäckig Bestrebungen, die Stuarts wieder an die Macht zu bringen. Die "Jacobites", wie sich die Anhänger nannten, zettelten 1715 einen Aufstand an, der mangels Unterstützung aus den Lowlands oder dem Ausland schnell scheiterte. Dreißig Jahre später gab es eine Neuauflage, als der Stuartprinz Charles Edward, wegen seines ansprechenden Äußeren "Bonnie Prince Charlie" genannt, aus dem französischen Exil kam und anfangs recht erfolgreich Anhänger um sich scharte. Im April 1746 war der Traum vom schottischen Thron ausgeträumt, da die Jacobitenarmee bei Culloden (Nähe Inverness) in einer blutigen Schlacht geschlagen wurde. Der Prinz sorgte mit einer abenteuerlichen Flucht, an der eine junge Frau namens Flora MacDonald hilfreich beteiligt war, für Stoff zu unzähligen romantisch ausgeschmückten Geschichten.

Nach dem ersten Jacobitenaufstand von 1715 hatte die Regierung das schottische Hochland durch Militärstraßen erschließen lassen, um das Land besser unter Kontrolle zu bekommen. Dieser Straßenbau bewirkte militärisch wenig, war aber eine wichtige Voraussetzung für die wirtschaftliche Erschließung des Landes. Von nun an war schottische Geschichte Wirtschafts- und Sozialgeschichte, allerdings anfangs kaum weniger dramatisch.

Nach der Schlacht von Culloden hatten die Engländer eine Art Kulturkampf gegen die Clan-Gesellschaft geführt, in der sie zu Recht eine Brutstätte der Rebellion witterten. Aufmüpfige Chiefs waren enteignet worden, alle Zeichen der Clanzugehörigkeit wie Tartans, die gälische Sprache, ja sogar Dudelsäcke, wurden verboten. Diese Veränderungen der Herrschaftsverhältnisse bewirkten in Kombination mit der infrastrukturell begünstigten Kontaktaufnahme zum Süden rigorose Einschnitte in das Hochlandleben. Bisher hatten die Bauern der Clans auf dem Land ihres Laird als Pächter gelebt und vor allem Rinderzucht betrieben; auch der Wehrdienst gehörte zu ihren Pachtverpflichtungen. Zur Finanzierung neuer Interessen der Grundherren, sei es für Reisen, repräsentative Bauten oder andere teure Hobbys, suchten die Clanchiefs bald nach zusätzlichen Geldquellen. Die aufkommende Industrialisierung war am Hochland weitgehend vorübergegangen, so daß es nahelag, einen Grundstoff für Industrieprodukte auf landwirtschaftlicher Basis herzustellen: Wolle. Zur Einführung von Schafzucht im großen Stil wurden ab 1760 weite Teile des Hochlandes systematisch entvölkert, "bereinigt". Die "Highland Clearances" schufen den nötigen Platz für riesige Schafherden, die den Grundherren fette Gewinne einbrachten. Eine der bewährten Methoden der Lairds war, ganze Dorfgemeinschaften auf Auswandererschiffe in die Neue Welt zu verfrachten; manche Landstriche in Nordamerika sind auf diese Art zu neuen Bewohnern gekommen.

In den Lowlands gab es schon seit Beginn des 18. Jahrhunderts industrielle Bestrebungen. Vor allem im Bereich von Glasgow entstanden Webereien, Kohleförderung, Eisenverhüttung, nach der Erfindung der Dampfmaschine durch den Schotten James Watt auch Schiffswerften. Die Landflucht sorgte rasch für die Entstehung eines Proletariats, das in ungeheurer Armut unter kümmerlichsten Bedingungen lebte, während auf der anderen Seite der Lowlands, in Edinburgh, eine kulturelle Blütezeit eingeleitet wurde, die vor allem in vorbildlicher Stadtplanung noch heute zu erkennen ist. Die Industrialisierung wirkt aber auch als Gleichmacher, die Lebensbedingungen eines Arbeiters waren seitdem in Schottland nicht anders als in den Ballungsgebieten Englands. Die Schotten haben ihren festen Platz in allen Wirtschaftsbereichen, und seitdem Sir Walter Scott mit seinen romantischen Romanen eine Schottland-Mode ausgelöst hat, die einige der merkwürdigsten Herrenhaus-Bauten des Landes hervorgebracht hat, gehören auch Dudelsackpfeifer im Kilt zur britischen Armee. Schottische Geschichte in nationaler Eigenart endet im Grunde mit den Clearances. Selbst die Erdölfunde vor der schottischen Küste, von Nationalisten gern zum Eigentum Schottlands erklärt, bringen weniger den Schotten, als vor allem den ausbeutenden Konzernen und dem Staatssäckel in London Gewinne.

Sprache und Literatur

Kaum jemand wird verwundert sein zu erfahren, daß in Schottland Englisch nicht nur offizielle Landessprache ist, sondern auch tatsächlich gesprochen wird. Andererseits wird jeder Reisende die Erfahrung machen, daß manche Gesprächen von Schotten untereinander in einem schier unverständlichen Kauderwelsch erfolgen. "Broad Scotch" oder auch "Lowland Scots" ist der Name für dieses Idiom, das - wie die zweite Bezeichnung schon sagt - vor allem in den Lowlands, aber auch in den südlichen Uplands gesprochen wird. Es handelt sich dabei um ein mit skandinavischen und gälischen Wörtern durchsetztes, umgangssprachlich abgewandeltes Englisch, das von Nicht-Schotten ohne nähere Beschäftigung damit genauso wenig zu verstehen ist wie ein bayerischer Dorfdialekt von einem Nordfriesen. Berüchtigt ist vor allem "Glaswegian", der Dialekt der Bewohner Glasgows. Grundsätzlich läßt sich sagen, daß die Unterschiede zwischen Osten und Westen deutlicher sind als die zwischen Süden und Norden. Im allgemeinen spricht aber jeder Schotte, von normalem Akzent einmal abgesehen, genauso gut Englisch, wie jeder Deutsche Deutsch beherrscht. Am reinsten ist die Aussprache in den abgelegenen Gegenden des Hochlandes und der Inseln, in denen Englisch erst im Lauf der letzten 200 Jahre Einzug genommen hat - ein Phänomen, das man überall dort beobachten kann, wo jüngere Sprachveränderungen stattgefunden haben.

Die zweite Sprache - oder dritte, wenn man Scots als eigenständiges Idiom ansieht - Schottlands ist **Gälisch,** eine der wenigen noch überlebenden keltischen Sprachen. Das schottische Gälisch gehört ebenso wie Irisch und Manx (auf der Isle of Man) zu den "inselkeltischen" Sprachen; eine entfernte Verwandtschaft besteht mit dem Kymrischen in Wales und dem Bretonischen in der Bretagne (das Kornisch gilt in Cornwall seit 100 Jahren als ausgestorben). Gälisch ist eine extrem nuancenreiche Sprache, deren Schriftfassung von irischen Mönchen geschaffen wurde. Im Gegensatz zu Irland, wo das Gälische seit der nationalen Unabhängigkeit staatlich gefördert wird (allerdings mit mäßigem Erfolg), wird diese alte Kultursprache in Schottland nach Jahrhunderten der Unterdrückung und Diskriminierung lediglich geduldet. Etwa 80000 Schotten beherrschen sie angeblich noch (oder wieder) neben dem Englischen. Während es vor einigen Jahrzehnten auf den äußeren Hebriden noch etliche Bewohner gab, die nur Gälisch sprachen, dürfte es heute schwer sein, solche Relikte aufzufinden. Allerdings hat sich auf einigen Hebrideninseln bis heute die gälische Umgangssprache erhalten, und dort wird man auch vereinzelt auf zweisprachige Schilder treffen.

Zweisprachiges Regionen-Schild

So ausdrucksstark die keltischen Sprachen sind, so kompliziert sind sie auch. Dementsprechend darf man die Sprachkurse (an denen übrigens sehr viele vergangenheitsselige Amerikaner schottischer Herkunft teilnehmen) ebenso als kulturpolitische Spielerei ansehen wie die Radio- und Fernsehprogramme, die nur wenige Stunden je Woche das Banner des sprachlichen Minderheitenschutzes hochzuhalten versuchen. Die Vielfalt von fast 60 Phonemen (Lauteinheiten), von den mittelalterlichen Mönchen in nur 18 Schriftzeichen gepreßt, entspricht zu wenig dem Drang zur sprachlichen Vereinfachung, als daß man dem Gälischen mehr als eine Galgenfrist zubilligen könnte. Nur in Ortsnamen und umgangssprachlichen Bezeichnungen wird es zweifellos überleben, wird allerdings bereits heute in oft sinnloser Art mit englischen Wörtern kombiniert, z.B. bei Namen von Tälern, die außer dem gälischen vorangestellten "Glen" (=Tal) noch ein englisches "Valley" angehängt bekommen.

Die alte Umgangssprache der norwegisch beherrschten Inseln, **Old Norse,** ist seit etwa 200 Jahren ausgestorben und findet sich heute nur noch in Ortsnamen (z.B. auf "ay" = Insel endende Bezeichnungen) wieder. Eine für die Verständigung wichtige Regel ist hingegen, daß sehr viele schottische Ortsnamen auf der letzten Silbe betont werden, z.B. Aberdeen, Inverness.

Die schottische Literatur ist seit Jahrhunderten durchweg in englischer Sprache abgefaßt und schon wegen des gemeimsamen Kulturraums kaum aus der britischen Gesamtliteratur herauszulösen. Ausnahmen machen lediglich Autoren und Bücher, die durch sprachliche und thematische Eigenheiten hervorstechen.

Der schottische Nationaldichter ist Robert Burns, der im 18. Jahrhundert Verserzählungen in Lowland Scots verfaßte; seine Geburts- und Wirkungsstätten im Südwesten des Landes sind beliebte Touristenziele. In seiner Wirkung nach außenhin war zweifellos Sir Walter Scott am bedeutendsten, der mit seinen historischen Romanen aus der " guten, alten Zeit" eine romantische Schottland-Mode auslöste, der u.a. die damalige Königsfamilie erlag, gefolgt von tausenden anderer Besucher. Die wirtschaftliche Bedeutung dieser besonderen Art des Tourismus, die bis heute anhält, läßt sich gar nicht ermessen; u.a. beruht die Tartanindustrie, die für jeden Familiennamen ein eigenes Schottenkaro-Muster entwickelt hat, fast ausschließlich auf der Sucht amerikanischer Ex-Schotten nach handfesten historischen Wurzeln. Und wo keine Wurzeln sind, da bastelt man sich eben welche. Sir Walter Scott hinterließ der Nachwelt außer seinen Romanen ein Herrenhaus im sogenannten "Baronialstil", einem mit Türmchen und Zinnen "verzierten" Baustil: Abbotsford. Er fand Nachahmer und versorgte dadurch Schottland mit einigen Bauwerken, die so pittoresk-obskur sind, daß man sie schon fast als schön bezeichnen kann; sehenswert sind sie allemal.

Die meisten anderen berühmten Autoren Schottlands sind sprachlich und thematisch nicht als Schotten zu identifizieren; so leisteten u.a. Robert Louis Stevenson und Arthur Conan Doyle ihren Beitrag zur britischen Literatur.

Heute finden sich explizit schottische Schriftsteller z.B. in Sammlungen mit Kurzgeschichten, die inhaltlich deutlich im Norden des britischen Königreiches angesiedelt sind.

Schottisches

Die zahlreichen Klischees, die über die Schotten und ihre Sitten kursieren, sind nicht unwesentlich an der Entstehung, der Entwicklung und Ausprägung des Fremdenverkehrs in Schottland beteiligt. Der Ausgangspunkt liegt dabei in der Mitte des 19. Jahrhunderts, der Zeit von Sir Walter Scott und seinen historischen Romanen. Seine vielgelesenen Werke bewirkten eine regelrechte Mode, zu der das damalige Königspaar beitrug, indem es sich den Sommersitz Balmoral Castle im Tal des River Dee, westlich von Aberdeen, errichten ließ. So verspielt-romantisch wie der Baustil des Schlosses war die gesamte Sichtweise der britischen Oberschicht: Schottland als Schauplatz für Ritterspiele, mit starken Männern in Schottenröcken mit Karomustern, ein paar dekorative Schafe oder Hochlandkühe im Hintergrund. Die Erfahrung der Armut, in der die Crofter des Hochlandes und der Inseln lebten, hatte in dieser Welt keinen Platz, ja hat im Grunde bis heute nicht: die wenigen zu Museen umgewandelten "Black Houses", fensterlose Krankheitsherde, die Tierschützer nicht einmal als Hundehütte akzeptieren würden, sind im allgemeinen lokaler Privatinitiative zu verdanken und nach wie vor nur auf den Hebriden anzutreffen.

In der Folge der Schottland-Mode wurden echte wie vermeintliche Sitten aus der Versenkung hervorgeholt, seien es die Tartan-Karomuster der Clans, die Dudelsäcke oder architektonische Details von Herrenhäusern. Die Traditionsmuster der Tartans reichten längst nicht aus, um für jede sich auf schottische Abkunft berufende Familie ein eigenes bereitzustellen, so daß kurzerhand neue Muster erfunden wurden. Ahnenforscher machen bis heute gutes Geld damit, Stammbäume für Amerikaner schottischer Herkunft zusammenzustellen. Der Ruf des Dudelsacks, zum Erschrecken militärischer Gegner gedient zu haben, machte dieses Soloinstrument zu einem beliebten Bestandteil britischer Militärkapellen - Krieg als Folklore, mit Trommelwirbeln, schön ordentlich und publikumswirksam, heute alljährlich in Edinburgh beim Tattoo (Zapfenstreich) aufgeführt. Die Wehrhaftigkeit der Schotten sollte auch in der Architektur ausgedrückt werden; die Schlösser des Baronialstils im 19. Jahrhundert erhielten deshalb Türmchen und Zinnen in einer Menge, die zur Ausstattung ganzer Landstriche ausgereicht hätte. Daß dies dem tatsächlichen Baustil der befestigten Hochlandhäuser früherer Zeiten nicht im geringsten entsprach, spielte zu Recht keine Rolle - nicht Authentizität, sondern Optik war gefragt.

Volkstanz als Kinderspiel: Tanzgruppe in Stirling

Die Schottland-Mode schwappte bald auf den europäischen Kontinent über und zog vor allem Intellektuelle an; aus jener Zeit stammen die Hebridenouvertüren von Mendelssohn-Bartholdy und - später - Theodor Fontanes Schottland-Reportagen. In Königin Victorias Gefolge entdeckte außerdem die englische Oberschicht Schottland als Sommerresidenz und Jagdrevier; das "romantisch-unberührte", weil von den Clearances entvölkerte Hochland wurde mit Hirschen für den Modesport der Zeit reichlich bestückt. Die ersten Hochlandspiele, von den Lords des Deetales zur Unterhaltung der Königsfamilie organisiert und von ihren Bediensteten aufgeführt, waren ein Publikumserfolg großen Ausmaßes und fanden Nachahmer in ganz Schottland. Noch heute sind diese Veranstaltungen mit ihrer Mischung aus martialischen Sportwettkämpfen, Musikauftritten und Kostümstück sehr beliebt. Wo sonst kann man eine solche bunte Mixtur antreffen, ganz zu schweigen vom eindrucksvollen Baumstammwerfen, bei dem gut fünf Meter lange Fichtenstämme senkrecht in die Luft geschleudert werden und nach dem Auftreffen eine bestimmte Position einnehmen müssen - also sowohl eine Geschicklichkeitsübung als auch ein Kraftsport. Von allen Folgen der Schottland-Euphorie des 19. Jahrhunderts haben sich die Hochland-spiele am lebendigsten erhalten, was zweifellos ihrem echten Unterhal-tungswert für alle Beteiligten zuzuschreiben ist.

Es ist den Schotten kaum zu verübeln, daß sie die neuerwachte, wenn auch etwas eingeschränkte Liebe ihrer Nachbarn für ihr Land nutzten und mit publikumswirksamen Attraktionen würzten. In diesem Zusammenhang ist Nessie zu sehen, der angebliche Monster von Loch Ness, für das es dut-zende mehr oder weniger plausibler Erklärungen gibt, die von der Aus-stellung in Drumnadrochit am Loch Ness vorgestellt werden. Solche Mon-stergeschichten gibt es von vielen schottischen Seen, aber die uner-gründliche, weil beträchtliche Tiefe des Sees im Great Glen machte Nes-sie glaubwürdiger, da unüberprüfbar. Und bislang ist nichts davon be-kannt geworden, daß Nessie den Fremdenverkehrswerbern eine Rechnung für geleistete Dienste zugestellt hätte. Was wieder einmal bestätigt, daß der den Schotten angedichtete Geiz viel eher pfiffige Sparsamkeit ist.

Nicht nur zur Belustigung von Touristen, sondern auch zur Freude der Beteiligten finden überall in Schottland Aufführungen traditioneller schottischer Tänze statt, bei denen der Dudelsack noch als Soloinstru-ment zum Einsatz kommt. Die Tänzer sind größtenteils sehr jugendlichen Alters und finden vor allem sportlichen Spaß in Tänzen über kreuzweise gelegte Schwerter und ähnlichen nostalgischen Motiven. Mangels männli-chen Nachwuchses werden dabei traditionelle Männerrollen immer häufiger von Mädchen dargestellt.

Wer Bestandteile der schottischen Tracht, Hochlandmützen (symmetrisch, zusammenfaltbar und aus robustem Harris Tweed) oder andere original schottische Souvenirs erwerben möchte, findet dazu eine Unmenge von Craft Shops (Kunsthandwerksgeschäfte) noch in den abgelegensten Gegen-den. Speziell die in einzelnen Gehöften oder kleinen Dörfern vorhandenen Läden sind dabei immer für eine positive Überraschung gut. Am einförmig-sten und teuersten ist das Angebot in Edinburgh; dort werden in Kaufhäu-sern Artikel als Sonderangebot angepriesen, die es drei Städtchen weiter in ganz normalen Textilgeschäften deutlich günstiger gibt. Töpferwaren und ähnliche Dinge kauft man ohnehin am besten direkt bei den Künstlern, die in beträchtlicher Zahl im nördlichen Hochland und auf den Inseln anzutreffen sind.

Übersichtskarte

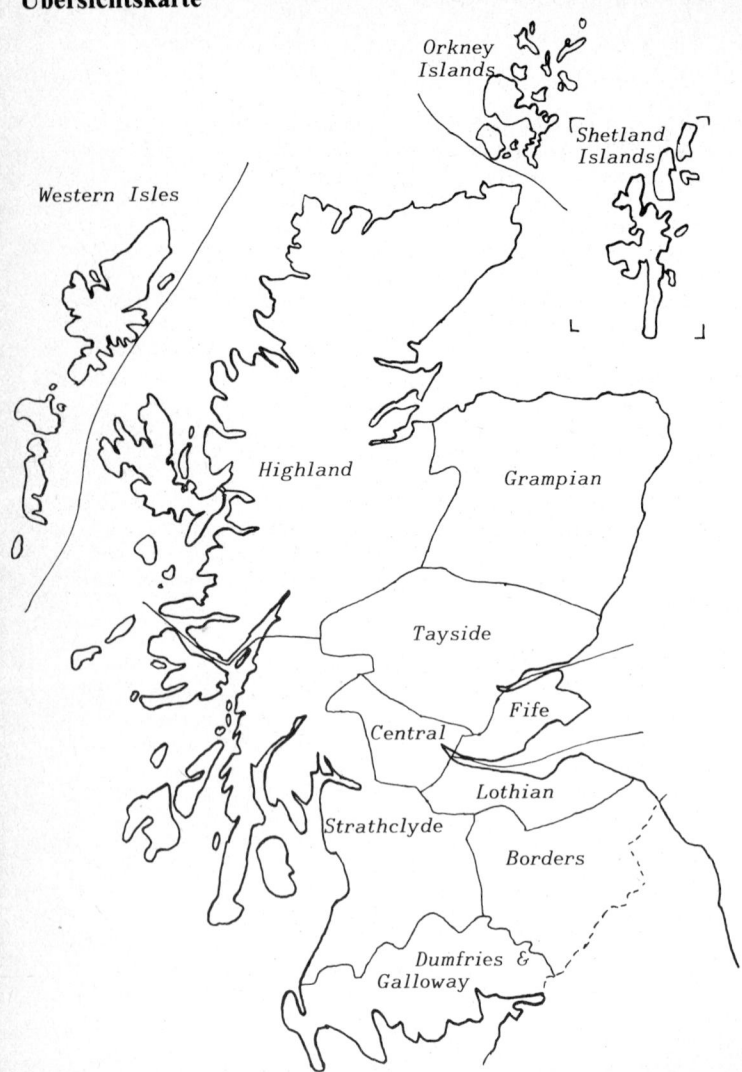

Orkney Islands

Shetland Islands

Western Isles

Highland

Grampian

Tayside

Fife

Central

Lothian

Strathclyde

Borders

Dumfries & Galloway

Staat, Verwaltung, Wirtschaft

Schottland bildet zusammen mit England, Wales und Nord-Irland das Vereinigte Königreich von Großbritannien und Nordirland, meist kurz als "United Kingdom" (UK) bezeichnet. Dementsprechend hat Schottland keine eigene nationale Verwaltung, sondern ist mit 71 (von 635) Abgeordneten im britischen Unterhaus (House of Commons) vertreten. Der Anteil am Oberhaus (ca. 1200 Mitglieder) richtet sich danach, wieviel Schotten die "Auswahlkriterien" erfüllen, d.h. zumindest auf Lebenszeit geadelt sind oder der oberen Geistlichkeit bzw. Jurisdiktion angehören. Großbritanniens Politik wird fast ausschließlich vom Unterhaus und der Londoner Regierung, der ein Prime Minister vorsteht, bestimmt; für Schottland ist im Kabinett ein gesonderter Ministerposten enthalten. Dem Schottlandminister unterstehen jene vier Ressorts, die für Schottland angeblich besondere Bedeutung haben: Landwirtschaft/Fischerei, Entwicklungsförderung, Unterricht, Inneres/Gesundheit. Staatsoberhaupt Schottlands (wie des ganzen Königreichs) ist der vom Haus Windsor erblich gestellt Monarch, derzeit Königin Elizabeth II. Seit den Zeiten Königin Victorias hält sich die Königsfamilie im Sommer stets in ihrem Schloß Balmoral (Grampian Region) auf und nimmt zur Freude der Regenbogenpresse und der Touristen regelmäßig an örtlichen Gottesdiensten und den Hochlandspielen von Braemar teil.

Traditionell war Schottland wie ganz Großbritannien in Grafschaften ("Counties") unterteilt, eine von den Normannen vorgenommene Aufteilung. In einer Verwaltungsreform wurden 1975 die 33 schottischen Grafschaften in nunmehr 12 Regionen zusammengefaßt, wobei einige Grafschaften auf mehrere Regionen verteilt wurden; unverändert blieben lediglich die Counties Fife, Orkney und Shetland, die jeweils in gleichnamige Regionen umgewandelt wurden. Im täglichen Leben spielen die alten Grafschaften aber noch eine nicht unbedeutende Rolle, da sie zum einen von der Post in Anschriften erwartet und verwendet werden, zum anderen traditionelle Interessenverbände, z.B. der Tourismuswerbung, den alten Grenzen folgen. Ohnehin sind die Regionseinteilungen nicht für jeden Zweck sinnvoll, da sie etwas undurchsichtigen Prinzipien folgen. Die Zusammenfassung von mehreren Grafschaften zur Hochlandregion mag angesichts der geringen Bevölkerungszahl und annähernd gleichartiger Entwicklungsprobleme sinnvoll sein, aber warum der gesamte industrialisierte Osten in einer auch flächenmäßig beachtlichen Region mit fast 50 % der Bevölkerung aufgehen mußte, ist etwas schwer einzusehen.

Der industrielle Bereich ernährt etwa zwei Drittel der Schotten, wobei alle Arten von Produktionszweigen vertreten sind. Traditionell sind Schwerindustrie und Schiffbau im Raum Glasgow stark vertreten; die gesamten Lowlands verzeichnen Zuwächse bei Leichtindustrien, speziell auf dem Elektroniksektor. Die Bemühungen, einen kräftigen Anteil an der High-Tech-Euphorie der letzten Jahre einzuheimsen, gipfeln in Wortschöpfungen wie "Silicon Glen" (!) für die gesamte Region, was z.B. in einer renommierten deutschen Wirtschaftszeitschrift zu der Vermutung führte, das schottische Computerwunder fände in einem einzigen Tal mit äußerst merkwürdigen geographischen Formen und Ausmaßen statt.

Ebenfalls traditionell sind verarbeitende Industrien in der Nähe der Rohstofferzeugung angesiedelt, so Lebensmittelwerke im Südwesten, Textilproduktion im schafegesegneten Hochland und auf den Hebriden, Fischereiindustrie an den Küsten des Hochlandes. Die Abhängigkeit der Whiskydestillerien von klarem Wasser bewirkte, daß sich ein Großteil der renommierten Betriebe in nur wenigen Tälern zwischen Aberdeen und Inverness anfindet und von der Touristikwerbung zum Teil zu einem "Whisky-Trail" kombiniert worden ist. Ein neuer Industriezweig der letzten Jahre ist die Förderung und Verarbeitung von Nordseeöl; Zentrum der Verwaltung ist Aberdeen geworden, während die Verschiffung vor allem über die Orkneys und Shetlands erfolgt. Abgesehen von kurzzeitiger Nachfrage nach Hilfskräften beim Aufbau der benötigten Einrichtungen hat das Öl aber wenig positive Folgen für die Hochlandbewohner gehabt, im Gegenteil: die Ölfachleute sind meist Zugezogene von außerhalb, die mit ihrer Nachfrage nach Wohnraum und Vergnügungen die Preise in die Höhe getrieben und erwünschtes Publikum angezogen haben. Nur Wartungs- und Versorgungsfirmen sind auf ihre Kosten gekommen, obwohl auch hier teures Lehrgeld gezahlt werden mußte: an der Westküste sind riesige Werftanlagen zum Bau von Ölförder-Plattformen, größtenteils aus Steuermitteln errichtet, meist schnell als untauglich und Fehlinvestitionen erkannt worden. Die hochgestellten Erwartungen über die wirtschaftlichen Segnungen des Nordseeöls haben sich nur bei wenigen erfüllt.

Etwa gleichzeitig mit der Ölförderung traten wichtige Änderungen in einem anderen traditionellen Wirtschaftsbereich, dem Fischfang, auf. Für das frühere Zentrum der Fischerei, Aberdeen, kam das Ölgeschäft gerade rechtzeitig, um neue Arbeitsgebiete für diejenigen zu suchen, die bis dahin auf größeren Fangschiffen tätig waren. Aufgrund neuer Fangquoten im Nordmeer waren die früheren großen Schiffe unrentabel geworden, kleinere, besser ausgestattete Boote aus anderen Häfen stießen in die Lücke. Eines der neuen Zentren der Fischereiwirtschaft ist heute Peterhead, nicht weit nördlich von Aberdeen gelegen. Aber auch an der Westküste und auf den Inseln profitieren einige kleinere Häfen von dieser Entwicklung.

Weite Teile des nördlichen Hochlandes und der Inseln sind hingegen von den wirtschaftlichen Veränderungen der letzten Jahre unberührt geblieben. Dort sind immer noch überdurchschnittlich viele Personen in der Landwirtschaft beschäftigt, wobei es durchaus die Regel ist, daß eine Farm als Teilerwerb betrieben wird, als "Croft". Crofters, also Kleinbauern, sind seit Jahrhunderten auf Nebenerwerb in anderen Zweigen angewiesen, früher meist bei den Pachtherren, heute in allen möglichen Bereichen einschließlich des Tourismus. Spezielle Entwicklungsbehörden bemühen sich mit meist mäßigem Erfolg um die Verbesserung der Wirtschaftsstrukturen. Nur für riskante Experimente ist Schottland auswärtigen Investoren einschließlich der eigenen Regierung stets gut. Das hat schon Tradition, sei es die Verseuchung der Insel Gruinard vor der Westküste im zweiten Weltkrieg mit Milzbranderregern (der "Geheimwaffe" Churchills gegen die Nazis) zu Testzwecken, sei es die geplante (und gottlob nie erfolgte) Erprobung einer Atombombe im Hochland, sei es die Errichtung des ersten Schnellen Brüters Europas, der seit 1955 die Nordküste bei Thurso "verschönert", oder die geplante und noch nicht abgewehrte Errichtung von Atommülldeponien und Aufbereitungsanlagen bei den Orkneys.

Schwerpunkt der Landwirtschaft im nördlichen Hochland ist die Schafzucht, je nach Lage in mehr oder weniger witterungsempfindlichen Rassen. In den fruchtbaren Niederungen des Ostens, speziell im Bereich um Aberdeen und nördlich von Dundee, ist die Rinderzucht wegen ihrer besonders guten Fleischqualität weltweit berühmt ("Angus Beef"). Auch der Getreide- und Obstanbau bringt beachtliche Erträge. Im Süden ermöglichen die saftigen Weiden der Hügel Viehzucht aller Art.

Speziell auf den abgelegenen Inseln der Äußeren Hebriden und manch anderen Teilen des Hochlandes ist der Tourismus ein äußerst wichtiger Wirtschaftszweig, ohne den mancher Crofter längst das Weite hätte suchen müssen. Da dort vorrangig Individualreisende unterwegs sind, deren Versorgung nicht zentral organisiert wird, fließt das Geld der wirtschaftsfördernden Touristen tatsächlich in die Taschen der Landesbewohner und nicht auf die Konten großer Reiseveranstalter. Das mag denjenigen ein Trost sein, die sich vor unerfreulichen Folgen des Fremdenverkehrs fürchten.

Die Einnahmen, die schottische Familien aus dem Tourismus erzielen, können etwas dazu beitragen, für sie einen auch für Touristen unangenehmen Umstand teilweise auszugleichen: das recht hohe Preisniveau. Für mitteleuropäische Gäste ist das Angebot an frischem Obst und Gemüse kärglich und teuer, die meisten anderen Lebensmittel haben in etwa vergleichbare Preise. In den oberen Preisregionen angesiedelt sind alle Luxusgüter einschließlich des schottischen Whiskys (den man zu Hause oder im Duty-Free-Shop deutlich günstiger kauft) sowie nahezu alle gastronomischen Dienstleistungen, vom Schnellimbiß angefangen über Restaurants aller Stufen bis zu den meisten kommerziellen Unterkünften. Günstiger als in deutschsprachigen Regionen sind landestypische Produkte wie Lamm- und Rindfleisch, Fische (soweit erhältlich und nicht gleich exportiert) sowie im gastromischen Bereich Bier und Hochprozentiges bei Ausschank im Pub, Tee und Gebäck überall, wo es diese Grundnahrungsmittel jedes Briten gibt.

Geld

In Schottland ist wie überall in Großbritannien das **Pound Sterling (£)** gültiges Zahlungsmittel, unterteilt in 100 Pence. Im Umlauf sind Banknoten zu 1, 5, 10, 20 und 50 £ sowie Münzen zu 1/2, 1, 2, 5, 10, 20 und 50 p sowie zu 1 £. Die 1/2-Pence-Münze wird z.Z. zurückgezogen; die (siebeneckigen) Münzen zu 20 p und 1 £ sind neu und vergleichsweise klein. Im Laufe der Zeit soll auch die 1-£-Note allmählich verschwinden.

Außer englischen Banknoten sind von drei verschiedenen schottischen Instituten ebenfalls Scheine im Umlauf. Theoretisch sind diese überall in Großbritannien gültig, faktisch werden sie aber in England oft nicht angenommen. Man sollte bei der Abreise daher darauf achten, alle schottischen Noten vorher zu verwenden oder noch in englische umzutauschen. Die 50-Pfund-Note ist übrigens zuerst von schottischen Banken herausgegeben worden; mittlerweile hat die Bank of England aber - im Gegensatz zu den Angaben mancher Reiseführer - nachgezogen. Der Wert des Pfund Sterlings schwankt gegenüber den europäischen Währungen oft sehr stark, da Großbritannien bisher nicht Mitglied im Europäischen Währungsverbund ist. Zur Zeit der Drucklegung dieses Buches lag der Kurs bei DM 3,40; ein Anstieg auf Werte um DM 3,60 ist hingegen durchaus realistisch.

Der Geldwechsel ist in Schottland wie überall in Großbritannien vollkommen unkompliziert. Alle Banken tauschen sowohl Bargeld als auch Reiseschecks und Euroschecks ein; außerdem gibt es etliche Wechselstuben, die auch am Wochenende geöffnet haben. Die Kurse und Gebühren sind dort aber meist recht ungünstig, eine Ausnahme ist das Reisebüro Thomas Cook, das in Großstädten Filialen mit Geldwechsel unterhält und banktübliche Konditionen hat.

Reiseschecks werden in der Regel gebührenfrei eingelöst, sofern sie in £ ausgestellt sind; die Beschaffung von £-Reiseschecks ist kein Problem und auch nicht teurer als der Erwerb von DM-Schecks. Euroschecks werden grundsätzlich in Landeswährung ausgestellt und von Banken bis zu £ 100 gebührenfrei eingelöst. Von einer Abrechnungsstelle im Heimatland erfolgen danach die Umrechnung in die DM/sfr/öS usw. und die Abbuchung vom Konto, wobei ca. 2 % Gebühren anfallen. Sowohl Reiseschecks als auch Euroschecks werden stets zu einem günstigeren Kurs abgerechnet als Bargeld, was einen Großteil der Gebühren wieder ausgleicht.

Die grundsätzlich preiswerteste Möglichkeit, an britische Währung zu gelangen, ist das Postsparbuch, allerdings auf Postämter in wenigen größeren Orten beschränkt. Der Schottlandreisende findet für ihn geeignete Ämter in allen Fährhäfen bei der Ankunft vom Kontinent, in London sowie bei den Hauptpostämtern in Aberdeen, Edinburgh, Fort William, Glasgow, Inverness und Perth. Ein aktuelles Verzeichnis der Abhebungsstellen in Großbritannien kann bei jedem Postamt im Heimatland bezogen werden. Wer über eine der gängigen Kreditkarten verfügt, findet in Schottland reichlich Einsatzmöglichkeiten dafür - allerdings kaum im Dorfladen des nördlichen Hochlandes.

Briefpost

Die britische Post funktioniert nach dem weltweit bekannten Schema mit Postämtern, (roten) Briefkästen und mehr oder minder diffusen Gebührenordnungen. Die Brieflaufzeiten unterliegen oft mysteriösen Regeln; so kann es vorkommen, daß ein am Flughafen Edinburgh eingeworfener Brief nach Deutschland länger unterwegs ist als Post von den Orkneyinseln. Für Auslandspost gilt theoretisch, daß Postkarten und Standardbriefe per Luftpost ohne Aufpreis befördert werden, sofern die Beförderung dann schneller geht. Faktisch deutet aber einiges darauf hin, daß diese Regel etwas unklar gehandhabt wird und Ansichtskarten wohl eher als nicht eilig betrachtet werden. Eilige Post sollte man also stets als Brief schicken.
Für die Gebühren spielt das übrigens keine Rolle: Postkarten und Briefe ins Ausland werden einheitlich mit 22 p frankiert. Innerhalb Großbritanniens beträgt das Porto 17 p (1. Klasse; es gibt etwas niedrigere Tarife für Post zweiter Klasse und langsamerer Beförderung). Wer überschüssiges Gepäck nach Hause schicken möchte, sei darauf hingewiesen, daß Luftpostpakete nur wenige Pence mehr als Pakete auf dem Land-/Seeweg kosten.

Telefon

Jedermann kennt die dekorativen englischen Telefonhäuschen aus unzähligen Kriminalfilmen: rot, aus massivem Eisen, eng und meistens defekt. Seitdem die Telefongesellschaft privatisiert worden ist, hat sie zum

Entsetzen vieler traditionsbewußter Briten verkündet, die alten Zellen gegen pflegeleichte Kunststoffkonstruktionen austauschen zu wollen. Das wird zweifellos in den nächsten Jahren auch passieren, und bis es soweit ist, hat British Telecom erst einmal die Grundgebühr für ein Ortsgespräch auf 10 p verdoppelt; die Schlitze für die früher üblichen 5-p-Münzen wurden verklebt.

Britische Telefone werden erst dann mit Münzen (meist nur 10 p, seltener auch modernere Geräte für 50-p-Stücke) gefüttert, wenn der angewählte Teilnehmer sich meldet und ein nervöses Piepsen den Anrufer dazu auffordert. Während des Geldeinwurfs kann nicht gesprochen werden, was Ausländer, die zum ersten Mal aus Großbritannien angerufen werden, meist zum Auflegen des Hörers wegen einer vermeintlichen Fehlverbindung veranlaßt. Außerdem sind die Gebühreneinheiten bei Auslandsgesprächen so kurz, daß man oft vor lauter Geldeinwerfen gar nicht zum Sprechen kommt. Man sollte daher entweder für solche Gespräche einen der wenigen Apparate suchen, die über einen Stapelschacht mit automatischem Münzeinzug verfügen und auch 50-p-Münzen akzeptieren, oder nur kurz die Nummer des Apparates, von dem aus man anruft, durchgeben und sich zurückrufen lassen. Das ist ohnehin günstiger, da Auslandsgespräche aus Deutschland fast in jedes Land billiger sind als in Gegenrichtung. Wie seit kurzem auch bei den deutschen Tarifen gibt es in Großbritannien eine Preisermäßigung bei Auslandsgesprächen, die nach 20 Uhr oder an Wochenenden geführt werden.

Vorwahlkennzahlen:

Aus allen mitteleuropäischen Ländern nach Großbritannien **0044**
Aus Großbritannien nach Deutschland **01049**
Aus Großbritannien in die Schweiz **01041**
Aus Großbritannien nach Österreich **01043**

Bei allen Auslandsgesprächen ist die Anfangs-Null der Ortskennzahl wegzulassen, also für Hamburg statt 040 nur 40, für Edinburgh statt 031 nur 31.

Die Mindestgebühr für Gespräche in Großbritannien beträgt 10 p; die Gebühren sind nach Entfernungen (drei Zonen) und Tageszeiten (mo-fr 9-13 h als teuerstes, mo-fr 8-9 und 13-18 h etwas billiger, zu allen anderen Zeiten erheblich preiswerter) sehr stark gestaffelt. Ohne Münzeinwurf erreicht man den Notruf ("999") und den "Operator" (Nummer steht auf jedem Apparat, meist "100"); letzterer ist zuständig für Auskünfte zum Telefonieren, für die Handvermittlung von Ferngesprächen (erheblich teurer als Direktwahl) und im Zweifelsfall für alle Fragen, für die man gerade keinen Ansprechpartner hat. Was nicht heißt, daß man den Operator mit der Telefonseelsorge verwechseln sollte.

Die Zeit

Uhrzeit

In Schottland gilt wie in ganz Großbritannien die Westeuropäische Zeit mit ihrer sommerzeitlichen Abart. In der Praxis bedeutet das, daß nur vom letzten Septembersonntag bis zum letzten Oktobersonntag wie in Mitteleuropa die Mitteleuropäische Zeit die Uhr bestimmt. Ansonsten gehen in Schottland die Uhren eine Stunde "nach". Also 12 Uhr in Mitteleuropa, 11 Uhr in Großbritannien usw.

Öffnungszeiten

Banken

Die Bankschalter sind geöffnet mo-fr 9.30-12.30 und 13.30-15.30 Uhr, manchmal auch ohne Mittagspause, außerdem donnerstags 16.30-18.00 Uhr. In Wechselstuben, die es in Reisebüros und einigen Hotels gibt, bekommt man etwas ungünstigere Wechselkurse. An den Flughäfen gibt's auch am Wochenende Bares. Zwar gibt es Banken in Schottland wie überall in Großbritannien in jedem Ort ab ein paar hundert Einwohnern, in den ganz abgelegenen Gegenden des Hochlandes und auf den Inseln verkehrt aber oft nur eine "rollende Bank" in Form eines Busses, der bestimmte Orte immer nur an einzelnen Tagen, teils nur für wenige Stunden besucht. Wer sich in einsame Regionen vorwagen möchte, sollte deshalb bei der Barschaft ausreichend Vorratshaltung pflegen.

Postämter

Die Öffnungszeiten der Postämter sind mo-fr 9.00-17.00 Uhr, sa 9.00-12.30 Uhr. Außerhalb der Großstädte wird manchmal eine Mittagspause von 12.30-13.30 Uhr eingehalten; in ganz winzigen Nestern sind Poststellen nur zeitweise als Nebenerwerb besetzt. Da hilft nur eines: hinfahren und sehen, ob geöffnet ist.

Informationsbüros

Die Tourist Information Centres sind zu erkennen am einem Schild wie hier als Muster abgebildet. Sie sind zuständig für Auskünfte, Prospekte, Karten und Unterkunftsvermittlung, meist auch für Vorausbuchungen im nächsten Zielort, die gegen eine Gebühr durchgeführt werden ("book-a-bed-ahead"). Es gibt etwa 140 Informationsbüros in Schottland; die Adressen stehen außer in einer Broschüre der Fremdenverkehrsämter auch bei den jeweiligen Ortsbeschreibungen dieses Buches.
Die Büros sind in der Regel nur zu den ortsüblichen Geschäftszeiten geöffnet, größere Büros manchmal sonntags (Näheres bei der jeweiligen Ortsbeschreibung). Wenn sie geschlossen sind oder in einem Ort keine Touristeninformation existiert, sind Postamt, Kneipen und Geschäfte oft kompetente Auskunftsstellen.

Geschäfte

In Schottland sind Geschäfte durchweg mo-fr 8.30-12.00 und 14.00-17.30 h geöffnet, seltener auch durchgehend, manchmal um eine halbe Stunde verschoben, samstags in der Regel 8.30-12.30 h, äußerst selten auch sonntags.
Im ganzen Land verbreitet sind die "early closing days", örtlich unterschiedliche Nachmittage mit geschlossenen Geschäften (meist mittwochs oder donnerstags). Es ist kaum möglich, außerhalb der Standardzeiten oder gar sonntags ein geöffnetes Geschäft zu finden, Vorratshaltung ist also nötig.

Pubs

Die Pubs sind in Schottland geöffnet mo-sa 11.00-14.30 und 17.00-23.00 Uhr, immer mehr Kneipen - auch in abgelegenen Gegenden - aber auch durchgehend. Im Gegensatz zu Angaben in allerneuesten Reiseführern (1986) ist die per Ausschankgesetz verordnete Sonntagsruhe in schottischen Pubs keineswegs mehr eine Grundsatzfrage; in Städten sind mittlerweile die meisten Kneipen, eventuell kürzer, geöffnet, und diese Liberalisierung dringt immer weiter ins Landesinnere vor, ein Punkt, in dem das puritanische Schottland den Engländern mittlerweile etwas voraushat.

Unabhängig von den Pubzeiten ist der Alkoholkonsum in Hotels und lizensierten Restaurants, die außerhalb ihrer eigenen öffentlichen Bar auch zu anderen Zeiten Alkohol ausschenken dürfen - zwar eigentlich nur zu Mahlzeiten oder an Hotelgäste, aber das wird nicht immer so eng gesehen.

Feiertage

Von den normalen gesetzlichen Feiertagen sind in Schottland nur der Neujahrstag und der 1. Weihnachtstag betroffen. Die in England üblichen "Bankfeiertage" gibt es zwar (zu anderen Terminen) auch in Schottland, sie sind aber keine allgemeinen gesetzlichen Feiertage, sondern legen die Arbeit nur bei Banken, Rechtsanwälten, einigen Behörden und Büros lahm. Das heißt aber nicht, daß es sonst keine arbeitsfreien Tage gäbe. Örtliche, regionale, saisonale und nach vollkommen undurchsichtigen Gesichtspunkten angesetzte Feiertage gibt es im ganzen Land, fast immer montags, die aber sehr unterschiedliche Auswirkungen haben. Meistens sind einige Läden noch vormittags geöffnet, was durch Anschläge im Schaufenster oder an der Tür gekennzeichnet wird. Regeln gibt es für die Feiertagstermine nicht, selbst die wenigen schottlandweit einheitlichen Tage variieren von Jahr zu Jahr. Es helfen also nur die Information vor Ort, eine gewisse Vorsicht bei der Vorratshaltung von Geld und Lebensmitteln und Ruhe, falls doch einmal eine Versorgungskrise durch unverhoffte Feiertage eintritt.

In manchen Informationsblättern tauchen auch ganze Ferienwochen auf, die je nach Region schwanken. Diese Angaben sind für Touristen weitgehend unwichtig, da sie sich auf einheitliche Urlaubstermine der örtlichen Büros beziehen; man kann zu solchen Daten lediglich mit einem erhöhten Tourismus in den nahegelegenen Erholungsgebieten rechnen und darauf evtl. Rücksicht nehmen.

Schulferien sind in Schottland etwa ab Anfang Juli bis Ende August. Die größten Touristenströme kommen aus England, wo ab Mitte Juli der Ferienverkehr einsetzt. Konsequenterweise sind in Schottland die bei den Briten beliebten Caravangespanne und umfangreichere Touristenmassen vor allem von Mitte Juli bis Mitte August anzutreffen. Die optimale Reisezeit für Schottland liegt daher auch wegen des im allgemeinen besseren Wetters von Mitte Juni bis Mitte Juli.

Normen, Maße, Gewichte

Mehrwertsteuer

Der allgemeine Mehrwertsteuersteuersatz beträgt in Großbritannien z.Z. 15 %. Eine Erstattung ist für EG-Bürger nur im Rahmen von größeren Einkäufen möglich (Auskunft im jeweiligen Geschäft), Bürger anderer Staaten können auch bei geringeren Summen eine Rückerstattung bei der Ausreise an der Grenze erhalten. Im übrigen kann man die Zahlung von Mehrwertsteuer ("Value Added Tax" - VAT) vermeiden, wenn man vom Geschäft den Versand ins Ausland vornehmen läßt. Bei Waren niedrigeren Gewichts kann das ausgesprochen rentabel sein.

Strom

Spannung ist 220 Volt, aber diverse Steckdosenformen sind verbreitet. Euro-Stecker sind nur bei Rasierapparaten üblich, ansonsten sind Adapter erforderlich, die im Haushalts- und Elektrohandel erhältlich sind.

Maße und Gewichte

Ein schwieriges Thema. Obwohl der Übergang zum metrischen System bereits vor Jahren beschlossen wurde, setzt es sich nur schwer und mühsam durch. Ohne Kenntnis der traditionellen Maße und Gewichte kommt man deshalb nach wie vor nicht weit.

Längenmaße

1 inch (Zoll)	2,52 cm
1 foot	30,48 cm
1 yard	91,44 cm
1 mile (1760 y)	1,609 km

Hohlmaße

1 fluid ounce	0,029 l
1 pint (20 fl.oc.)	0,569 l
1 quart (2 pints)	1,136 l
1 gallon (4 quarts)	4,546 l

Flächenmaße

1 sq. yard	0,836 m²
1 sq. mile	259,0 Hektar (2,59 km²)
1 acre	4047 m² (0,4047 Hektar)

Gewichte

1 ounce	28,35 g
1 pound (16 ounces)	453,6 g
1 stone (14 pounds)	6,35 kg
1 hundredweight (112 pds.)	50,8 kg
1 ton (2240 pounds)	1016,06 kg

Bekleidungsgrößen

Außer für Strümpfe und Schuhe existieren für alle Kleidungsstücke in Schottland andere (nämlich britische) Größen.

Herrenhemden

deutsch	36	37	38	39	40	41	42
britisch	14	14 1/2	15	15 1/2	16	16 1/2	17

Herrenkonfektion

deutsch	44	46	48	50	52	54	56
britisch	34	36	38	40	42	44	46

Herrenunterwäsche

deutsch	4	5-6	7
britisch	small	medium	large

Damenkonfektion

deutsch	36	38	40	42	44
britisch	34	36	38	40	42
	(10)	(12)	(14)	(16)	(18)

Socken

deutsch	39/40	40/41	42	42/43	43/44
britisch	10	10 1/2	11	11 1/2	12

Schuhe

deutsch	37	38	39	40	41	42	43
britisch	4	5	6	6-7	7	8	9

Das Reisen

Walter Scotts Traumhaus: Abbotsford

Informationsmaterial

Zuständig für allgemeine Informationen und touristisches Werbematerial über Schottland ist das Scottish Tourist Board, das außerhalb Großbritanniens von der British Tourist Authority vertreten wird. Die Adressen lauten für Anfragen aus deutschsprachigen Ländern:

für Deutschland: Britische Zentrale für Fremdenverkehr
Neue Mainzer Str. 22
6000 Frankfurt 1
Tel. (069) 238 07 50

für die Schweiz: British Tourist Authority
Limmatquai 78
8001 Zürich
Tel. (01) 47 42 77 und 47 42 97

für Österreich: Britische Fremdenverkehrswerbung
Wiedner Hauptstr. 5-8
1040 Wien
Tel. (0222) 65 03 76

Falls Sie Anfragen zu einzelnen Punkten haben, die Ihnen die BTA-Repräsentanten nicht zufriedenstellend beantworten, so ist es am günstigsten, direkt zu schreiben an

    Scottish Tourist Board
PO Box 705
Edinburgh EH4 3EU
Scotland
Großbritannien

Die britischen Fremdenverkehrsämter werden mit allgemeinen Anfragen sehr stark eingedeckt, was dazu geführt hat, daß Wünsche, die sich nicht präzise auf Detailinformationen beziehen, meist nur mit reichlich allgemein gehaltenen Broschüren oder einem Verweis auf den Buchvertrieb "British Book Shop" beantwortet werden. Man sollte sich daher darauf beschränken, nur das wirklich Benötigte und das möglichst genau bezeichnet anzufordern.
Zur Standardlieferung gehören folgende Publikationen:
- Broschüre "Großbritannien zu jeder Jahreszeit"
- Broschüre "Scotland" (in Deutsch)
- Reisekarte "Britain"
- Schottland-Übersichtskarte 1:760320 (davon gibt es auch eine Version

mit eingedruckten Campingplätzen)
- diverse Faltblätter zu kommerziellen Angeboten

Außerdem sollte man ausdrücklich bestellen:
- Broschüre "Cycling" in der neuesten Fassung (enthält ein Fülle von Tips zum Reisen mit dem Rad)
- Faltblatt "Bike it by Train" (Fahrradtransport-Bestimmungen)

Die zahlreichen sonstigen Publikationen der BTA und des STB werden fast ausschließlich gegen bare Münze abgegeben. Der Vertrieb wird zu völlig überhöhten Preisen (1 £ als etwa 10 DM, sfr 6 bzw. öS 55 angesetzt, Porto zusätzlich!) vom British Book Shop in Frankfurt/Main und Wien bzw. der Firma Wepf & Co. in Basel durchgeführt, eine Liste der Publikationen und Preise ist in den Broschüren der BTA enthalten. Angesichts dieser Vertriebspolitik ist anzuraten, Publikationen, die man weder von der BTA-Vertretungen im eigenen Land noch vom Scottish Tourist Board ohne finanziellen Aderlaß erhalten kann, möglichst erst nach der Ankunft in Schottland zu erwerben. Das betrifft insbesondere die Verzeichnisse über Unterkünfte aller Art.

In Schottland gibt es außerdem über 30 regionale Touristeninformations-büros, die mit ihren Adressen in der Schottland-Broschüre enthalten, aber auch im Ortsbeschreibungsteil dieses Buches genannt sind. Die dort erhältlichen Publikationen sind sehr unterschiedlich in ihrem Informationsgehalt. Nützlich sind sie vor allem für den längeren Aufenthalt in einer bestimmten Region, da die Details über Unterkünfte im allgemeinen sehr umfangreich sind. Im Südwesten Schottlands ist die Trennung der Bereiche, für die sich die Büros zuständig fühlen, fast undurchschaubar, während das Hochland nur von wenigen Broschüren abgedeckt wird. Für diese größte Region Schottland (einschließlich der Inseln) existiert außerdem ein Zusammenschluß aller Touristenbüros mit einer gemeinsamen Buchungs- und Informationszentrale, von der auch ein kostenloses Unterkunftsverzeichnis erhältlich ist:

> Hi-Line
> Holiday Lodge
> Bridge Road
> Dingwall, IV15 9SL

Dieses Verzeichnis stimmt inhaltlich und in der Aufmachung weitgehend mit den einzelnen Broschüren der angeschlossenen Regionen überein. Bei der gleichen Adresse ist außerdem eine für die Vorplanung recht informative Broschüre namens "Holiday Ideas" zu beziehen.

In ganz Schottland verteilt existieren über 150 Informationsstellen; sie sind in einer BTA-Broschüre zusammengestellt, aber auch in den Ortsbeschreibungen dieses Buches genannt.

Anreise

Schottland ist verkehrstechnisch gesehen für den Fahrradreisenden recht abgelegen. Wer nicht die Dienste einer Luftverkehrsgesellschaft in Anspruch nimmt, muß mit einer zeitlich und finanziell aufwendigen Anreise rechnen. Zu den allgemeinen Problemen des Fahrradtransports sei hier auf das Kapitel "Anreise" in "Der Wind kommt immer von vorn" von Jürgen Rieck (s. Literaturliste) verwiesen.

Eigentlich Spezialisten für die Anreise nach Irland, aber aufgrund der geographischen Gegebenheiten zwangsläufig auch für Großbritannien ist folgendes Reisebüro, dessen Informationsdienst hiermit nachdrücklich empfohlen wird: Gaeltacht-Irland-Reisen, Schwarzer Weg 25, 4130 Moers 1, Tel. (02841) 35902. Gegen Rückporto kann man dort aktuelle Zusammenstellungen aller Anreisetarife ("Tarifdschungelbuch") anfordern; das Büro ist besonders spezialisiert auf ungewöhnliche Reisekombination, z.B. per Bus, Sonderbus, Fähr-Sonderpreise etc.

Flug

Die schnellste Möglichkeit und je nach Saison, Personenkreis und Abflugort auch die preisgünstigste. Im allgemeinen kann ein Fahrrad im Rahmen des Reisegepäcks mitgenommen werden (s.u.).

Linienverbindungen gibt es prinzipiell von allen größeren Flughäfen nach Edinburgh und Glasgow, teils auch nach Aberdeen. Außer einigen Charterflügen landen eigentlich alle Maschinen irgendwo in England zwischen, die meisten in London, einige aber auch in Birmingham. Dabei ist nach den britischen Einreisebestimmungen stets die Paß- und Zollprozedur schon bei der ersten Landung fällig; konkret bedeutet das, daß Sie mit allen Passagieren aussteigen, ihr gesamtes Gepäck (ggf. einschl. des Fahrrades) entgegennehmen und damit durch die Kontrollen wandern müssen, bis Sie schließlich wieder einchecken und einsteigen dürfen. Diese Prozedur macht es eigentlich überflüssig, einen theoretischen Non-Stop-Flug zu buchen, falls dieser nicht ohnehin der vorteilhafteste ist, da die Anschlüsse ab London und Birmingham nach Schottland im Stundentakt (mindestens!) erfolgen. Ab London existieren der "Shuttle-Service" von British Airways, der Edinburgh alle zwei Stunden, Glasgow stündlich anfliegt. Tickets für diesen Flug, der nicht reserviert werden muß, werden ggf. noch an Bord des Flugzeugs verkauft; allerdings findet der günstigere Standby-Tarif dann keine Anwendung. Letzterer garantiert einen Platz in der spätestens dritten Maschine, Reservierung ist nicht möglich. Preis etwa £ 80 (London-Glasgow bzw. -Edinburgh und zurück). Am günstigsten ist im allgemeinen die Kombination eines Sondertarifs bis London (APEX oder ähnliches) und der Weiterflug auf einen britischen Sondertarif. Eine erfreuliche Ausnahme bildet bisher (und hoffentlich auch in Zukunft) ein Linienflug von British Airways auf der Strecke London-Birmingham-Edinburgh, der als APEX-Tarif für etwa DM 420 zu buchen ist. Trotz der Zollabfertigung bei der Zwischenlandung (s.o.) ein nahezu unschlagbares Angebot.

Falls kein günstiger Flughafen vor Ihrer Haustüre liegt, können Sie entweder einen IT-Flug mit Umsteigen buchen (s.u.) oder zum Flughafen per Bahn anreisen. Dazu gibt es - vorläufig als Betriebsversuch der Deutschen Bundesbahn - das Angebot "Rail and Fly": bei Vorlage eines Linien- oder Charterflugtickets von jedem Bahnhof der Bundesbahn zu jedem deutschen Flughafen für 70 DM hin und zurück, incl. IC, Platzreservierung, Flughafentransfer, aber ohne Fahrradkarte. Jede weitere Person zahlt 40 DM, begleitende Kinder bis 17 Jahre nur 10 DM. In vielen Fällen also wahrscheinlich die günstigste Art, den preiswertesten Abflughafen anzusteuern.

Die Liniengesellschaften haben alle diverse Spartarife eingeführt, die an die unterschiedlichsten Bedingungen geknüpft sind: manchmal nur feste Vorausbuchung (14 Tage vor Abflug) der Flugtermine mit Vorschriften über die Mindestaufenthaltsdauer (in der Regel mindestens über ein Wochenende, also kein Problem), in anderen Fällen nur für bestimmte Alters- oder Personengruppen, manchmal nur für kurzfristige Buchungen in letzter Minute. In jedem Fall lohnt es sich, die Tarife zu vergleichen und mehr als nur ein Reisebüro aufzusuchen - der Tarifdschungel ist so undurchschaubar, daß kaum ein Reisebüro wirklich den völligen Durchblick hat.

Obwohl nicht der billigste, ist dennoch der IT-Tarif der Liniengesellschaften von besonderem Interesse: er ist in der Regel der einzige Tarif mit Rücktritts- oder Umbuchungsmöglichkeiten. Außerdem kann er auch für Flüge mit Umsteigen gebucht werden, ist also prinzipiell von jedem Flughafen aus möglich.

Vereinzelt werden bei den einschlägigen Billig-Flugreisebüros noch weitere günstige Flüge angeboten. Sofern die ausführende Gesellschaft damit nur Linienflüge mit zusätzlichen Charterpassagieren füllen will, ist in der Regel (nach Voranmeldung!) die Mitnahme eines Fahrrades möglich. Bei reinen Charterflügen ist die Lage unsicherer; da meist kein Übergepäck zugelassen wird, sollte man zumindest in der Hauptsaison nur nach ausdrücklicher Zustimmung der ausführenden Fluggesellschaft (nicht nur des Reiseveranstalters) buchen. In der Nebensaison gibt es aber auch bei Charterflügen in der Regel keine Probleme.

Charterreisen werden oft kurzfristig zu Sonderpreisen verkauft, wenn sie, vor allem in der Nebensaison, nicht ausgebucht sind. Es lohnt sich deshalb, die entsprechenden Reiseveranstalter 2-3 Wochen vor dem geplanten Abflug anzurufen und nach solchen Sonderangeboten zu fragen. Auch an manchen Flughäfen und in Jugendreisebüros werden solche kurzfristigen Buchungen verkauft. Allerdings ist es recht schwer, solche Sonderangebote für Reisen von mehr als zwei Wochen zu entdecken.

Nach den gesetzlichen Vorschriften müssen Charterreisen außer aus dem reinen Flug mindestens aus einer Zusatzleistung bestehen. In der Regel bedeutet das, daß eine Billigunterkunft mitverkauft wird (bzw. ein Gutschein dafür), wobei Reiseunternehmen wie Kunden gewöhnlich davon ausgehen, daß diese Leistung nicht in Anspruch genommen wird.

Theoretisch muß man für den Fahrradtransport im Rahmen des Übergepäcks mit Zusatzkosten rechnen, die ca. 8 DM je Kilogramm Übergepäck (je Strecke) ausmachen. Da zum einen das Freigepäck bei Liniengesellschaften 20-25 kg beträgt, zum anderen das Auswiegen und Berechnen eine für die Angestellten lästige Angelegenheit ist, entfällt die Berechnung in der Regel - ein Anspruch darauf besteht aber selbstverständlich nicht! Falls Sie einmal zahlen sollen, checken Sie Ihr Gepäck ggf. nur bis zum Umsteigeflughafen durch, da mit ziemlicher Sicherheit danach keine Berechnung der Reststrecke erfolgt.

Sinnvoll ist in jedem Fall die Beschränkung auf nicht zu viele Gepäckstücke. Wer mit vier Packtaschen, Zelt, Isomatte und Schlafsack fliegt, darf sich nicht wundern, wenn das Abfertigungspersonal die Übergepäcktoleranz als etwas zu weit ausgereizt ansieht. Vorsichtshalber sollte man kleine, aber schwere Dinge (z.B. Werkzeug, Fotoapparat etc.) ins Handgepäck nehmen, das meist nicht gewogen wird, obwohl es eigentlich zur Freigepäckmenge zählt. Falls Sie, z.B. bei IT-Flügen, vor der Ankunft in Großbritannien umsteigen müssen, sollten Sie Ihr Gepäck zumindestens bei der Hinreise nur bis zum ersten Flughafen durchchecken: Fehlleitungen von Gepäckstücken sind recht häufig und passieren fast immer beim Umsteigen. In ungünstigen Fällen können Sie dadurch Ihren Urlaub in Schottland erst um einige Tage verzögert beginnen; scheuen Sie also nicht die Arbeit des erneuten Eincheckens.

Bei Charterflügen läßt sich für etwaige Übergepäck-Transportkosten keine Richtlinie nennen. Da aber die Fluggesellschaft meist kein Interesse daran hat, dem Charterer (also dem Reiseveranstalter) zusätzliche Einnahmen aus Übergepäck zu verschaffen, ist eine Berechnung äußerst unwahrscheinlich.

In jedem Fall sind Flüge mit Fahrradtransport konkurrenzfähig im Vergleich mit Eisenbahn-/Fährtarifen, meist sogar billiger. In manchen Fällen mag es sinnvoll erscheinen, einen günstigen Flug bis London zu wählen und dort in die Eisenbahn zu wechseln (allerdings unwahrscheinlich).

Die meisten Fluggesellschaften verlangen gewisse Veränderungen am Fahrrad für den Transport: meist Lenker in Längsrichtung verdrehen, Pedale ab- oder nach innen schrauben, Luft aus den Reifen lassen. Es empfiehlt sich somit, frühzeitig am Flughafen zu sein - was auch schon deshalb sinnvoll ist, um das Rad sicher mitzubekommen - und das ggf. notwendige Werkzeug bereitzuhalten. Üben Sie die notwendigen Handgriffe vorher zu Hause (das Linksgewinde des linken Pedals beachten!); lassen Sie die Luft nicht vollständig ab, damit der Reifen sich beim Schieben zum Flugzeug nicht von der Felge lösen kann. Falls gleichzeitig Tiere im Frachtraum transportiert werden (nach Großbritannien unwahrscheinlich!), herrscht dort Druckausgleich, so daß ein Luftablassen aus den Reifen unnötig ist.

Obwohl innerschottische Flugverbindungen streng genommen nicht in dieses Kapitel gehören, sei dennoch an dieser Stelle auf sie hingewiesen; wegen der geringen Entfernungen sind Flüge ohnehin allenfalls als Anschluß bei An- oder Abreise interessant. Evtl. kann die Durchbuchung vergleichsweise preiswert ausfallen, während die innerschottischen Strecken und die zu den Inseln ansonsten vor allem auf Geschäftsreisende ausgerichtet und entsprechend teuer sind. Als potentielle Ziele bieten sich Aberdeen, Inverness (beides auch ab London direkt anzufliegen), die Hebriden, Orkneys und Shetlands an.

Land-/Seeweg

Eine Vielzahl von Kombinationen ist denkbar.
Die Fähre ist unvermeidlich, aber für die Strecke dorthin und ggf. zwischen Fähre und Eisenbahn (z.B. in England) kann man auf's Auto, die Eisenbahn, den Bus oder die eigene Muskelkraft (sprich radeln) zurückgreifen.

Fähren

Einen aktuellen Fährenplan gibt es bei der Britischen Fremdenverkehrszentrale; er enthält auch auszugsweise die Tarife, meist ohne Preise für den Fahrradtransport.
Alle per Fähre erreichbaren Häfen liegen in England, der weitaus größte Teil davon an der englischen Südostküste. Für die Anreise nach Schottland kommen naturgemäß nur solche Häfen in Frage, die einen günstigen Anschluß in den Norden gewährleisten, also entweder zu Bus bzw. Bahn nach London oder einem nördlich gelegenen Anknüpfungspunkt oder direkt auf geeignete Straßen führen.

Dover, Sheerness bzw. Ramsgate werden von Calais, Boulogne, Dunkerque, Oostende, Zeebrugge und Vlissingen aus angefahren. Nach Harwich und Felixstowe gehen die Fähren von Zeebrugge, Hoek-van-Holland und Hamburg.

Alle diese Strecken eignen sich für die Weiterfahrt über London. Die weiter nördlich landenden Verbindungen setzen zumindest über Teilstrecken Straßenbenutzung in England voraus.
Von Schevingen existiert eine Fähre nach Great Yarmouth (Norfolk), nach Hull in Nordengland kommt man von Rotterdam und Zeebrugge aus. Newcastle ist von Esbjerg (Dänemark) aus zu erreichen: zwar mit Abstand die teuerste Strecke, aber mit schon fast an der schottischen Grenze gelegenem Zielort und daher mit direktem Anschluß an die Etappenbeschreibungen dieses Buches. Zumindest für Reisende aus dem nördlichsten Bundesgebiet eine interessante Variante.

Die Fähren nach Great Yarmouth, Hull und Newcastle haben gemeinsam, daß sie für Fahrradreisende keinen brauchbaren Anschluß an das britische Eisenbahnnetz haben: die Schnellzüge der Ostküste gehören zum "Intercity-125"-Netz (s.u. unter Eisenbahn), deren Fahrradtransportkapazität de facto nur ab London genutzt werden kann; die wenigen anderen geeigneten Züge haben so ungünstige Zeiten, Ziele und Anschlüsse, daß die Anreise mit ihnen zu einer tagelangen Bahnhofsodyssee würde. Sie sind daher nur für Anreisen per Auto oder zum Weiterfahren mit dem Rad ab Fährhafen zu empfehlen. Ebenfalls nur für eine Autoanreise unter Umgehung von London anzuraten sind die Fährstrecken, die von der französischen Atlantikküste nach Newhaven, Portsmouth, Southampton oder Weymouth führen.

Je nachdem, mit wieviel Personen und auf welche Art man reist, kann jede Fährroute finanziell und/oder zeitlich attraktiv sein. Konkrete Empfehlungen lassen sich daher nur bedingt geben; der Preisvergleich ist für den jeweiligen Fall unverzichtbar.
Einige Fährverbindungen befördern Fahrräder gratis, andere nutzen diese Regelung zu einem Mogeltarif: Passagiere in Autos werden billiger befördert als Fußgänger und Radfahrer. Für Studenten und manchmal auch anderes Jungvolk bieten einige Gesellschaften Rabatte, z.B. auf Jugendherbergsausweis bis 26 Jahre.

Auto

Die Anreise per Auto kann vergleichsweise preiswert werden, wenn die rollende Blechdose mit Passagieren und Rädern vollgestopft wird. U.a. lassen sich dabei die Fährpreise für die Fahrräder sparen. Im Zuge der immer mehr sich auf Normalverbraucher ausdehnenden Mitfahrgelegenheiten kann man auch als Radler evtl. preisgünstig nach Schottland gelangen. In der Regel sinnvoll ist die Anreise per Auto bis zum Fährhafen und Weiterfahrt mit Schiff und Bahn.

Die Autoreise durch England ist nahezu in jedem Fall entweder zeit- oder finanzaufwendig, da der Weg entweder über London führt, eine sehr weite

Strecke durch England erfordert oder eine der teuren Fähren nach Hull oder Newcastle gewählt werden muß.

Im folgenden gehe ich davon aus, daß für den Aufenthalt in Schottland das Auto nicht benutzt wird. Wer Benzinpreise u.ä. wissen möchte, sollte die Britische Fremdenverkehrszentrale oder Automobilklubs konsultieren.

Eisenbahn

Die Eisenbahn ist für Nicht-Autoreisende das einzige Transportmittel, das täglich verkehrt und in der Regel keine Vorreservierung erforderlich macht.

Theoretisch kann man über Frankreich auch per Bahn reisen (via Paris). Da aber die Bahnverbindungen spärlich, langsam und teuer sind, kann dazu nicht geraten werden. Zudem ist der Fahrradtransport in den französischen Fernzügen nur als Reisegepäck möglich (keine Selbstverladung), was zeitliche Verzögerungen bewirken kann.

Der normale und vergleichsweise schnelle Weg führt über London. Dort ist ein Bahnhofswechsel erforderlich, und schnelle Intercity-Verbindungen über Birmingham und Carlisle bzw. York und Newcastle bringen Sie direkt nach Schottland. Beide Strecken werden täglich mit vielen Abfahrten bedient. Auf der Ostküstenstrecke (ab London King's Cross) verkehrt der "Intercity-125", so benannt nach der Höchstgeschwindigkeit in Meilen (125 Meilen = 200 km/h), der über sehr kleine Gepäckabteile verfügt. Fahrräder können deshalb mo-fr nur nach Vorbuchung, sa/so auch ohne Reservierung (Platz für max. 5 Räder!) transportiert werden, die noch unmittelbar vor Abfahrt vorgenommen werden kann, allerdings nur an Bahnhöfen und nicht in Reisebüros (kann auch schon in Deutschland bei der Vertretung der Britischen Eisenbahnen vorgenommen werden). Außerdem kommen bisher nur wenige Verbindungen für den Transport in Frage, eine Gebühr von £ 3 je Strecke für die Reservierung ist fällig. Im Gegensatz zu früheren Regelungen ist nach der Buchung der Radtransport aber garantiert. Im Laufe des Jahres 1986 war - nach dem Informationsstand des Frühjahrs - eine Verbesserung der Gepäckabteil-Versorgung auf der Ostküstenstrecke vorgesehen.

Im allgemeinen ist für den Fahrradtransport daher ein Ausweichen auf die Westküstenstrecke über Birmingham erforderlich, die auch mit gewöhnlichen Intercity-Zügen einschließlich Gepäckwagen befahren wird; die (seltenen) 125-Züge sind hier für Räder vollkommen gesperrt. Das verlängert die Anfahrt bis Edinburgh von 4 h 45 Min auf 6 h, bietet aber reichlich Züge zur Auswahl und den ansonsten bei den Britischen Eisenbahnen üblichen Gratis-Fahrradtransport.

Die normale Rückfahrkarte kostet stolze 500-700 DM (incl. Fähren) je nach Abfahrtbahnhof. Mit etwa 350-500 DM kommen Reisende unter 26 Jahren aus, wenn sie ihr Ticket bei Transalpino bzw. Twentours kaufen. Als Alternative gibt es für den gleichen Benutzerkreis den Inter-Rail-Paß für ca. 450 DM. Studenten über 26 Jahren sollten sich vor der Buchung genau nach Rabatten für die englischen Teilstrecken erkundigen, da für Inhaber einer "Young Persons Railcard" (£ 12, gültig ein Jahr, s. "Service") Ermäßigungen zwischen 34 und 50 % gewährt werden. Der Erwerb der inner-englischen Tickets ist aber ggf. erst in Großbritannien möglich. Da die britischen Eisenbahnen aber ohnehin eine Vielzahl von Rabatten anbieten (z.B. bei Fahrten montags-donnerstags), erscheint es zumindest für Nicht-Transalpino-/Twentours-Reisende sinnvoll, zur Ausnutzung des günstigsten Preises die Eisenbahnkarten für Strecken ab London erst in Großbritannien zu kaufen. Aber auch für Bahnfahrer im Transalpino-Alter besteht keine Notwendigkeit, das Ticket schon zu Hause zu erwerben; im Victoria-Bahnhof in London verfügt dieses Unternehmen über ein Verkaufsbüro.

Zu den Personentarifen kommen noch die Kosten für einen etwaigen Fahrradtransport. Wer seinen Drahtesel mitnehmen will, muß für alle Bahn- und Fährkarten noch einmal ein erkleckliches Sümmchen veranschlagen. Allerdings vergessen die Kontrolleure an den Fähren manchmal das Kassieren.
Auf den Boat-Trains der englischen Eisenbahn mit direktem Fähranschluß ist der Fahrradtransport gebührenpflichtig (ausgenommen nach Harwich). Wie in allen britischen Zügen ist Selbstverladung angesagt und angezeigt, um Beschädigungen durch das Bahnpersonal zu vermeiden.

Größer ist das Problem, wie das Fahrrad nach England zu bekommen ist. Die unkomplizierte, aber unsichere Lösung ist das Vorschicken des Reisegepäcks bis London (weiter vorschicken ist wegen der Zollbestimmungen nicht möglich; gegenteilige Informationen werden von Bahnbediensteten zwar häufig gegeben, sind aber falsch). Eine Woche sollte man dafür veranschlagen; für die Abholung des Rades und die Reparatur etwaiger Transportschäden ist sicherheitshalber ein weiterer Tag anzusetzen. Natürlich kann es bei aller Vorausplanung passieren, daß das Fahrrad noch nicht in London angekommen ist - also warten.
Wer sein Rad nicht vorschickt, muß im grenzüberschreitenden Verkehr das Fahrrad normalerweise am Grenzbahnhof aus dem Gepäckwagen holen, den ausländischen Anschlußzug abwarten und neu einladen. Die Fahrradkarte ist jeweils von neuem fällig, möglicherweise muß man sogar per Rad die Grenze überqueren, um zum Zug mit Gepäckwagen zu gelangen. Auf durchgehende Gepäckwagen wird man meist vergeblich hoffen; auch im günstigsten Fall ist es reine Glückssache, wenn das Bahnpersonal den Drahtesel am Grenzbahnhof nicht einfach auslädt. Grenzüberschreitende Fahrradkarten gibt es nämlich prinzipiell nicht.

Die inoffizielle Möglichkeit auf der niederländischen Strecke kann für Leute mit etwas Risikobereitschaft und entsprechend guten Nerven empfohlen werden: inländische Fahrradkarte bis Grenzbahnhof lösen, vor dem Grenzbahnhof dem ausländischen Schaffner den Hinweis auf das im Gepäckwagen befindliche Fahrrad geben und eine Fahrradkarte noch vor dem Grenzübertritt nachlösen. Dann heißt es aufgepaßt, daß das Rad im Grenzbahnhof nicht ausgeladen wird, also: in der Nähe des Gepäckwagens bleiben und ggf. dort die nachgelöste Fahrradkarte vorzeigen. Da diese Regelung ein gewisses Entgegenkommen des Bahnpersonals voraussetzt, kann sie auch schon einmal schiefgehen. Im Verkehr mit Belgien, wo der begleitende Gepäcktransport überhaupt nicht vorgesehen ist, kann der Versuch nicht empfohlen werden, obwohl es auch dort erfreuliche Präzedenzfälle gegeben hat.

An den deutsch-niederländischen Grenzbahnhöfen darf man im allgemeinen auf schnelle Anschlüsse hoffe, so daß man möglicherweise die vorgesehene Fähre noch erwischt. Sicherer ist es natürlich, in einem größeren Reisebüro die ausländischen Kursbücher vorher zu befragen: besser selbst nachschauen und vor allem nie annehmen, daß Fernzüge automatisch Gepäckwagen haben. Das ist nämlich gerade in den Niederlanden eher die Ausnahme. Konkrete Auskunft zu holländischen Zügen gibt die Niederlassung der Niederländischen Eisenbahn (Schildergasse 84, 5000 Köln 1, Tel. 0221/ 216294). Der Schalterbeamte der Bundesbahn oder irgendein Reisebüroangestellter sind hingegen keine zuverlässigen Auskunftsstellen. Wer genügend Zeit hat, kann sich den Grenzärger sparen und gleich per Fahrrad zur Fähre radeln. Holland ist zum Einüben genau das Richtige.

Bus

Grundsätzlich nur ohne Fahrradtransport!
Die Deutsche Touring-Gesellschaft bietet Liniendienste aus einigen deutschen Regionen nach London an; in der Hauptsaison täglich. Der Fahrpreis (hin und zurück) beträgt je nach Abfahrtort 180-330 DM. Die im Katalog der Firma enthaltenen Strecken aus Nordrhein-Westfalen und dem südlichen Niedersachsen können von deutschen Staatsangehörigen nur von einigen Einstiegsorten aus genutzt werden und sind ansonsten nur für englische Staatsangehörige (z.B. Soldaten und ihre Familien) zugänglich. Dennoch sind sie eine interessante Möglichkeit: durch Umsteigen in den Niederlanden führen diese Buslinien in nahezu jede Region Großbritanniens ohne den Umweg über London; schneller und billiger lassen sich die meisten Zielorte deshalb gar nicht erreichen. Alle anderen Buslinien führen nämlich stets über die englische Hauptstadt.

Auf der Personenfähre von John o'Groats zu den Orkneys

Den Anschluß in London nach Schottland bieten einige Busunternehmen; nach Glasgow dauert die Fahrt mindestens 7 Stunden, nach Edinburgh mindestens 9 Stunden. Man muß mit einem vergleichsweise niedrigen Preis von £ 10 je Strecke rechnen; beim größten Anbieter "National Express" gibt es auf die "Student Coach Card" (s. "Service") einen Studentenrabatt von 33 %.

Hinsichtlich des Fahrradtransports bei Busverbindungen sieht es leider sehr schlecht aus; selbst wenn es Ihnen gelingen sollte, einen Busfahrer zur Mitnahme zu überreden, sind die Chancen bei der Anschlußverbindung gering. National Express z.B. schließt derartiges Sperrgepäck ausdrücklich aus.

Einreise

Personen

Personalausweis oder Reisepaß genügen, Visum entfällt. Nicht-EG-Bürger bekommen bei der Einreise eine "Visitor's Card" ausgestellt, auf der vermerkt ist, wie lange sie ohne polizeiliche Anmeldung bleiben dürfen (drei oder sechs Monate). EG-Bürger mit Arbeitsgenehmigung müssen sich ebenfalls nach drei Monaten anmelden.
Für Touristen gibt es also im allgemeinen keinerlei Beschränkungen.

Tiere

Wer seinen Goldhamster unbedingt mit auf die Fahrradreise nehmen möchte, sollte sich auf einen Langzeitaufenthalt einrichten. Alle Arten von Tieren müssen auf den gesamten britischen Inseln nämlich 6 Monate Quarantäne absolvieren.

Zoll und Devisen

Die Ein- und Ausfuhr von Zahlungsmitteln ist unbegrenzt. Für die Einfuhr von Waren gelten folgende Beschränkungen.
Für im Duty Free Shop gekaufte oder aus Nicht-EG-Ländern stammende Waren:

> 200 Zigaretten oder 100 Zigarillos oder 50 Zigarren oder 250 g Tabak; 1 Liter Spirituosen oder 2 Liter Sherry o.ä.; 3 Liter Wein; 50 g Parfüm oder 0,25 l Eau de Cologne; sonstige Waren bis zum Wert von £ 28.

Für aus einem EG-Land stammende Waren:

> 300 Zigaretten oder 150 Zigarillos oder 75 Zigarren oder 400 g Tabak; 1,5 Liter Spirituosen oder 3 l Sherry o.ä.; 4 Liter Wein; 75 g Parfüm oder 3/8 Liter Eau de Cologne; sonstige Waren bis zum Wert von £ 153.

Bei der Ausreise (bzw. Rückkehr ins Heimatland) gelten die obigen Mengen entsprechend; außerdem sind sonstige Waren im Werte von DM 780 (sfr 100 und öS 1000 für Schweizer bzw. Österreicher) zollfrei.
Dinge des persönlichen Bedarfs (sprich Reisegepäck) sind immer zollfrei. Verboten ist die Einfuhr von Waffen, frischem und konserviertem Fleisch, Geflügel und Molkereiprodukten sowie Pflanzen. Mit der Schweinehälfte im Gepäck darf man sich also nicht erwischen lassen.
Ausfuhrgenehmigungen benötigt man vor allem für alle Arten von Antiquitäten, sofern sie einen Wert von £ 8000 übersteigen. Zügeln Sie deshalb Ihre Kauflust.

Verkehrsverbindungen in Schottland

Nicht jeder wird die Schottland-Fahrradreise am Fähr- oder Flughafen beginnen wollen - zeitliche und finanzielle Gründe sprechen möglicherweise dafür, gewisse Strecken mit Bahn oder Bus zurückzulegen; auch im Verlauf der eigentlichen Reise mag es sinnvoll sein, einmal auf öffentliche Verkehrsmittel zu wechseln. Besonders gilt dies für die Eisenbahn, die im Hochland einige Gegenden berührt, die man sonst nur zu Fuß erkunden kann. Und schließlich ist die Benutzung von Fähren unvermeidlich für alle, die den Westen und Norden des Landes kennenlernen möchten. Für diese Gegenden, d.h. für das Hochland und die Inseln, gibt es zudem eine Pauschalkarte für Eisenbahn, Bus, Postbus und die meisten Fähren, den "Travelpass". Er kostet bei einer Gültigkeitsdauer von 5 Tagen DM 150, für 10 Tage DM 250; dieser recht hoch erscheinende Preis kann dennoch günstig sein, wenn Sie die Gültigkeit in einen Zeitraum legen, in dem Sie z.B. längere Strecken per Bahn oder Fähre zurücklegen möchten. Da der Travelpass auch für Fährverbindungen zu den Orkneys gilt, läßt sich damit ggf. einiges sparen. Attraktiv ist auch das Angebot zur Kombination mit der Anreise ab London oder Hull: sowohl für Busse als auch für die Eisenbahn gibt es dann ermäßigte Tarife. Der Travelpass muß vor der Anreise erworben werden, die Gültigkeit kann man aber in Glasgow, Edinburgh oder Inverness eintragen lassen, so daß keine frühzeitige Terminfestlegung nötig ist. Auskunft und Buchung erfolgt bei den Auslandsbüros der Britischen Eisenbahnen (s.u.) oder direkt bei "Hi-Line" (s. "Informationsmaterial"); beim Kauf des Passes bei Hi-Line sind Gültigkeitsdauer (8 oder 12 Tage) und Preise (niedriger) abweichend.

Die gesamten Verbindungen öffentlicher Verkehrsmittel im Hochland und auf den Inseln sind mit bewundernswerter Präzision und Aktualität in einem Buch mit dem Titel "Getting around the Highlands and Islands" enthalten, daß für ca. £ 1,50 in Schottland in Touristenbüros und Buchläden erhältlich ist. Käufer eines Travelpasses bekommen dieses Nachschlagewerk gratis, außerdem ist es zu beziehen vom Auskunftsdienst "Hi-Line" (s. "Informationsmaterial").

Aber auch für Reisende, die den öffentlichen Personenverkehr nicht so extensiv nutzen wollen, wird sich das eine oder andere Mal der Erwerb einer Fahrkarte anbieten.

Busse

Die Fernbusse sind mit Abstand das billigste Verkehrsmittel in Großbritannien; auf den Strecken zwischen London und den schottischen Metropolen beträgt der Preis meist weniger als ein Drittel des Eisenbahntarifs, allerdings sind die Fernzüge auf diesen Verbindungen auch besonders teuer. Auf diese günstigen Preise gibt es noch einmal einen Rabatt von einem Drittel für alle Rentner, Kinder und Jugendliche bis 16 Jahre, für Schüler ab 17 Jahre und Studenten jedes Alters mit Rabattkarte (s. "Service"), und für Inhaber einer "Britexpress Card", die für £ 8,50 von jedermann erworben werden kann und 30 Tage lang gültig ist, gerechnet vom Tag der ersten Benutzung an. Zwei Dinge schränken die Nützlichkeit der Busse für Radtouristen jedoch ein: zum einen transportieren sie keine Fahrräder (s. "Anreise"), zum anderen ist eine Reservierung auf den Strecken ab London in der Regel mehrere Tage im voraus erforderlich.

Innerhalb Schottlands wird der Regionalbusverkehr von elf Gesellschaften durchgeführt, die zur "Scottish Bus Group" zusammengeschlossen sind. Je abgelegener die Region, desto seltener und umständlicher sind die Verbindungen, allerdings ist es dort auch schon einmal möglich, einen Busfahrer zur Mitnahme eines Fahrrades zu überreden. Wie überhaupt der britische Nah- und Fernverkehr viel weniger bürokratisch abgewickelt wird als in deutschsprachigen Ländern; man sollte sich nicht wundern, wenn ein bereits abgefahrener Zug für hinter ihm herhechelnde Nachzügler noch einmal stoppt. Zwar leidet unter dieser Haltung oft die Pünktlichkeit, Anschlüsse an Fähren etc. funktionieren aber stets gut.

Eisenbahn

Schottische Eisenbahnstrecken gehören zu den schönsten der Welt. Da auf ihnen grundsätzlich Fahrradtransport möglich und gratis ist und die Preise viel freundlicher als auf den Fernstrecken aus England sind, kann die Benutzung der Eisenbahn für An-, Abreise oder einen "Zwischentransport" in andere Landesteile uneingeschränkt empfohlen werden. Das gilt vor allem für die Hochlandstrecken Perth-Inverness, Glasgow-Mallaig (West Highland Line), Inverness-Kyle of Lochalsh (Kyle Line) und Inverness-Thurso/-Wick. Die Linien nach Mallaig und Kyle durchqueren Landschaften, die ansonsten unzugänglich sind und haben dadurch besonderen Erlebnischarakter. Strecken, die günstige Querverbindungen zwischen einzelnen Etappenbeschreibungen dieses Buches darstellen, sind auf der Etappen-Übersichtskarte eingezeichnet.
Die fahrradfeindlichen Intercity-125-Züge haben gottlob im innerschottischen Verkehr keine Bedeutung, so daß alle Verbindungen vom Radtouristen zu nutzen sind.

Jugendliche bis 24 Jahre und Studenten ohne Alterbegrenzung können bei Studentenreisebüros und größeren Bahnhöfen eine "Young Persons Railcard" zum Preis von £ 12 erwerben (2 Paßbilder und ggf. Studentenausweis erforderlich), die zu Rabatten zwischen 34 und 50 %, je nach Tarif, berechtigen; die Karte gilt ein Jahr ab Ausstellungsdatum (s. "Service").

Für Vielfahrer bietet British Rail den "Britrail Pass" an, den es in diversen Klassen für Normalverbraucher ebenso gibt wie für Kinder, Jugendliche und Rentner. Der Normalpreis beträgt für 8 Tage DM 260, 15 Tage DM 390, 22 Tage DM 516 und 30 Tage DM 580. Die Tarife für Kinder betragen die Hälfte, die für Jugendliche (bis 25 Jahre) etwa 75 % - dort ist die Interail-Karte in der Regel deutlich günstiger. Der Britrail Pass kann nur außerhalb Großbritanniens erworben werden, ist aber wegen des recht hohen Preises ohnehin allenfalls für kürzere Reisen und bei Ausnutzung für die Anreise interessant. Er ist zu beziehen bei den Auslandsvertretungen der Britischen Eisenbahnen unter folgenden Anschriften:

- Neue Mainzer Straße 22
  6000 Frankfurt 1
  Tel. (069) 23 23 81
  (Zweigbüros in Düsseldorf und Hamburg)
- Centralbahnplatz 9
  4002 Basel
  Tel. (061) 23 14 04
  (Zweigbüro bei BTA in Zürich)
- Wiedner Hauptstr. 5/10
  1040 Wien
  Tel. (0222) 65 03 36

Wer nur innerhalb Schottlands fleißiger Eisenbahnbenutzer sein möchte, kann bei Bahnhöfen und Reisebüros das "Freedom of Scotland"-Ticket erwerben, daß auf allen schottischen Eisenbahnstrecken gültig ist. Es kostet für eine Woche £ 34, für 14 Tage £ 50; angesichts der recht niedrigen schottischen Normal-Eisenbahntarife und der Möglichkeit, per Young Persons Railcard Rabatt zu bekommen, ist eine sinnvolle Nutzung dieser Karte im Rahmen einer Fahrradreise aber äußerst fraglich.

Fähren

Alle Inseln nennenswerter Größe sind mit dem Festland, teils auch untereinander mit Fähren verbunden. Außer Autofähren gibt es eine ganze Reihe von Personenfähren, die meistens Fahrräder mitnehmen. Einige Inseln können nur über solche Kleinfähren, die teils in winzigen Booten bestehen, erreicht werden. Die wichtigsten Verbindungen nennt die Übersichtskarte; Näheres steht in den jeweiligen Routenbeschreibungen. Die meisten Fähren

Übersichtskarte: Eisenbahn und Fähren in Schottland

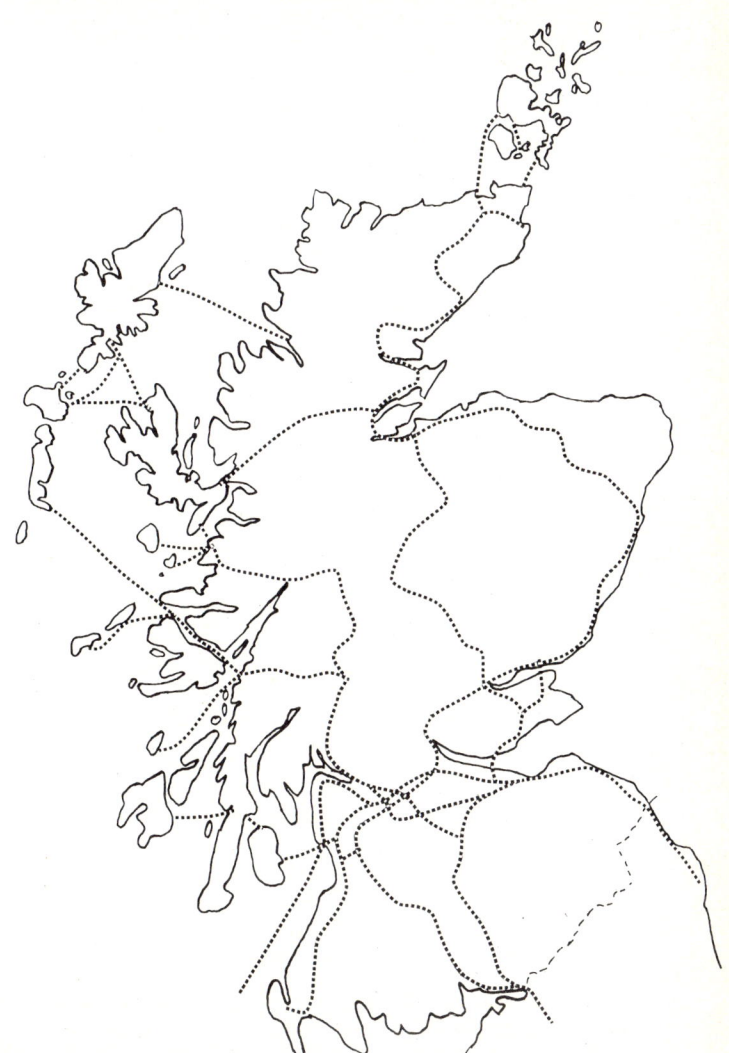

betreibt die Gesellschaft Caledonian MacBrayne, auch kurz "Cal Mac" genannt, die fast den gesamten Verkehr mit den inneren und äußeren Hebriden unterhält. Wer dort intensiver umherfahren möchte, sollte sich den Prospekt von folgender Anschrift (ggf. auch von der Fremdenverkehrszentrale) schicken lassen:

Caledonian MacBrayne Ltd.
The Ferry Terminal
Gourock PA19 1QP

Wer eine Art Rundreise über die Inseln machen möchte, kann für fast jede mögliche Kombination, auch für die in diesem Buch empfohlenen Strecken, ein "Island Hopscotch"-Ticket erwerben, das billiger ist als die einzeln erstandenen Fahrscheine. Für den Fahrradtransport gilt das zwar meist nicht, aber der dafür erhobene Preis ist ohnehin oft nur eine Art Anerkennungshonorar, das sich nach der Fahrzeit berechnet: 10 p je Stunde an Bord ist der Richtwert. Die Preise stehen im Prospekt von Cal Mac. Die Linien anderer tätiger Unternehmen, vor allem für die Orkneys und die Shetlands, sind bei den Routenbeschreibungen aufgeführt.

Preisermäßigungen für Jungvolk, Studenten etc. gibt es auf den Inselfähren in der Regel nicht, sondern lediglich auf Strecken nach Irland und zur Isle of Man.

Flugzeug

Die innerschottischen Flugverbindungen sind durchweg auf Geschäftsreisende ausgerichtet und entsprechend teuer. Angeflogen werden alle Regionen des Festlandes; wichtiger sind die Verbindungen zu den Inseln, bei deren Routenbeschreibungen deshalb auch die entsprechenden Details zu finden sind. Auf innerbritischen Strecken ist aber für den Fahrradtransport mit einer Kostenpauschale zu rechnen!

On the road again

Spätestens bei der Ankunft in Großbritannien erinnert man sich dunkel, von den vom europäischen Kontinent abweichenden Verkehrsbestimmungen gehört zu haben. Stichwort: Linksverkehr.
Das ist auch gleich der markanteste Unterschied: in Schottland wird wie überall auf den Britischen Inseln links gefahren. Im Interesse der Gesundheit sollte man das auch beherzigen, denn selbst auf den abgelegensten Straßen herrscht ab und zu Gegenverkehr. Faktisch ist der Linksverkehr jedoch völlig unproblematisch.

Die meisten Verkehrsregeln und Schilder entsprechen internationalem Standard. Wichtig: trotz Linksverkehr gilt bei der Vorfahrt, wie bei uns, rechts vor links, meist wird die Vorfahrt aber durch ein Schild oder eine unterbrochene Linie auf der Straße angezeigt! Etwas Einfühlungsvermögen verlangt die britische Spezialität der "Roundabouts" (Kreisverkehre), die es in großer Zahl gibt, da damit die meisten größeren Kreuzungen entschärft werden. Höchstgeschwindigkeit, Anschnallpflicht etc. interessieren den Fahrradreisenden nicht, eher schon die Beschilderung.

Hinweisschilder stehen überall in Schottland. Sie tragen Ortsnamen in Englisch, in einigen wenigen Gebieten der Hebriden evtl. nur oder zusätzlich in Gälisch, und Entfernungsangaben in Meilen (1 Meile = 1,6 km). Entgegen der Beteuerung der Fremdenverkehrszentralen ist die Straßenausschilderung vor allem auf Nebenstraßen unzureichend und zuverlässig oder irreführend. Nicht selten sind Schilder verdreht oder tragen grundsätzlich den Namen eines nahegelegenen größeren Ortes, egal in welche Richtung der kürzeste Weg verläuft. Ohne detaillierte Straßenkarten sind daher für den Radfahrer in manchen Regionen Irrfahrten vorprogrammiert. In Schottland erfolgt die Unterteilung von Straßen entsprechend den Regelungen in ganz Großbritannien in A- und B-Straßen. Aufgrund veränderter Verkehrsführungen, z.B. im Zuge von Stadtumgehungsstraßen, werden vereinzelt Straßennumerierungen auch geändert, so daß die Angaben auf den Karten nicht immer zuverlässig sind. Soweit bekannt, enthalten die Etappenbeschreibungen entsprechende Hinweise im Text und/oder den Kartenskizzen.
Soweit wie möglich wird der Radfahrer die breiten, relativ stark befahrenen A-Straßen meiden; am intensivsten ist der Autoverkehr auf den "Trunk Roads", die auf Karten mit einem "(T)" hinter der Straßennummer gekennzeichnet sind. Ein weiteres Alarmsignal, das auf starken Verkehr hindeutet, ist die Markierung als "Dual Carriageway", d.h. als Ausbaustrecke mit getrennten, doppelten Fahrsteifen. Regionalverbindungen und

die kleinen, teils unnummerierten Straßen sind dagegen meist die reinste Radleridylle: schmale, oft heckengesäumte und ruhige Straßen, auf denen vielleicht einmal pro Stunde ein Farmerauto vorbeizuckelt. Der Extremfall und gleichzeitig eine schottische Spezialität sind dabei die einspurigen Straßen mit Ausweichstellen, die es vor allem im Hochland recht häufig gibt: die markierten "Passing Places" sind in so kurzen Abständen eingerichtet, daß immer einer in Sichtweite ist. Wer beim Gegenverkehr zuerst eine solche Stelle erreicht, wartet dort, bis die weitere Strecke wieder frei ist. Radtouristen sollten auf solch schmalen Straßen, auf denen kein Auto ohne Gefährdung des Radlers überholen kann, stets recht weit in der Mitte fahren, um die Durchfahrt deutlich auch für jene Autofahrer zu sperren, die den Platzbedarf eines Radfahrers nicht einschätzen können - was auf die meisten zutrifft. Auch der Gegenverkehr kann durch solches Verhalten zur Tempodrosselung gezwungen werden, wodurch dann mit einem Ausweichen im letzten Moment (nach links!) ein ausreichender Sicherheitsabstand bewirkt werden kann.

Alle Straßen sind gewöhnlich asphaltiert, allerdings oft mit einem vergleichsweise rauhen und teils schadhaften Belag. In Schottland werden Straßen nämlich mit einer ziemlich weichen Asphaltschicht überzogen, da die gemäßigten Temperaturen keine Rücksichtnahme auf extreme Witterungseinflüsse erfordern; dementsprechend muß man bei starkem Sonnenschein mit einer aufgeweichten, klebrigen Straßendecke rechnen. Straßenschäden erleben in den abgelegenen Gebieten des Hochlandes manchmal eine jahrelange Duldung durch die Straßenbaubehörden, insgesamt ist der Zustand der Straßen aber befriedigend bis gut. Lediglich durch die Wahl der Bereifung (s. "Das Fahrrad") sollte man Rücksicht auf die Unzulänglichkeiten der Straßenbeschaffenheit nehmen.

Ein Schrecken für Autofahrer, für Fahrradreisende hingegen unproblematisch sind auf Nebenstraßen die vielen "anderen Verkehrsteilnehmer": Kühe, Schafe, Esel auf dem Weg zur Weide oder einfach frei umherlaufend. Vor allem im nördlichen Hochland sind Weiden nicht eingezäunt, das liebe Vieh läuft ohne Eingrenzung durcheinander und auch auf Straßen und Wege. Hingegen kann eine andere Tierspezies durchaus zum Radlerschreck werden: des Menschen angeblich bester Freund, der Hund. In Großbritannien gibt es dank der britischen Tierliebe eine große Zahl bellender Vierbeiner, deren liebstes Vergnügen das Ankläffen von Radlerbeinen ist. Vor allem die Bauern- und Dorfköter pflegen wild japsend aus Einfahrten und Hecken zu schießen und den Fahrradfahrer ein Stück des Wegs zu begleiten, sprich ihn zu jagen. Kann der einzelne Radtourist diesem Schicksal meist noch wegen der verzögerten Reaktion der Hunde entgehen, ist für nachfolgende Teilnehmer einer Gruppe das Schicksal unabwendbar. Da helfen nur gute Nerven und Weiterfahren. Absteigen und Beruhigungs- oder Verscheuchungsversuche sind erfahrungsgemäß sinnlos.

Karten

Zur Grobplanung der Fahrradreise reicht die Übersichtskarte 1:760320 des Scottish Tourist Board aus. Etwas günstiger für diesen Zweck ist allenfalls eine der zahlreichen einblättrigen Schottlandkarten mit Maßstäben zwischen 1:300000 und 1:400000. Die entsprechenden Karten sind hingegen alle recht unhandlich und zudem noch zu einigen recht groben Vereinfachungen gezwungen. Aus der Fülle des Kartenangebots bleiben nach Prüfung der Zuverlässigkeit nur die Ausgaben zweier Institute (und Nachdrucke) übrig.

Die Vermessungsarbeit wird in Großbritannien vom "Ordnance Survey Office" durchgeührt, das auch eigene Karten herausgibt. Unter diesen O.S.-Karten ragt die Ausgabe 1:250000 ("Routemaster Series") als für Radtouristen geeignet positiv hervor, da sie zum einen recht neu ist, zum anderen ganz Schottland in nur vier Blättern abbildet. Falls man die schottische Inselwelt nicht besuchen will, reichen sogar zwei Blätter aus: Blatt 4 für Südschottland (bis Fort William), Blatt 2 für das gesamte nördlich davon liegende Festland. Blatt 1 deckt die nördlichen Hebriden, Shetland und Orkney ab, Blatt 3 den Südwesten Schottlands einschließlich der Inseln, wobei starke Überschneidungen mit Blatt 4 vorliegen. Die Karte verfügt über eine detaillierte Straßenaufteilung, Höhenlinien mit farblicher Absetzung und zusätzlichen Steigungsmarkierungen, Entfernungsangaben, sehr viele Orts- und Landschaftsangaben und Markierungen der wichtigsten touristischen Einzelheiten wie Campingplätze, Jugendherbergen, freistehende Hotels und Gasthöfe, Sehenswürdigkeiten - kurz über alles, was der Radtourist benötigt. Das Netz der asphaltierten Straßen ist vollständig abgebildet; die wenigen anderen Wege mit regionaler Bedeutung sind ebenfalls enthalten. Alles in allem eine erfreulich gute Karte, die zudem auch außerhalb Schottlands unkompliziert zu beschaffen ist: der Verlag Kümmerly + Frey in Bern hat die Originalkarte mit seinem Verlagsumschlag versehen und vertreibt sie für DM 12,80 je Blatt. Der Kauf zumindest der Festlandskarten kann daher bereits vor der Reise nach Schottland empfohlen werden.

Falls Sie nur wenige Inseln besuchen wollen, kommen Sie möglicherweise mit den Kartenausschnitten zurecht, die in den jeweiligen Gebietsprospekten abgedruckt sind. Dabei handelt es sich in der Regel um Reproduktionen einer Karte des Edinburgher Verlages Bartholomew, dessen Blatt 1:253440 ("GT Series") in etwa die gleichen Informationen bietet wie die oben beschriebene O.S.-Karte. Allerdings ist dabei das schottische Fest-

land samt Hebriden auf vier Blätter verteilt, die Orkneys und Shetlands sind nicht enthalten. Da zudem die Karte älter und entsprechend unzuverlässiger ist und je Blatt genauso viel kostet, ingesamt also teurer ist, kann der Kauf nur empfohlen werden, wenn die abgebildeten Gebiete zufällig der von Ihnen angestrebten Region entspechen.

Vom gleichen Verlag gibt es eine neue Kartenserie 1:100000 ("National Maps Series"), deren schottische Teile in stolzen 35 Blättern das gesamte Land einschließlich der Inseln abbilden. Nicht nur wegen des daraus resultierenden hohen Preises und Gewichts eines kompletten Kartensatzes, sondern auch wegen der geringen Fläche, die ein Blatt darstellt, ist die Karte allenfalls für längeren Aufenthalt in einem kleinen Gebiet oder bei einem Abstecher zu einer außerhalb der O.-S.-Karte liegenden Insel nützlich. Der große Maßstab kann im schottischen Hochland kaum genutzt werden, da das grobmaschige Straßennetz sich dort unkompliziert mit viel kleineren Maßstäben vollständig und korrekt wiedergeben läßt.

Aus den dargestellten Gründen gehen die Etappenbeschreibungen dieses Buches von der Benutzung der O.S.-Karte 1:250000 aus. Eine Umsetzung auf kleinmaßstäbigere Karten (z.B. 1:300000 des STB) ist hingegen weitgehend unmöglich und bietet nur im weitmaschigen Straßennetz des nördlichen Hochlandes keine Probleme.

Reiseführer und Literatur

Die nachfolgend genannten Titel sind lediglich eine kleine Auswahl aus der großen Zahl verfügbarer Bücher, die sich vor allem danach ausrichtet, welche Bücher man vor oder während der Reise lesen oder mitnehmen sollte. Neuere literarische Schilderungen und Bildbände sind nicht aufgeführt.

Zum Thema Fahrradreise

Jürgen Rieck: Der Wind kommt immer von vorn. Mit dem Fahrrad auf Reisen. Verlag Wolfgang Kettler, Berlin (4., überarb. Auflage) 1986.

Zur Einstimmung

Theodor Fontane: Jenseits des Tweed. (Die bibliophilen Taschenbücher Bd. 144) Harenberg Kommunikation, Dortmund 1979. (Der Klassiker unter den deutschsprachigen Schottlandbüchern)

Samuel Johnson: Reisen nach den westlichen Inseln Schottlands. Insel Taschenbuch 663, Insel Verlag Frankfurt/Main.

MERIAN Heft 4/32: Schottland. Hoffmann und Campe Verlag, Hamburg, veränderte Auflage 1984. (Informative Stimmungsbilder und Reportagen)

Reiseführer (allgemein)

Margit Dolezalek-Molsich: Schottland. (Reihe "Preiswert reisen", Bd. 18) Hayit-Verlag, Köln 1985. (Der Reihentitel täuscht gottlob: keine Anleitung zum touristischen Schmarotzertum, sondern ein recht konventionell gemachter Reiseführer, brauchbar vor allem für das Hochland und die Inseln.)

dtv MERIAN Schottland. Deutscher Taschenbuch-Verlag, München 1984. (Fast ausschließlich auf Haupt-Touristenziele bezogen, nicht so informativ wie andere Bände der Reihe.)

Katrin Gebauer: Schottland & Hebriden. Oase Verlag Badenweiler, 2. Aufl. 1986. (Von Fehlern strotzender allgemeiner Teil, der zudem für die Neuauflage nicht aktualisiert wurde; im Prinzip nur - dort aber gut - brauchbar für die schottische Westküste und die Hebriden.)

Grieben-Reiseführer Schottland. (Bd. 284) Grieben Verlag Karl Thiemig, München, 4. Aufl 1983. (Bieder und nicht immer aktuell, aber als handliches Nachschlagewerk nützlich.)

Roland Leibold: Schottland. Walter-Verlag, Olten 1981. (Voluminöser Textreiseführer)

Axel Patitz: Schottland kennen und lieben. LN-Verlag Lübeck, 2. Aufl. 1979. (Textreiseführer in ungewöhnlich schlechter Klebebindung)

Polyglott Schottland (Bd. 728). Polyglott Verlag München, 12. Aufl. 1985 (Sehr oberflächlich)

Spezielle Reiseführer und Hintergrundliteratur

Artemis-Cicerone Kunst- und Reiseführer Schottland. Artemis Verlag München. (Recht schmales Bändchen zum opulenten Preis)

Karlhans Franke: Nach Schottland reisen. Fischer BOOT Nr. 7512, Fischer Taschenbuch Verlag Frankfurt/Main 1982. (Etwas chaotische Mischung von unergiebigen touristischen Informationen mit unterhaltsamen Erlebnisberichten; nützlich für den ansonsten meist vernachlässigten Südwesten Schottlands.)

Gausden/Crane: The CTC Route Guide To Cycling in Britain and Ireland. Penguin Books 1981. (TB-Ausgabe eines 1980 erschienenen Radtourenführers für Großbritannien, Routenbeschreibungen ohne touristische Informationen, teils nur mit Karten 1:100000 zu nutzen, da auch Waldwege etc. befahren werden.)

Peter Sager: DuMont Kunst-Reiseführer Schottland. DuMont Buchverlag, Köln, 5. Aufl. 1985 (Aktuellster der gängigen Kunstführer)

Konrad Schröder: Kunst- und Reiseführer Schottland. Kohlhammer Verlag Stuttgart, 1981.

Ein Dach über'm Kopf

Angesichts der gemäßigten Temperaturen und der latenten Gefahr deutlich über 100 % liegender Luftfeuchtigkeit wird wohl kaum jemand auf die Idee kommen, auf einer Schottlandreise nachts im Schlafsack am Straßenrand zu übernachten. Ein schützendes Dach zwischen Kopf und Himmel muß also her.

Camping

Die einfachste und zweifellos mobilste Form der eigenen vier Wände stellt immer noch das Zelt dar. Für Schottland sind dabei drei Eigenschaften unverzichtbar: das Zelt muß regendicht und sturmsicher sein und über gute Moskitonetze verfügen - die schönsten Zeltplätze an Mooren und Flüssen sind im Sommer mit beißwütigen und blutrünstigen Insekten bevölkert. Vorsichtshalber sollte man einplanen, daß das Zelt oft feucht zusammengepackt werden muß.

Das gleiche gilt auch für den Schlafsack, weshalb er ebenfalls pflegeleicht sein sollte.

Wenn man einmal von der Witterung absieht und ohnehin ein Freund des Zeltens ist, bietet sich Schottland für diese Reiseart geradezu an. Außerhalb der offiziell anerkannten Campingplätze ist hier nämlich Wildcampen sowohl möglich als auch erlaubt. Es versteht sich von selbst, daß man vor dem Aufschlagen des Zeltes auf Privatgrund den Eigentümer fragen sollte; normalerweise wird man nicht zurückgewiesen und kann sogar bei dieser Gelegenheit die Wasserbehälter nachfüllen.

Absolut unerwünscht ist, dem negativen Beispiel anderer Touristen zu folgen und Abfälle zu hinterlassen. Im Interesse der nächsten Camper-Generationen und der sauberen Umwelt wird alles - aber wirklich alles! - mitgenommen.

Da das Campen, wenn auch meist in Wohnwagen, ein britischer Volkssport ist, bekommt man noch in den abgelegensten Gebieten Nachschub z.B. für den Campingkocher.

Wem das Wildcampen zu ungemütlich oder zu komfortfrei ist, kann seine Plastikmütze auf einem offiziellen Campingplatz aufschlagen. Angaben zu Plätzen, Saisonzeiten und Kapazitäten sind im Etappenteil dieses Buches enthalten.

Wer es genauer wissen will, z.B. Tarife (bis zu £ 5 je Zelt) und Serviceeinrichtungen, kann beim British Bookshop (s. "Informationsmaterial") ein überteuertes Verzeichnis der Campingplätze (DM 16) anfordern. In Schottland ist das gleiche Heft für £ 1,60 überall käuflich erhältlich. Zur Vorplanung reicht auch die Übersichtskarte des STB mit eingezeichneten Plätzen, oder schlicht die Kennzeichnung auf den O.S.-Karten.

Die offiziellen Campingplätze sind leider oft mit Caravans und "mobile homes" vollgestopft. Einige sind außerdem so teuer, daß Alleinreisende in der Jugendherberge billiger davonkommen. Dafür sind sie oft mit einem kleinen Waschsalon ausgestattet, in dem man auch feuchte Kleidung trocknen kann, ohne gleich den ganzen Waschprozeß durchlaufen zu müssen.

Jugendherbergen

Aus Deutschland sind Jugendherbergen als oft große, komfortable Übernachtungsstätten mit Mahlzeitenangebot bekannt, die im Sommer womöglich schon vor Sonnenuntergang schließen und in denen Jugendgruppen den Begriff der Nachtruhe ad absurdum führen. All das trifft für Schottland nicht zu.

Schottische Jugendherbergen sind vergleichsweise klein (manchmal nur 20-30 Betten), teils recht spartanisch ausgestattet, werden im wesentlichen von Einzelwanderern besucht und bieten nur selten Mahlzeiten an (und dann meist nur in den Sommerferien).

Dafür haben sie Selbstkocherküchen, den Pubs angepaßte Öffnungszeiten und davon unabhängig eine besser, d.h. früher funktionierende Nachtruhe. Kurz: die Idee der preiswerten Übernachtungsmöglichkeit verknüpft mit Begegnung wanderfreudiger Leute funktioniert hier noch. Das kann auch den mit dem Jugendherbergsgedanken wieder versöhnen, den der Klassenausflugsmief aus deutschen Herbergen bereits vertrieben hat. Es gibt keine Altersbegrenzung, hingegen eine nach Alter und Komfortklasse gestufte Übernachtungsgebühr (zwischen £ 1,80 und £ 3,50) und eine auf drei Tage beschränkte Aufenthaltsdauer. Einzige Voraussetzung ist - natürlich - ein gültiger Jugendherbergsausweis des jeweiligen Heimatlandes. Gruppen sollten stets im voraus buchen.

Im Gegensatz zu deutschen Herbergen sind in Schottland außer Leinenschlafsäcken auch (saubere) Mumienschlafsäcke (Daune oder Kunststoff) erlaubt, allerdings nur in Herbergen der untersten Komfortklasse (Grade 3) und nur in Kombination mit einem Kissenbezug. Der Grund für diese Regelung liegt darin, daß bei Herbergen der anderen Klassen die traditionellen Wolldecken meist durch normales Bettzeug ersetzt worden sind, das nur mit JH-Schlafsäcken oder Bettwäsche vor Verschmutzung geschützt werden kann.

Achtung: die JH-Regeln in Schottland unterscheiden sich von denen in England & Wales; in Großbritannien gibt es - jeweils selbständige - JH-Verbände für England/Wales, Schottland und Nordirland, mit unterschiedlichen Öffnungszeiten, Preisen und Benutzungsregeln. So sind z.B. Mumienschlafsäcke in England nicht zugelassen, was ggf. für die Anreise oder erste Radfahr-Etappen auf englischem Boden (z.B. ab Newcastle) zu berücksichtigen ist.

Foto rechte Seite: Jugendherberge Melrose von der Abbey aus.

Die Scottish Youth Hostels Association unterhält 76 Jugendherbergen in allen touristisch erschlossenen Teilen des Landes. Am dichtesten ist das JH-Netz in den Bergregionen mit Wandermöglichkeit, unterversorgt sind die Inseln des Südwestens und die Küste nördlich von Aberdeen (s. Übersichtskarte). Die Herbergen sind je nach Komfortklasse mehr oder weniger lang geöffnet; Kernzeiten für alle JHs sind 17-23 h (Nachtruhe bis 7 h) und 7 h bis 10.30 h.

Außerhalb von Juli und August können Betten telefonisch reserviert werden (zwischen 19 und 22 h, aber nicht am Tag der Ankunft) und werden dann bis 18 h freigehalten. Längere Reservierung (bis 22 h) nur bei Vorauszahlung.

Außer den vorgenannten JHs gibt es eine kleine Zahl unabhängiger Hostels (fast ausschließlich auf den Inseln), die ähnliche Einrichtungen bieten wie die offiziellen JH-Verbände. Sie sind privat betriebene, vergleichsweise kleine Übernachtungsstätten und teils geringfügig teurer als JHs, teils aber auch billiger.

Alle bekannten Herbergen (JHs und unabhängige) sind im Etappenbeschreibungsteil dieses Buches an den jeweiligen Orten genannt. Wer Wert auf die genauen Beschreibungen und Lageskizzen legt, sollte sich das Verzeichnis der SYHA besorgen:

Scottish Youth Hostels Asssociation
National Office
7 Glebe Crescent
Stirling FK8 2JA
Scotland
(80 p mit Porto)

Bei der gleichen Anschrift kann man auch einen Sonderdruck einer Bartholomew-Karte (1:570240) mit eingedruckten JHs und Sehenswürdigkeiten bestellen; die Karte kostet 85 p mit Porto, bei gleichzeitiger Bestellung des Verzeichnis insgesamt £ 1,51.

Alle Herbergen sind voll und ganz auf die Selbstbeköstigung der Gäste eingestellt. Sie verfügen über Kochgeräte, Töpfe und Geschirr. Bestecke und Geschirrhandtuch muß jeder Gast selbst mitbringen; außerdem braucht man für die Gaskocher Feuerzeug oder Streichhölzer. Für überschüssige Lebensmittel, die man zurücklassen möchte, haben die Herbergen ein besonderes Regal, aus dem sich jeder bedienen darf; einmal wöchentlich werden die Reste beseitigt. Die meisten JHs verfügen über kleine Läden, die haltbare Lebensmittel (Konserven, Getränke etc.) zu landesweit einheitlichen Preisen verkaufen. Frische Milch, Brot und Eier gibt es normalerweise nicht (außer auf Privatinitiative des Warden), H-Milch ("long life milk") vereinzelt.

Übersichtskarte: Jugendherbergen in Schottland

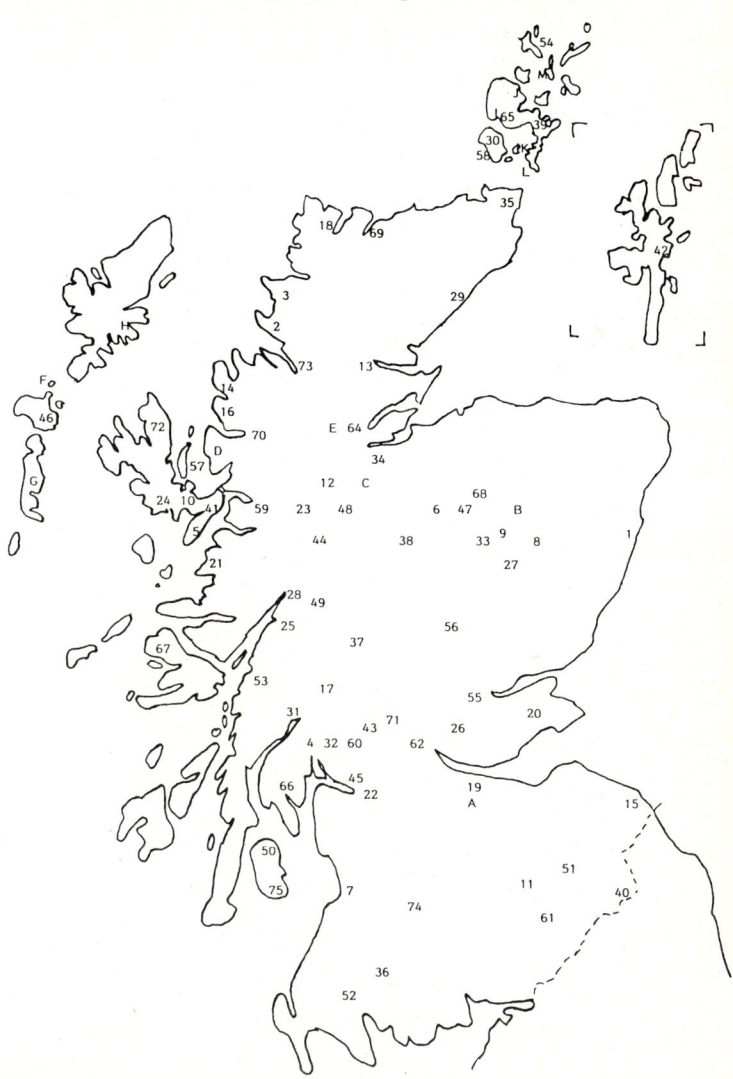

SYHA-Jugendherbergen

1 Aberdeen
2 Achininver
3 Achmelvich
4 Ardgartan
5 Armadale
6 Aviemore
7 Ayr
8 Ballater
9 Braemar
10 Broadford
11 Broadmeadows
12 Cannich
13 Carbisdale Castle
14 Carn Dearg
15 Coldingham
16 Craig
17 Crianlarich
18 Durness
19 Edinburgh (Eglinton & Bruntsfield)
20 Falkland
21 Garramore
22 Glasgow
23 Glen Affric
24 Glenbrittle
25 Glencoe
26 Glendevon
27 Glendoll
28 Glen Nevis
29 Helmsdale
30 Hoy
31 Inveraray
32 Inverbeg
33 Inverey
34 Inverness
35 John o'Groats (Canisbay)
36 Kendoon
37 Killin
38 Kingussie
39 Kirkwall
40 Kirk Yetholm
41 Kyleakin
42 Lerwick
43 Loch Ard
44 Loch Lochy
45 Loch Lomond
46 Lochmaddy
47 Loch Morlich
48 Loch Ness
49 Loch Ossian
50 Lochranza
51 Melrose
52 Minnigaff
53 Oban
54 Papa Westray
55 Perth
56 Pitlochry
57 Raasay
58 Rackwick
59 Ratagan
60 Rowardennan
61 Snoot
62 Stirling
63 Stockinish
64 Strathpeffer
65 Stromness
66 Tighnabruaich
67 Tobermory
68 Tomintoul
69 Tongue
70 Torridon
71 Trossachs
72 Uig
73 Ullapool
74 Wanlockhead
75 Whiting Bay

Foto S. 71 oben: Jugendherberge Snoot, Borders Region

Unabhängige Herbergen

A Edinburgh
B Corgarff
C Torness
D Achnashellach
E Comusnagaul
F Berneray
G South Uist

H Rhenigidale
I Stromness
J Evie
K Herston
L Burwick
M Eday

B & B

Die beiden Buchstaben sind auf Schildern an Häusern überall in Schottland zu finden und bedeuten "Bed & Breakfast", also Übernachtung mit Frühstück. Für viele Privathaushalte ist das eine Möglichkeit, von der Reisefreudigkeit der Touristen angenehm zu profitieren und eine Nebeneinnahme von £ 6 aufwärts je Nacht und Person zu erreichen.

Dafür bekommt der Gast außer einem Bett für die Nacht vor allem ein opulentes britisches Frühstück, das eine optimale Grundlage für einen langen Radlertag darstellt. Dusche oder Bad müssen oft extra bezahlt werden. Einige B&B-Häuser bieten außerdem (nach Voranmeldung!) ein Abendessen, das je nach Haus mehr oder weniger teuer ist.

B&B ist nicht nur die "schottischste" Übernachtungsform (auch Vertreter und Handwerker im Außeneinsatz übernachten so), sondern vor allem in jedem Teil des Landes zu bekommen. In den etwas dünner versorgten zentralen Gebieten ist es oft sinnvoll, in einem Laden oder Pub nach B&B zu fragen - manchmal gibt es versteckte Häuser, die evtl. nicht einmal ein Schild draußen hängen haben. Im nördlichen Hochland kann das Netz der B&B-Herbergen aber auch schon einmal etwas grobmaschig werden, so daß dort frühzeitige Unterkunftssuche sinnvoll ist (oder Vorbuchung, s. "Informationsmaterial").

Ein aktuelles Verzeichnis der anerkannten Privatunterkünfte ist vom British Bookshop (s. "Informationsmaterial") für DM 19 zu beziehen (in Schottland Preis £ 2). Wer aber vorrangig ins Hochland möchte, kommt mit dem Gratisverzeichnis von Hi-Line günstiger davon.

Außer den in der genannten Broschüre aufgeführten gibt es jedoch eine große Zahl weiterer B&B-Häuser, die in der Regel nicht unkomfortabler und meist etwas billiger sind als die amtlich registrierten.

Anhand der Verzeichnisse lassen sich leicht die regional üblichen Preisgrenzen für Übernachtung und Frühstück feststellen. Die unregistrierte Konkurrenz orientiert sich daran in der Regel.

Die vom britischen Cyclists' Touring Club (CTC) empfohlenen, weil besonders "fahrradfreundlichen" B&B-Unterkünfte sind bei den Routenbeschreibungen teilweise genannt. Sie sind in der Regel nicht die billigsten, man darf aber auf freundliche Aufnahme hoffen.

Hotels & Guest Houses

Wer sich's leisten kann, muß auf einer Fahrradreise nicht auf Luxus verzichten. Die schottische Gastronomie setzt diesem Streben zumindest preislich keine Grenze. Allerdings sind Guest Houses (Pensionen) nicht immer teurer als Privatquartiere; selbst kleine Hotels liegen manchmal nur unwesentlich darüber. Vor allem in der Nebensaison muß die Nacht im Hotel nicht zum finanziellen Ruin führen. Den Charm britischer Privathäuser kann das allerdings nicht ersetzen. Ein Hotelverzeichnis kann man ebenfalls beim British Bookshop (DM 25, in Schottland £ 3) bestellen; diesem ist auch die Klassifizierung der Hotels zu entnehmen. Für das Hochland gilt aber das Gleiche wie für die B&B-Häuser: alle Unterkünfte können dem Gratisverzeichnis von Hi-Line entnommen werden. In den anderen Regionen sind sie zwar ebenfalls in den jeweiligen Prospekten enthalten, angesichts der großen Zahl der Tourismusorganisationen ist es aber kaum sinnvoll, sämtliche Publikationen anzufordern.

Schottland selbst entdecken

Bei der Auswahl von Übernachtungsmöglichkeiten und Restaurants stoßen Reiseführer an die Grenzen ihrer Möglichkeiten. Die Überprüfung vieler hundert Quartiere und Lokale würde Jahre dauern und notwendigerweise am Schluß ein größtenteils veraltetes Ergebnis bieten - ein Punkt, an dem die entsprechenden Führer auch stets kranken. Das "Selbst-Entdecken" von Stätten schottischer Gastlichkeit soll daher dem Reisenden nicht abgenommen werden. Ich biete in diesem Buch lediglich Hilfestellung. Niedrigpreisunterkünfte wie Jugendherbergen und Campingplätze sind stets aufgeführt, zu B&B-Häusern sowie Hotels finden sich Hinweise jedoch nur in "Problemgebieten", d.h. in Gegenden, die mit Übernachtungsstätten dünn versorgt sind; dabei werden die Empfehlungen des Cyclists' Touring Club (CTC) zu "fahrradfreundlichen" Vermietern berücksichtigt. Die Verzeichnisse der Fremdenverkehrszentralen können diese Informationslücke besser, d.h. aktueller, vollständiger und zuverlässiger füllen als jeder Reiseführer. Wer sich entschließt, auf seiner Schottlandreise hauptsächlich B&B-Häuser oder Hotels und Guest Houses zur Übernachtung aufzusuchen, sollte die paar hundert Gramm Papiergewicht für diese Verzeichnisse nicht scheuen.

Einfacher ist die Qual der Wahl bei der Auswahl von Restaurants. Sie gibt es ohnehin nur in kleineren oder größeren Städten, meist zentral um den überschaubaren Ortskern gruppiert. Während des obligaten Orientierungsspaziergangs am Übernachtungsort ist das vergleichende Studium von Speisekarten und Erscheinungsbild ein selbstverständlicher Nebeneffekt, der zum Einleben gehört wie der Einkauf im Dorfladen oder ein abendliches Bier im Pub.

Es liegt nicht in der Absicht dieses Buches, Restaurants oder Pubs mit dem Prädikat "touristisch interessant" zu versehen - zum einen sind die Geschmäcker zu verschieden, zum anderen wechseln Wirte, Publikum und Flair zu schnell und zu unüberschaubar, um halbwegs verläßliche Angaben ermöglichen zu können.

Ausnahmen von dieser Regel mache ich nur dort, wo die Gefahr besteht, daß der Reisende an vielleicht etwas abgelegenen kulinarischen oder anderen kulturellen Sehenswürdigkeiten vorbeifährt. Solche Ausnahmen haben stets den Charakter einer Empfehlung.

Kulinarisches

Großbritannien hat im allgemeinen nicht gerade den Ruf eines Schlemmerparadieses. Zu recht: aus kulinarischen Gründen sollten Sie die Reise besser nicht antreten. Trotzdem kann bei gezielter Auswahl landestypischer Spezialitäten Schottland auch dem Leckermaul etwas bieten.

Essen

Beispielhaft auf knurrende Radfahrermägen ist das Frühstück abgestimmt. Zu einem vollständigen Morgenmahl gehören: Fruchtsaft; Cornflakes oder Porridge, seltener Müsli; Eier in allen Variationen, Frühstücksspeck und Schweinswürstchen (bacon, sausage and eggs); Toast und Weizenvollkornbrot (brown bread); Butter und Orangenmarmelade; Tee oder Kaffee; manchmal zusätzlich gebratene Tomaten.

Ein Einzelfällen kann der eine oder andere Bestandteil entfallen, aber immer wird ein abwechslungsreiches, sättigendes und gemessen am Ernährungswert preiswertes Frühstück geboten. Es wird gewöhnlich zwischen 9 und 10 Uhr eingenommen und läßt mindestens bis nachmittags keinen Hunger aufkommen.

Wer zwischendurch dennoch etwas zu beißen haben möchte, kann außer den weltweit grassierenden Imbißketten auch einen "Pub Grub" (Pub mit kleinen Mahlzeiten) oder einen Coffee-Shop (Mischung zwischen Grill-Restaurant und Café) aufsuchen. Dort gibt es tagsüber durchgehend Snacks und Mahlzeiten, seltener auch abends.

Tea-Rooms und Coffee-Shops laden nachmittags (ab 16 Uhr) zur Tea Time, sind aber etwas weniger verbreitet als in England. Eine kleine Sünde wert sind dabei frischgebackene Scones, eine Art von Teebrötchen, aber auch ansonsten ist Süßes in jeder Form bei den Schotten sehr beliebt. In kleineren und größeren Städten nimmt die Zahl der Bäckerei-Ketten mit Imbißabteilungen stetig zu.

In Schottland relativ wenig offeriert wird der "High Tea", eine Mischung aus warmer, kleiner Mahlzeit und Tea Time, der etwa von 17 bis 19 Uhr gehalten wird. Wo High Tea zu bekommen ist, stellt er allemal eine preiswerte und gute Art des Abendessens dar.

Die warme Hauptmahlzeit wird in Schottland wie überall in Großbritannien abends (Dinner) serviert. Die Sitte des Außer-Haus-Essengehens ist allerdings viel weniger verbreitet als auf dem Kontinent, was sich in der Zahl der Restaurants ebenso bemerkbar macht wie in der Art der gebotenen Gerichte. Die preiswerten Restaurants erinnern durchweg fatal an eine amerikanische Imbißkette, die sich selbst hochtrabend als "etwas anderes

Restaurant" lobt. Die Speisekarte weist vor allem Fisch, Würstchen, Hähnchen, Hamburger und Speck in wechselnden Kombinationen mit Pommes Frites ("chips") auf. Eine Alternative bietet sich selbst in kleineren Städten durch indische oder chinesische Restaurants, die meist ebenfalls recht preiswert sind; in manchen Dörfern existiert zumindest ein "Take-away"-Chinese, also eine orientalische Imbißbude.

Einen besseren Einblick in ursprünglich schottische Küche bekommt man, wenn man das Glück hat, auf ein Hotel mit Restaurantbetrieb zu stoßen. Vor allem die dort üblicherweise gebotenen Menüs sind ihr Geld wert und bestehen aus mindestens drei Gängen.

Kleine Hotels ohne öffentliche Restaurants bieten oft für ihre Gäste ebenfalls ein Dinner. Wer nachmittags danach fragt, kann sich ggf. vormerken lassen und ein wenig auf Schottisch schlemmen.

Zu typischen Gerichten einer schottischen Speisekarte zählen:

Vorspeisen (starters)

smoked salmon	Räucherlachs
seafood cocktail	Meeresfrüchtecoktail
thick chicken soup	gebundene Hühnersuppe

Hauptgerichte (main dishes)

hotch potch	Hammel-Gemüse-Eintopf (ähnlich Irish Stew)
scotch broth	mit Gerste angedickte Gemüsesuppe
haggis with neeps and turnips	Haggis mit Kartoffeln und Rüben
lamb cutlet	Lammkotelett
pork chop	Schweinekotelett
fried fillet of plaice	gebratenes Schollenfilet
poached or grilled salmon	gedünsteter oder gegrillter Lachs
seatrout	Meeresforelle
gammon steak	Schinkensteak (aus gekochtem Schinken!)
sirloin steak	Rumpsteak

Beilagen

brussel sprouts	Rosenkohl
french beans	grüne Bohnen
creamed potatoes	Kartoffelpüree
baked potatoes	Folienkartoffeln

Wer bei der Auswahl der Speisen auf die landestypischen Produkte zurückgreift, wird selten enttäuscht sein. Lachs, andere Edelfische und Lamm bekommt man kaum irgendwo so gut wie in Schottland - allenfalls noch auf der benachbarten Grünen Insel.

Gemüse spielen in der schottischen Küche eine vergleichsweise geringe Rolle (ausgenommen Kartoffeln); Standardbeilage zu allen Gerichten sind grüne Erbsen aus der Dose. Es ist daher empfehlenswert, tagsüber als Zwischenmahlzeit dem Körper ein paar Vitamine in Form von Obst und knabberfrischem Gemüse (z.B. Möhren) zuzuführen.

Das schottische Nationalgericht ist "Haggis", eine Wurst, die aus den Innereien von Schaf oder Hammel, traditionell gegart in einem Schafsmagen (heute aber meist in genormten Kunstdärmen), hergestellt wird. Haggis ist im allgemeinen sehr gut gewürzt; dem recht hohen Fettgehalt kann man dadurch entgegenwirken, daß man beim Erhitzen der Haggisscheiben kein Fett mehr zufügt, sondern es vielmehr aus der Wurst austreten läßt. Als Hauptgericht ißt man Haggis mit Kartoffeln und Kohlrüben, als Magentröster dient ein Whisky. Man trifft aber auch an Imbißwagen auf abenteuerliche Anpassungen an die internationale "Eßkultur": den "Haggisburger", eine fritierte Scheibe dieser Wurst. Angemessener ist die Selbstzubereitung, wobei man den Kauf möglichst in einer Metzgerei tätigen sollte, die das Nationalgericht noch selbst herstellt. Übrigens ist Haggis in jedem Fall eine extrem preiswerte Mahlzeit und bei richtiger Zubereitung eine deftige Delikatesse.

Trinken

Zu den Mahlzeiten trinken die Schotten meist Tee oder gewöhnliches Leitungswasser (Mineralwasser ist so gut wie unbekannt). Dieser Sitte sollte sich der Tourist anschließen; die manchmal angebotenen Weine sind stets überteuerte Mischprodukte deutscher oder französischer Provenienz und weitgehend ungenießbar. Da der Bierausschank nur in Pubs erlaubt ist, ist ein süffiges Ale allenfalls bei einer Pub-Grub-Mahlzeit erhältlich.

Da die Wasserkaraffe gratis zum Service gehört, treiben die Getränkepreise die Kosten für Mahlzeiten nicht unnötig in die Höhe, was mit den manchmal etwas hohen Restaurantpreisen wieder versöhnen kann.

Nicht in Restaurants, wohl aber in den Pubs, den Bollwerken schottischer Kneipenkultur, werden die Lieblingsgetränke der Schotten ausgeschenkt: Bier und Whisky. Eine mysteriöse Steuerpolitik hat in Verbindung mit Beschränkungen des Alkoholverkaufs außerhalb von gastronomischen Betrieben dafür gesorgt, daß Flaschenbier im Laden fast ebenso teuer ist wie Faßbier in der Kneipe; für Whisky gilt das fast im gleichen Maße. Kein Wunder, daß die Pubs gute Geschäfte machen.

Andenkenladen als Ende der schottischen Welt: John o'Groats

Die in Schottland gängigen Biere lassen sich in drei Oberklassen einteilen: Ale, Lager und Stout.
Ale ist jene Sorte, die man bekommt, wenn man einfach "one beer" bestellt. Es wird als "light", "pale", "strong", "special", "export" oder "heavy" näher klassifiziert, manchmal sind diese Bezeichnungen auch fließend. Pale bzw. Light Ale ist am mildesten, Export und Heavy am kräftigsten im Geschmack. Alle Ales sind ausgesprochen erfrischend und ähneln einigen deutschen dunklen Export- und Altbieren.
Lager ist ein helles Bier Pilsner Brauart, das aber von den Bartendern genau wie Ale gezapft wird, d.h. in einem Zug, wodurch es bereits frisch gezapft wie abgestanden schmeckt. Lagerbiere werden außerdem in Flaschen importiert, wobei außer minderwertigen Produkten bekannter Großbrauereien in Holland, Dänemark und Deutschland vereinzelt auch durchaus beachtliche Abfüllungen ihren Weg auf die Britischen Inseln nehmen. Wer sich partout nicht mit einer der zahlreichen Ale-Sorten anfreunden kann, ist daher meist mit Flaschenbier am besten bedient.

Das dritte Standbein britischer Bierbraukunst ist das Stout, ein fast schwarzes Bier aus geröstetem Malz, kräftig im Geschmack und süffig. Der marktbeherrschende Vertreter dieser Gattung ist Guinness, eigentlich in Irland beheimatet, aber auch in Großbritannien stark verbreitet (und in London gebraut). Die Zapfkunst schottischer Bartender versagt leider oft bei diesem edlen Getränk; Guinnessliebhaber werden nirgends so zufriedengestellt wie in Irland. Außer Guinness findet man den Namen "Stout" mit dem Zusatz "Sweet" noch auf Flaschen, die ein ähnliches, aber stark degeneriertes Bier mit Karamelzusätzen enthalten.

Britische Biergläser unterscheiden sich in ihrer Größe sympathisch von der Unsitte in manchen deutschen Gegenden, 0,3 l zum "großen Bier" zu erklären. Das Standardmaß ist das Pint (0,569 l), für weniger durstige Kehlen das Half-Pint (0,284 l). Wer keine Größe angibt, bekommt gewöhnlich das kleinere Bier serviert.

Das sicherlich bekannteste schottische Produkt ist zweifellos der Whisky, das "Lebenswasser" (so die Übersetzung des gälischen Ursprungswortes). Schottischer Whisky wird traditionell nur aus Gerstenmalz hergestellt; unverzichtbare Bestandteile sind reines Quellwasser (das außerhalb Schottlands nur noch in Irland eine ähnliche Eignung aufweist) und ein offenes Torffeuer zur Trocknung der gekeimten Gerste. Der Rauch des Torfs, der die Gerste durchzieht, gibt schottischem Whisky das rauchige Aroma und unterscheidet ihn grundsätzlich vom irischen Verwandten, dessen abgeschlossenes Torffeuer ein erheblich milderes Resultat bewirkt.

Mindestens drei und bis zu 15 Jahre reift der Whisky in Eichenfässern, die vorher Sherry enthielten und dessen Bernsteinfärbung an das Lebenswasser übertragen. Dann wird er in mehr oder weniger komplizierten Verfahren verschnitten ("blended"), wobei die Massenprodukte etwa zur Hälfte aus Kornwhisky bestehen. Reiner Malt Whisky ist hingegen eine sehr teure und exklusive Angelegenheit; manche Sorten der über 100 schottischen Malt Distilleries werden überhaupt nur in ein paar hundert Flaschen abgefüllt.

Getrunken wird Whisky bei Zimmertemperatur entweder pur oder mit gewöhnlichem Leitungswasser verdünnt, das in einer Karaffe immer auf der Bartheke steht. Unverdünnt genießen ihn die Schotten vor allem in Kombination mit einem Glas Bier. Und der britische Staat ist immer dabei - zu etwa 70 %. So hoch ist nämlich die Besteuerung des schottischen Nationalgetränks.

Service

Krankenversicherung

Deutsche Krankenkassenmitglieder sollten sich vor der Abreise unbedingt das Formular E111 besorgen. Damit kann man in Schottland im Krankheitsfall kostenlose ärztliche Behandlung und Medikamente bekommen. Welche Formalitäten man dabei beachten muß, steht in dem Informationsblatt der Krankenkasse, das man zusammen mit dem Anspruchsausweis E111 erhält. Privatversicherte aus Deutschland sowie Reisende aus Nicht-EG-Staaten können bei ihrer jeweiligen Versicherung erfragen, welche Leistungen in Irland ggf. gewährt bzw. erstattet werden.

Die Heimführung (Flug o.ä.) im Fall schwerster Erkrankungen wird von den Krankenkassen in der Regel nicht ersetzt. Wer auf Nummer Sicher gehen will, sollte sich dafür (evtl. im Rahmen der Reisegepäckversicherung) zusätzlich reisekrankenversichern.

Preisermäßigungen

Für Auszubildende, Schüler und Studenten gibt es in Schottland vereinzelt Preisnachlässe bis zu 50 %. Um in den Genuß zu kommen, braucht man den standardisierten Ausweis der International Student Travel Conference (ISTC), Weinbergstr. 31, CH-8006 Zürich, den es in Jugendreisebüros gibt; nächstgelegene Ausweisausgabestelle ggf. bei der ISTC erfragen. Mit diesem Ausweis erhält man ein Verzeichnis von Jugendreisebüros in Großbritannien; bei den Londoner Büros kann man u.a. eine Discount Card erhalten, die zum verbilligten Einkauf in Geschäften überall im Land berechtigt. Für Schottland sollte man sich aber nicht zu viele Anwendungsmöglichkeiten versprechen.

Ebenfalls bei Studentenreisebüros sowie bei größeren Bahnhöfen kann man sich die "Young Persons Railcard" besorgen, mit der man bis zu 50 % Rabatt auf Eisenbahnverbindungen erhält (s. "Verkehrsverbindungen in Schottland"). Sie wird an jedermann bis 24 Jahre und Studenten jedes Alters ausgegeben, gilt ein Jahr und kostet £ 12. Bei einigen Studentenreisebüros sowie bei Busbahnhöfen können Studenten die "Student Coach Card" für £ 2,90 erhalten, die ebenfalls ein Jahr lang gilt und 33 % Rabatt auf allen Strecken von National Express bewirkt.

Eine Ersparnis bei Eintrittsgeldern in Museen etc. ist hingegen eher selten; dafür reicht evtl. der nationale Studentenausweis ohne USIT-Karte. Nützlich ist in jedem Fall der Jugendherbergsausweis, mit dem man in allen Besitzungen des "National Trust for Scotland" 50 % Rabatt auf

die Eintrittspreise erhält; davon ist ein Großteil der historischen Gemäuer des Landes betroffen.

Hilferufe

Wenn man sich finanziell verkalkuliert hat oder völlig ausgeraubt wurde,
wird man in die Zwangslage kommen, um Hilfe betteln zu müssen.
Die einfachste und auch billigste Art ist immer noch, von Freunden oder
Verwandten Geld nachschicken zu lassen. Da die britische Post recht zu-
verlässig ist, kann man die Zusendung einer Internationalen Postanwei-
sung riskieren. Wichtig: der Empfänger muß sich bei Entgegennahme der
Barschaft ausweisen können. Bei Verlust des Personalausweises oder
Passes also lieber einen Ersatzempfänger suchen (z.B. Inhaber des B&B-
Hauses, in dem man auf's Geld wartet).
Internationale Postanweisungen sind bis zum Höchstbetrag von £ 150
(auch Eilzustellung, aber nicht telegrafisch!) möglich. Wer mehr haben
will, muß sich mehrere Anweisungen schicken lassen. Falls man sich ausweisen kann, ist die schnellste Empfangsadresse immer das Hauptpostamt
einer Großstadt wie Glasgow, Edinburgh, Aberdeen, Inverness o.ä., post-
lagernd ("poste restante"). In die Provinz dauert's erheblich länger;
telegrafische Anweisungen in die Metropolen sind normalerweise innerhalb
von 24 Stunden da.

Wenn alle Stricke reißen, ist die jeweilige Botschaft zur Hilfe ver-
pflichtet. Da man hinterher aber alles mit Zinsen und Gebühren zurück-
zahlen muß, sollte man dort wirklich nur im äußersten Notfall anklopfen.
Faktisch stößt das aber auf Probleme, da die Botschaften durchweg in
London angesiedelt sind. Für Schottlandurlauber bleibt nur der Weg zu
einem Konsulat.
Die Anschriften:
- Deutsches Generalkonsulat
  16 Eglinton Crescent (an der JH)
  Edinburgh EH12 5DG
  Tel. (031) 337 2323
- Österreichisches Konsulat (kein Generalkonsulat)
  16 Heriot Row
  Edinburgh EG3 6HR
  Tel. (031) 556 2896
- Schweizer Generalkonsulat
  Sunley Building, 18th floor
  Piccadilly Plaza
  Manchester M1 4BH (zuständig für Schottland)
  Tel. (061) 236 2933
Viel Hilfe sollte man von den Konsulaten aber nicht erwarten.

Das Fahrrad

Die Streckenbeschreibungen in diesem Buch gehen davon aus, daß zum
Erfahren Schottlands ein tourentaugliches Fahrrad benutzt wird.*
Wer versucht, die unvermeidlichen Steigungen in den zahlreichen Bergen
mit einem behäbigen Hollandrad oder gar einem Klapprad ohne Gangschal-
tung zu bewältigen, wird notwendigerweise frustriert, d.h. schiebend,
enden.
Auch gewöhnliche Sporträder mit Dreigangschaltung sind den verschiedenen
Anforderungen nur sehr bedingt gewachsen. Wer die Absicht hat, für die
Reise ein Fahrrad neu anzuschaffen oder ein vorhandenes umzurüsten,
sollte den folgenden Empfehlungen folgen:

Fahrradtyp:	sogenanntes Leicht- oder Rennsportrad richtiger Rahmenhöhe
Reifengröße:	32-630 (früher 27 x 1 1/4 Zoll) Wichtig: nicht nur in Deutschland die gängigste Größe, sondern auch in Schottland. Keine schmale-ren Reifen verwenden, da sie den etwas rauhen Straßen nicht standhalten. Keine anderen Reifen-durchmesser (z.B. 32-622 bzw. 28 x 1 1/4 Zoll), da kaum Ersatzteile in Schottland erhältlich sind. Wer unbedingt mit 622 mm-Reifen (28 Zoll) fahren möchte, muß darauf eingestellt sein, allenfalls Ersatzreifen der Größen 25-622 (700 C) oder 37-622 (Hollandradgröße) bekommen zu können. Der Rah-men und die Schutzbleche müssen also darauf eingerichtet sein.
Gangschaltung:	10 oder 12 Gänge mit Kettenblättern (vorn) 52/42 Zähne oder weniger, Freewheel (Mehrfachfreilauf-zahnkranz hinten) mit 14-28 oder 15-28 Zähnen, bei geeigneter Gangschaltung bis 32 Zähne. Diese Über-setzung ist unbedingt erforderlich, da sonst Steigun-gen nicht bewältigt werden können. Hingegen können

---

* Die Kriterien für ein tourentaugliches Fahrrad sind ausführlich darge-
in dem Buch "Der Wind kommt immer von vorn" von J. Rieck.
(s. Literatur)

	die Schnellgänge wegen des Straßenbelags und der Gepäckbelastung ohnehin meist nicht genutzt werden, so daß kleinere Zahnkränze als 14 Zähne in jedem Fall überflüssig sind.
Ausstattung:	Schutzbleche und solide Gepäckträger sind das Wichtigste. Zum Schutz der Kette und der Füße am vorderen Schutzblech Schmutzfänger anbringen.
Bremsen:	Wegen des oft langen und steilen Gefälles sind zwei gut funktionierende Bremsen unverzichtbar. Keine Stempelbremsen am Vorderrad, möglichst keine Rücktrittbremse (neigt zum Blockieren).

Mitnehmen, mieten, kaufen?

Das Mitnehmen des eigenen, tourentauglichen Fahrrades ist eigentlich stets die beste Lösung, aus finanziellen Gründen aber nicht immer anzuraten. Wer jedoch während seines gesamten Schottlandaufenthaltes von mindestens zwei Wochen mit dem Fahrrad unterwegs sein will, sollte immer ein eigenes Rad benutzen oder vor Ort eines kaufen, das er nach der Reise mit nach Hause nimmt.

Wer kürzere Zeit radeln oder nur einen Teil des Urlaubs per Fahrrad verbringen möchte, wird evtl. günstiger fahren, wenn er das Rad in Schottland leiht. Möglich ist das vor allem in Touristengegenden, teils in Fahrradgeschäften, teils in Jugendherbergen oder Hotels. Allerdings ist es so in der Regel unmöglich, die Fahrradreise wirklich optimal ausgestattet durchzuführen. Erhältlich sind nämlich vor allem 3-Gang-Räder mit 26-Zoll-Bereifung (Reifengröße 47-559 bzw. 26 x 1,75 Zoll). Die letzteren bietet fast jeder Vermieter als "Universalgröße", 10-Gang-Räder hingegen nur selten. Adressen sind im Etappenbeschreibungsteil dieses Buches bei den jeweiligen Orten angegeben. Die Mietpreise betragen pro Tag etwa £ 3,00, pro Woche etwa £ 18,00. Jedes Fahrrad muß grundsätzlich beim Ausleihort zurückgegeben werden. Auf alle gemieteten Fahrräder wird normalerweise eine Kaution erhoben; Versicherungen sind gewöhnlich im Mietpreis eingeschlossen.

Ein besonders heikler Punkt bei Mietfahrrädern sind üblicherweise die Sättel. Wer schon einmal seinen Allerwertesten auf einem zu weichen oder zu harten Sattel wund gesessen hat, wird den folgenden Rat nicht mehr als Obskurität abtun: Wer zu Hause ein Fahrrad mit ihm genehmem Sattel besitzt, möge, wenn schon nicht das ganze Rad, zumindest den Sattel mitnehmen und gleich im Vermietergeschäft ummontieren.

Reparaturausstattung

Wer sein Fahrrad mit nach Schottland nimmt, wird einige Ersatzteile wegen abweichender Normen dort nicht oder nur schwer beziehen können. Folgende Werkzeuge und Ersatzteile gehören deshalb ins Gepäck.

Luftpumpe
Flickzeug
Reifenheber
Ersatzschlauch - bei von der Empfehlung abweichender Reifengröße zwei (zu beachten: 27- und 28-Zoll-Schläuche gleicher Dicke sind austauschbar)
Ersatzreifen - bei abweichender Norm; auf jeden Fall vor der Reise neue Reifen aufziehen
Maul- oder Ringschlüssel
Schraubendreher
Inbusschlüssel
Ersatzspeichen, Nippel, Nippelspanner
Nähmaschinenöl oder Kettenfließfett
Putzlappen
Taschenmesser
Brems- und Schaltzüge
Bremsschuhe mit Bremsgummis
Ersatzschrauben und Muttern für Schutzbleche etc. - wichtig, da in Großbritannien erhältliche Schrauben meist Zoll-Gewinde haben.

Zum Thema Wartung vor der Reise und Reparatur verweise ich auf das in der Literaturliste aufgeführte Buch von Jürgen Rieck "Der Wind kommt immer von vorn".

Fahrradteile-Vokabular

Im Falle eines Falles werden Sie in keinem normalen Wörterbuch die
Übersetzungen für die wichtigsten Fahrradteile finden. Damit Sie sich
gegenüber Fahrradhändlern und -werkstätten verständlich machen können, habe ich hier eine Liste der entsprechenden Vokabeln zusammengestellt.

Rahmenteile	**frame**
Oberrohr	top tube
Unterrohr	down tube
Sattelrohr	seat tube
Steuerkopfrohr	head tube
Gabel	fork
Ausfallende	fork end, fork tip
Hinterrohre	chain stays
Hinterstreben	seat stays

Laufräder	**wheels**
Reifen	tire (tyre)
Schlauch	inner tube
Felge	rim
Speiche	spoke
Nabe (hinten, vorne)	hub (rear, front)
Achse	spindle

Antrieb	
Tretlager	bottom bracket
Tretkurbel	crank
Kurbelkeil	crank wedge
Kettenblatt	chain ring
Pedal	pedal
Kette	chain
Kettenwerfer (vorn)	front changer
Schaltwerk (hinten)	rear changer
Schaltzug	gear cable
Schalthebel	shifting lever
Gangschaltung	gear shift
Mehrfachfreilaufzahnkranz	(multiple) freewheel
Kettenritzel	sprocket wheel

Ausstattung

Lenker	handlebar
Glocke	bell
Vorbau	stem
Steuerkopfsatz	head set
Bremsgriffe	brake lever
Bremszug	brake cable
Felgenbremse	caliper brake
Sattelstütze	seat pillar
Sattel	saddle
Schutzblech	mudguard
Schmutzfänger	dirt trap
Fahrradstütze, Ständer	bicycle stand
Gepäckträger .	luggage carrier
Packtasche	pannier, luggage bag
Luftpumpe	air pump

Werkzeuge

tools

Schraubendreher	screw driver
Schraubenschlüssel	spanner, wrench
Inbusschlüssel	hexagon wrench
Zange	tongs, clippers
Hammer	hammer
Freilaufabzieher	freewheel removal tool
Nietendrücker	chain cutter

Unterwegs

Schottland ist flächendeckend, in 78 Etappen unterteilt, ausführlich behandelt. Der Reigen der Streckenbeschreibungen geht vom schottisch-englischen Grenzland aus nordwärts bis John o'Groats, "where Scotland ends". Die inneren und äußeren Hebriden sind in die Routen einbezogen, Etappen über die Orkneys und Shetlands vervollständigen das Strecken-netz.

Die Etappenbeschreibungen nennen die benutzten Straßen (mit Numerierung), schildern die durchradelten Ortschaften und am Wege liegende Sehenswürdigkeiten, verweisen auf interessante Abstecher. Orte und Stätten, die einer ausführlichen Darstellung gewürdigt werden, sind in umrandeten "Kästen" hervorgehoben. Dort finden Sie auch Details wie Adressen von Touristeninformationsbüros, Jugendherbergen, Campingplät-zen, Fahrradläden (Vermietung, Verkauf und Reparatur) und Waschsalons (Selbstbedienung) sowie Verkehrsverbindungen.

Alle Angaben entsprechen dem Stand von 1986. Die Übernachtungskapazitä-ten der Jugendherbergen werden in der Hauptsaison vereinzelt erhöht.

Den Etappenbeschreibungen sind Kartenskizzen im Maßstab 1:500000 zuge-ordnet, die den Streckenverlauf markieren. Die Skizzen enthalten alle befahrenen Straßen, alle klassifizierten Straßen der entsprechenden Re-gion und (ansatzweise gezeichnet) alle Abzweigungen von der befahrenen Straße. Das ermöglicht Ihnen das Radeln nach den Skizzen bei Beachtung der markierten Abzweigungen einerseits und die Umsetzung der Kartenskiz-zen auf die während der Reise benutzten Landkarten andererseits.

In die Kartenskizzen sind Ortschaften, Jugendherbergen und Campingplätze eingezeichnet. Dabei werden folgende Zeichen und Symbole verwendet:

✳ Anfangs- oder Endpunkt einer Etappe
● im Text beschriebene Ortschaft
• im Text beschriebene Sehenswürdigkeit
♜ Castle oder Herrenhaus
🛈 ganzjährig geöffnetes Tourist Office
🛈 saisonal geöffnetes Tourist Office
🏠 Jugendherberge
⛺ Campingplatz
✈ Flughafen

Die Symbole für Tourist Offices etc. sind den jeweiligen Orten - nach Möglichkeit lagerichtig - zugeordnet; bei nahe nebeneinanderliegenden gleichartigen Punkten, z.B. zwei Campingplätzen, ist das betreffende Symbol nur einmal enthalten. Näheres ist dem Text zu entnehmen.

Etappen-Übersichtskarte

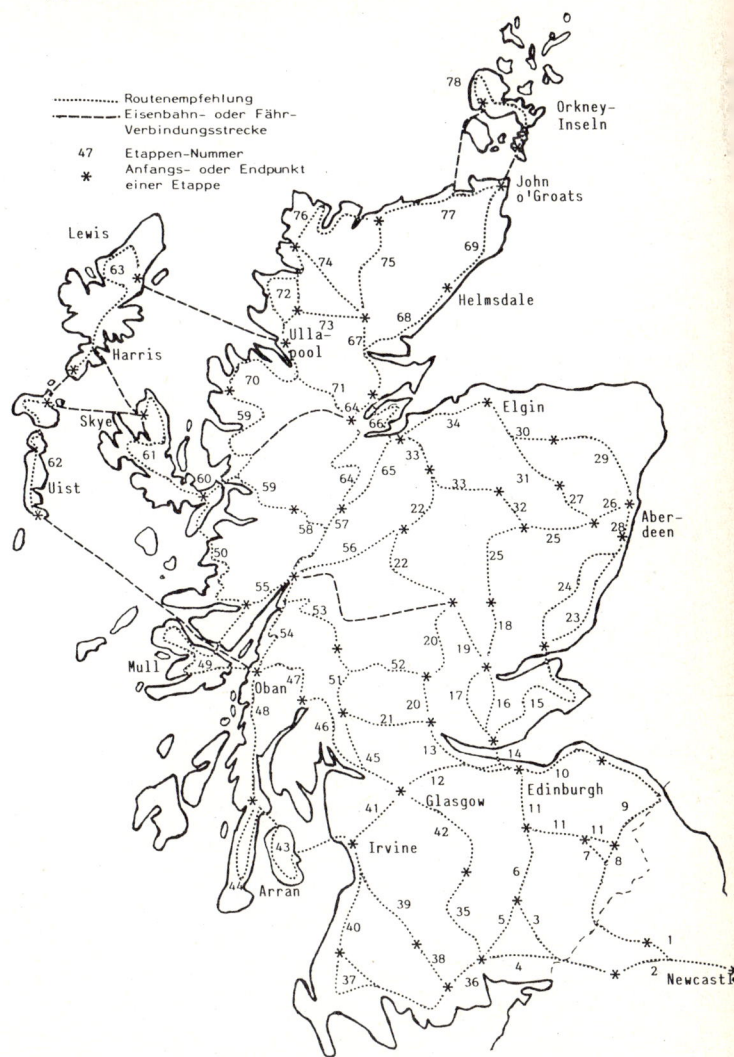

Etappen-Übersicht

Etappe 1: Newcastle - Heddon-on-the-Wall - Low Brunton - Bellingham
Etappe 2: Newcastle - Heddon-on-the-Wall - Low Brunton - Greenhead
Etappe 3: Greenhead - Langholm - Eskdalemuir
Etappe 4: Greenhead - Liddel Water - Canonbie - Annan - Clarencefield - Dumfries
Etappe 5: Dumfries - Lockerbie - Eskdalemuir
Etappe 6: Eskdalemuir - Tushielaw Inn - Mountbenger - Traquair - Peebles
Etappe 7: Bellingham - Kielder - Saughtree - Bonchester Bridge - Jedburgh - St. Boswells - Bemersyde - Melrose
Etappe 8: Bellingham - Kielder - Saughtree - Bonchester Bridge - Jedburgh - Kelso
Etappe 9: Kelso - Swinton - Berwick-upon-Tweed - Eyemouth - Cockburnspath - Dunbar
Etappe 10: Dunbar - Tyninghame - North Berwick - Aberlady - Prestonpans - Musselburgh - Edinburgh
Etappe 11: Kelso - Melrose - Abbotsford - Traquair - Peebles - Edinburgh
Etappe 12: Edinburgh - Kirkliston - Linlithgow - Falkirk - Kilsyth - Glasgow
Etappe 13: Edinburgh - Queensferry - Linlithgow - Grangemouth - Airth - Stirling
Etappe 14: Edinburgh - Queensferry - Inverkeithing
Etappe 15 (Fife-Halbinsel): Inverkeithing - Dunfermline - Kelty - Glenrothes - Falkland - Ceres - Anstruther - St. Andrews - Dundee
Etappe 16: Inverkeithing - Kelty - Kinross - Glenfarg - Perth
Etappe 17: Inverkeithing - Dunfermline - Rumbling Bridge - Dunning - Perth
Etappe 18: Perth - Blairgowrie - Bridge of Cally - Glen Shee
Etappe 19: Perth - Bankfoot - Dunkeld - Balnaguard - Pitlochry
Etappe 20: Stirling - Doune - Dunblane - Kinbuck - Braco - Comrie - Crieff - Aberfeldy - Weem - Logierait - Pitlochry
Etappe 21: Stirling - Balfron - Drymen - Rowardennan - Fähre Inverbeg - Tarbet
Etappe 22: Pitlochry - Dalwhinnie - Kingussie - Aviemore - Carrbridge
Etappe 23: Dundee - Arbroath - Montrose - Laurencekirk - Stonehaven
Etappe 24: Dundee - Glamis - Forfar - Brechin - Edzell - Stonehaven
Etappe 25: Glen Shee - Braemar - Ballater - Banchory
Etappe 26: Banchory - Maryculter - Aberdeen

Etappe 27: Banchory - Howe of Alford
Etappe 28: Stonehaven - Maryculter - Aberdeen
Etappe 29: Aberdeen - Pitmedden - Methlick - Fyvie - Gordonstown - Bogniebrae - Huntly
Etappe 30: Huntly - Dufftown - Rothes - Elgin
Etappe 31: Howe of Alford - Dufftown - Rothes - Elgin
Etappe 32: Ballater - Tomintoul
Etappe 33: Tomintoul - Nethy Bridge - Boat of Garten - Carrbridge - Ferness - Clephanton - Culloden - Inverness
Etappe 34: Elgin - Pluscarden - Forres - Nairn - Clephanton - Culloden - Inverness
Etappe 35: Dumfries - Kirkton - Penpont - Mennock - Wanlockhead - Abington
Etappe 36: Dumfries - Milton - Castle Douglas
Etappe 37: Castle Douglas - Kirkcudbright - Gatehouse of Fleet - Creetown - Newtown Stewart - Penninghame Forest -
a) Drumlamford - Barrhill
b) Glenluce - Barrhill
Etappe 38: Castle Douglas - New Galloway - Dalry
Etappe 39: Dalry - Carsphairn - Dalmellington - Ayr - Irvine
Etappe 40: Barrhill - Old Dailly - Maybole - Ayr - Irvine
Etappe 41: Irvine - Stewarton - Glasgow
Etappe 42: Abington - Wiston - Lanark - Hamilton - Glasgow
Etappe 43 (Isle of Arran): Irvine - Ardrossan - Brodick - Lochranza - Claonaig - Kennacraig
Etappe 44 (Kintyre-Halbinsel): Kennacraig - Campbeltown - Claonaig - Kennacraig
Etappe 45: Glasgow - Dumbarton - Balloch - Tarbet
Etappe 46: Glasgow - Dumbarton - Helensburgh - Garelochhead - Arrochar - Inveraray
Etappe 47: Inveraray - Lochawe - Taynuilt - Glen Lonan - Oban
Etappe 48: Kennacraig - Lochgilphead - Kilninver - Oban
Etappe 49 (Isle of Mull): Oban - Craignure - Glen More - Balnahard - Gruline - Ensay - Tobermory - Salen - Fishnish - Lochaline - Strontian
Etappe 50: Strontian - Lochailort - Arisaig - Mallaig - Armadale - Broadford
Etappe 51: Tarbet - Crianlarich - Tyndrum - Bridge of Orchy
Etappe 52: Comrie - Lochearnhead - Crianlarich - Bridge of Orchy
Etappe 53: Bridge of Orchy - Glencoe - Kinlochleven - North Ballachulish - Corran - Camusnagaul - Fort William
Etappe 54: Oban - Connel - Tynribbie - North Ballachulish - Fort William

Etappe 55: Strontian - Corran - Fort William
Etappe 56: Fort William - Loch Laggan - Drumgask - Newtonmore - Kingussie
Etappe 57: Fort William - Gairlochy - Invergarry - Fort Augustus
Etappe 58: Fort William - Invergarry - Loch Cluanie
Etappe 59: Loch Cluanie - Shielbridge - Dornie - Strathcarron - Torridon - Kinlochewe - Gairloch
Etappe 60: Loch Cluanie - Shielbridge - Kyle of Lochalsh - Kyleakin - Broadford
Etappe 61 (Isle of Skye): Broadford - Bracadale - Dunvegan - Portree - Kilmaluag - Uig
Etappe 62 (Uist): Lochboisdale - Daliburgh - Creagorry - Nunton - Carinish - Tigharry - Lochmaddy/Newtonferry
Etappe 63 (Harris/Lewis): Leverburgh - Manish - Tarbert - Laxay - Achmore - Callanish - Carloway - Barvas - Stornoway
Etappe 64: Port Augustus - Drumnadrochit - Cannich - Beauly - Muir of Ord - Strathpeffer - Dingwall - Alness
Etappe 65: Fort Augustus - Foyers - Dores - Inverness
Etappe 66 (Black Isle): Inverness - North Kessock - Munlochy - Fortrose - Cromarty - Shoretown - Alness
Etappe 67: Alness - Achandunie - Strathrory - Bonar Bridge - Lairg
Etappe 68: Alness - Bonar Bridge - Loch Buidhe - Golspie - Brora - Helmsdale
Etappe 69: Helmsdale - Berriedale - Latheron - Lybster - Camster - Watten - Stanstill - Hastigrow - Lyth - Canisbay - John o'Groats
Etappe 70: Gairloch - Poolewe - Laide - Braemore Forest - Ullapool
Etappe 71: Strathpeffer - Garve - Braemore Forest - Ullapool
Etappe 72: Ullapool - Drumrunie -
a) Coigach - Lochinver - Unapool - Scourie - Laxford Bridge
b) Ledmore - Skiag Bridge - Unapool - Scourie - Laxford Bridge
Etappe 73: Ledmore - Oykel Bridge - Lairg
Etappe 74: Laxford Bridge - Loch Shin - Lairg
Etappe 75: Lairg - Altnaharra - Strathnaver - Bettyhill
Etappe 76: Laxford Bridge - Durness - Tongue - Bettyhill
Etappe 77: Bettyhill - Melvich - Thurso - John o'Groats
Etappe 78 (Orkney): Stromness - Waith - Skara Brae - Brough Head - Dounby - Stoneyhill - Maes Howe - Kirkwall - Foubister - Lamb Holm - Burray - St. Margaret's Hope - Burwick

Etappen- und Landschaftsbeschreibungen

Etappe 1:
Newcastle - Heddon-on-the-Wall - Low Brunton - Bellingham (65 km)

Die erste Etappe dieses Schottland-Reiseführers führt ausschließlich durch England: Anreisende über Hull, Newcastle bzw. per Eisenbahn aus London finden hier günstigen Anschluß an die Strecken durch die Borders-Region.

Newcastle-upon-Tyne, 230000 Einwohner, ist Hauptstadt der Grafschaft Tyne and Wear und eine touristisch uninteressante Industriestadt. Dennoch kommen hier alljährlich recht viele Besucher an, da Fähren nach Skandinavien regelmäßig verkehren. Auch die Intercity-Züge der Ostküstenstrecke halten hier.

Information: Central Library, Princess Square, Tel. (0632) 610691; Blackfriars Tourist Centre, Monk Street, Tel. (0632) 615367.
Verkehrsverbindungen: Eisenbahnstrecke nach London und Edinburgh (Ostküste über York); Fähren nach Esbjerg, Bergen, Göteborg, Stavanger und Oslo.
Jugendherberge: 107 Jesmond Road, Newcastle-upon-Tyne NE2 1NJ, Tel. (0632) 812570, 61 Betten, geöffnet März-Mitte Dezember.

Folgen Sie im Stadtgebiet von Newcastle der Beschilderung Rchtg. Carlisle (A69), bis Sie am westlichen Stadtrand auf die B6318 abbiegen können, die durch Heddon-on-the-Wall verläuft. Der Name dieses Städtchens deutet schon an, welche Attraktion sich in der Nähe befindet: der Hadrianswall, in dessen unmittelbarer Nähe die B6318 (auch "Military Road" genannt) bis Greenhead führt. Für den Bau dieser Straße wurden im 18. Jahrhundert Teile des alten Mauerwerks verwendet. Folgen Sie dem Straßenverlauf immer geradeaus bis Low Brunton (Kreuzung mit der A6079). Etwas südlich dieser Kreuzung befindet sich am Zusammenfluß des River South Tyne und River North Tyne das Städtchen **Hexham,** von einer mächtigen Abteikirche des 12./13. Jahrhunderts überragt.

Information: Manor Office, Hallgate, Tel. (0434) 605225.
Verkehrsverbindungen: Eisenbahn nach Newcastle und Carlisle.
Jugendherberge: Acomb, Hexham NE46 4PL, Tel. (0434) 602864, 39 Betten, außerhalb der englischen Ferienzeit montagnachts geschlossen.
Camping: Der Lowgate Caravan Park in Hexham nimmt keine Zelte auf.

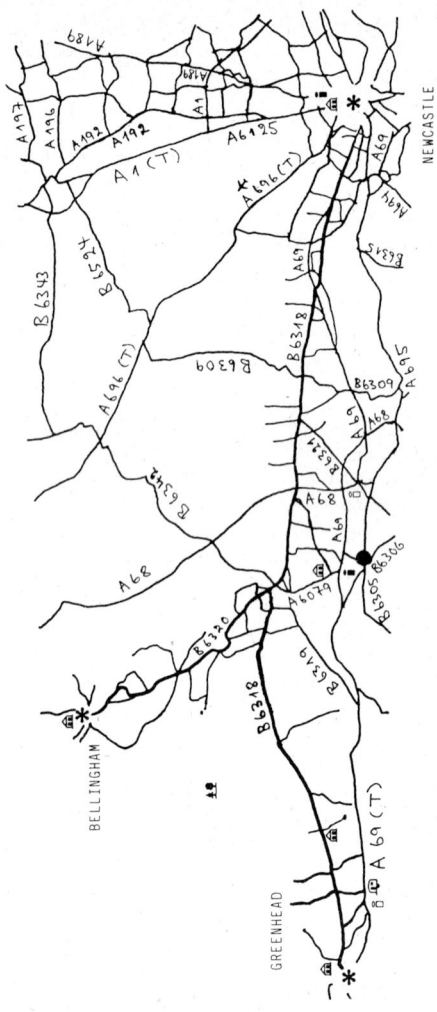

Fahren Sie über die A6079 hinweg und biegen Sie am Kreisverkehr nach der Tyne-Brücke, südwestlich derer die Überreste des Römerlagers Cilurnum liegen, auf die B6320 Rchtg. Kielder Reservoir ab, der Sie bis **Bellingham** folgen. Dort finden Sie am Etappenende einen kleinen Ort am Rand eines großen Forstgebietes vor.

Jugendherberge: Woodburn Road, Bellingham NE48 2ED, Tel. (0660) 20313, 38 Betten, geöffnet März-Oktober, außerhalb der englischen Ferienzeit sonntagnachts geschlossen, 1 km östlich der Stadt; Warden ist Mrs. S. Forster, 5 Noble Street.
Camping: unregistrierter Platz auf einer Weide in der Dorfmitte, sehr billig, Mr. Telfer, Tel. (0660) 20258.

Etappe 2:
Newcastle - Heddon-on-the-Wall- Low Brunton - Greenhead (70 km)

Der erste Teil der Zubringerstrecke zum schottischen Südwesten, der fast ausschließlich am Hadrianswall entlang führt. Bis **Low Brunton** folgen Sie der Etappe 1, biegen dort aber nicht nordwärts Rchtg. Bellingham ab, sondern wählen am Kreisverkehr an der Tyne-Brücke die links weiterführende B6318, die auf diesem Teilstück von Überresten des Römerwalls gesäumt ist. Zuerst passieren Sie die umfangreichen Reste des Lagers Cilurnum, nach weiteren ca. 6 km das noch nicht ausgegrabene Fort Brocolitia, an dessen Südwestecke die Ruinen eines Tempels aus dem dritten Jahrhundert zu sehen sind. Auf der B6318 kommen Sie außerdem an den Römerforts Vercovicium und Aesica vorbei; die Anlagen von Vindolanda liegen etwa 2 km südlich des Walls zwischen Vercovicium und dem Ort Bardon Mill. Das Etappenende **Greenhead** liegt unmittelbar am Ende der alten Militärstraße längs des Hadrian-Walls.

Information: Sycamore Street, Haltwhistle, Tel. (0498) 20351, in der Hauptsaison.
Jugendherbergen: Once Brewed, Military Road, Tel. (04984) 360, 53 Betten, geöffnet April-Oktober, an der B6318 etwa 4 km westlich von Vercovicium; Greenhead, Tel. (06972) 401, 40 Betten, geöffnet Ostern-Oktober, außerhalb der Hauptsaison dienstagnachts geschlossen, direkt am Etappenende.
Camping: (beide Plätze südlich von Haltwhistle) Burnfoot Camp Site des National Trust, Bellister Estate, Featherstone, Tel. (0498) 20106, 50 Zeltstandplätze, vorrangig für Zelter, keine Parkplätze, geöffnet April-Oktober; Seldom Seen Caravan Park, Tel. (0498) 20571, 40 Zeltstandplätze, geöffnet April-Oktober, ca. 1 km westlich von Haltwhistle.

Etappe 3:
Greenhead - Langholm - Eskdalemuir (70 km)

Das Verbindungsstück zu den Uplands-Etappen Richtung Edinburgh.
Die Etappe beginnt in Greenhead auf der B6318, die bis Gilsland noch
Teil der alten Militärstraße am Hadrianswall ist. Etwa 2 km hinter Gils-
land befindet sich am dort südwestwärts abzweigenden Wall das Römerfort
Camboglanna in landschaftlich besonders attraktiver Lage. Der B6318
folgen Sie über die Ausläufer eines waldreichen Hügelgebiets bis ins
Tal des Liddel Water, wo die englisch-schottische Grenze verläuft; auf
dieser Strecke sind einige beachtliche Steigungen zu bewältigen. Kreuzen
Sie die B6357 und fahren geradeaus weiter (erneut eine nette Steigung),
bis die Nebenstraße kurz vor Langholm auf die A7(T) trifft.

Langholm, 2500 Einwohner, Region Dumfries and Galloway (Dumfries-
shire), ist eine planmäßig angelegte, alte Grenzstadt am Rand eines
hügeligen Moor- und Heidelandes. Wirtschaftliche Grundlage des
Stadteinkommens ist die Wollindustrie sowie die Zucht der Material-
lieferanten, d.h. der Schafe. Etwas außerhalb an der weiteren Strek-
kenführung der B709 befindet sich in einem Herrenhaus das Craigcleuch Scottish Explorers Museum, eine obskure Sammlung von Skulp-
turen aus längst vergangenen Kolonialzeiten.
Information: Town Hall, High Street, Tel. (0541) 80976, nur in der
Hauptsaison.
Bed & Beakfast (CTC-empfohlen): Mrs. E. Copeland, 28 High Street,
Tel. (0541) 80332.

Von Langholm aus fahren Sie auf der B709 im Tal des River Eske weiter,
vorbei am Craigcleuch Museum (s.o.) hinein in das Gebiet des Forsts von
Eskdalemuir bis zum gleichnamigen "Ort", der nur aus einer Straßenkreu-
zung besteht. Unmittelbar dabei befindet sich das Römerfort Craighaugh.
Südlich von Eskdalemuir liegen im Tal des River Eske noch weitere römische Befestigungen, darunter das Fort von Castle O'er. Falls Sie dort
vorbeifahren möchten, so können Sie ca. 6 km vor Eskdalemuir die B709
verlassen und stattdessen auf der Nebenstraße längs des River Eske
weiterfahren. Die Fortsetzung dieser Strecke erfolgt auf Etappe 6.

Kartenskizze Etappen 3-5

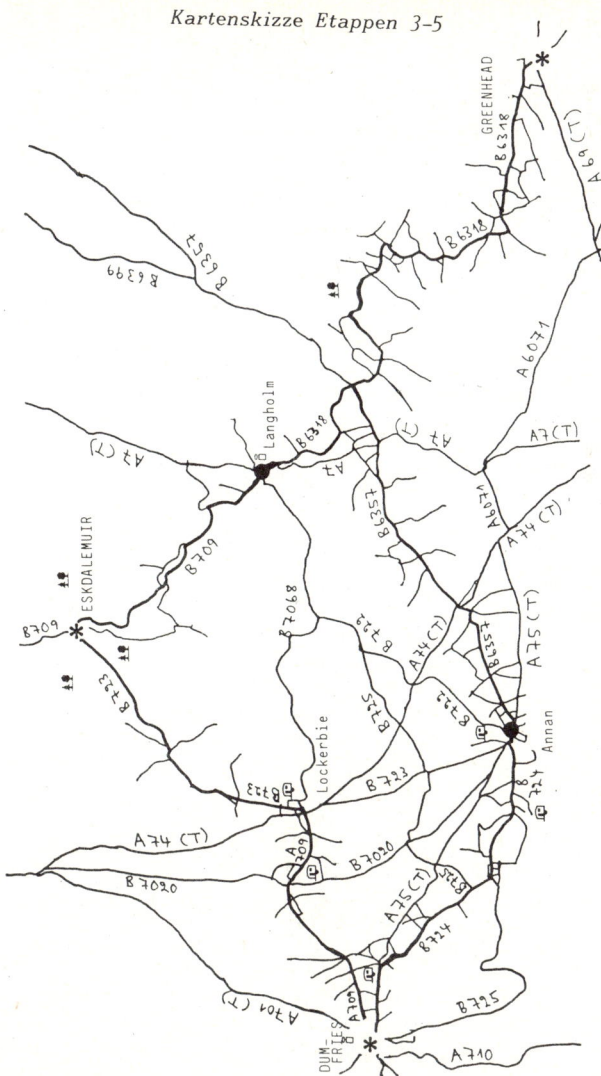

Etappe 4:
Greenhead - Liddel Water - Canonbie - Annan - Clarencefield - Dumfries
(98 km)

Zur Südküste der Region Dumfries & Galloway.
Die scheinbar beträchtlichen Umwege, die auf dieser Strecke gefahren
werden, haben ihre gute Berechtigung: um am Verkehrsballungsgebiet von
Carlisle vorbeizukommen, gibt es keine sinnvollere Möglichkeit, zumal
auf diese Art eine landschaftlich erheblich reizvollere Etappenführung
gegeben ist. Falls Sie dennoch Varianten vornehmen möchten, vermeiden
Sie unbedingt die A74(T) von Carlisle nach Glasgow: diese vierspurige
Hauptstraße ist die Verlängerung der Autobahn M6 und dementsprechend für
Radfahrer ein wahrer Hexenkessel.

Bis zur englisch-schottischen Grenze im Tal des Liddel Water folgen Sie
der Etappe 3, biegen aber an der darauffolgenden Kreuzung mit der B6357
links ab Rchtg. Annan. Auf dieser Nebenstraße fahren Sie immer geradeaus, kreuzen die A74(T) und gelangen geradewegs nach **Annan.**

Verkehrsverbindungen: Eisenbahnstrecke Carlisle-Dumfries.
Camping: Galabank Municipal Caravan Site, Tel. (04612) 3311, 30
Zeltstandplätze (billig), geöffnet Ostern-Oktober, 1 km nördlich von
Annan an der B722; Queensberry Bay Caravan Park, Tel. (04617) 205, 80
Zeltstandplätze, Waschmaschine, geöffnet Ostern-Oktober, ca. 7 km west-
lich von Annan nahe der weiteren Streckenführung.
Fahrräder: Border Cycles, 1 Bridgend Street, Annan, Tel. (04612) 2794.

Durch Annan fahren Sie bis zum Stadtrand auf der A75(T) Rchtg. Dumfries,
verlassen diese aber nach Überquerung des River Annan auf die links abzweigende B724 Rchtg. Ruthwell; etwa 5 km weiter können Sie ggf. links
zum Queensberry-Campingplatz in Powfoot abbiegen. Ansonsten bringt Sie
die B724 geradewegs vorbei an Ruthwell nach Clarencefield. Falls Sie
lieber weiter an der Küste entlang fahren möchten, biegen Sie zwischen
diesen beiden Orten auf die B725 Rchtg. Blankend (vorbei u.a. an den
dekorativen Sandstein-Ruinen von Caerlaverock Castle) ab, andernfalls
folgen Sie der B724, die ca. 5 km östlich von Dumfries auf die A75(T)
trifft, die Sie bis zur Stadt benutzen.

Dumfries, 30000 Einwohner, Region Dumfries & Galloway (Dumfries-
shire), ist die größte Stadt des schottischen Südwestens, mit vielen
aus rotem Sandstein, dem bevorzugten Material dieser Region, errichteten Gebäuden. Das Museum dieser alten Stadt, die Zentrum eines
fruchtbaren Landwirtschaftsgebietes ist, befindet sich in einer ehemaligen Windmühle (Oberservatory Terrace, di geschlossen). Das zweite erwähnenswerte Museum ist das Burns House in der Burns Street,

das Gebäude, in dem der schottische Nationaldichter Robert Burns seine letzten Lebensjahre verbrachte. Dieses (täglich geöffnete) Museum eröffnet den Reigen der Erinnerungsstätten an den Dichter, mit dem die gesamte Region gleichsam gespickt ist. Dumfries selbst verfügt noch über zwei Pubs in der High Street, die sich des regelmäßigen Besuchs des Dichters rühmen. In der gleichen Straße steht das alte Rathaus der Stadt aus dem Jahr 1707.

Im Ort New Abbey, ca. 10 km südlich von Dumfries an der A710, gibt es zwei weitere Sehenswürdigkeiten, ggf. in Abwandlung von Etappe 34 bei der Fortsetzung der Reise zu besichtigen, nämlich die Ruine von Sweethart Abbey und das Shambellie House, ein viktorianisches Herrenhaus, in dem seit 1982 ein Kostüm-Museum untergebracht ist. Die Sammlung umfaßt etwa 2000 Kleidungsstücke von ca. 1850 bis 1950, geöffnet Juni-September außer di/mi jeweils bis 18 Uhr, Eintritt frei.

<u>Information:</u> Whitesands, Tel. (0387) 53862, nur in der Hauptsaison.
<u>Verkehrsverbindungen:</u> Eisenbahn nach Carlisle und Glasgow.
<u>Camping:</u> Newfield Caravan Park, Annan Road, Tel. (038775) 228, 3 Zeltstandplätze, Waschmaschine, geöffnet Ostern-Oktober, an der A75 ca. 3 km östlich von Dumfries.
<u>Fahrräder:</u> Grierson & Graham, 36 Church Crescent, Tel. (0387) 53405; Halfords Ltd., 109 High Street, Tel. (0387) 54530; Kirkpatrick's (CTC-empfohlen), 13-15 Queen Street, Tel. (0387) 54011.
<u>Waschsalons:</u> Launderette, 26 Annan Road, Tel. (0387) 52295; Lincluden Launderama, 52 Lincluden Road, Tel. (0387) 61825.

Etappe 5:
Dumfries - Lockerbie - Eskdalemuir (44 km)

Die Verbindungsstrecke von der schottischen Südküste zu den Etappen Richtung Edinburgh.
Sie beginnt in Dumfries auf der A709 ostwärts Rchtg. Lockerbie; nach ca. 15 km durchfahren Sie den Ort **Lochmaben**, an dessen gleichnamigem See (Südufer) ein restauriertes Schloß des 14. Jahrhunderts steht.

<u>Camping:</u> Halleaths Caravan Park, Tel. (038781) 321, 20 Zeltstandplätze, Waschmaschine, geöffnet April-Oktober, ca. 3 km östlich von Lochmaben an der A709; Kirk Loch Caravan Site, Tel. (04612), 30 Zeltstandplätze, Waschmaschine, geöffnet Ostern-Oktober, südlich des Ortes; Glasgow Road Caravan Site, Lockerbie, Tel. (04612) 3311, 55 Zeltstandplätze, Waschmaschine, geöffnet Ostern-Oktober, am Nordrand von Lockerbie (s.u.).

Am Ortsrand von **Lockerbie** kreuzen Sie die A74(T) und biegen im Städtchen, noch vor der Bahnlinie, links auf die B723 ab, die Sie geradewegs in den Forst von **Eskdalemuir** und zur gleichnamigen Siedlung bringt (s. Etappe 3).

Etappe 6:
Eskdalemuir - Tushielaw Inn - Mountbenger - Traquair - Peebles (60 km)

Eine landschaftlich besonders attraktive Strecke, die allerdings einige wadenstärkende Steigungen aufweist. Im Gegensatz zur Kennzeichnung auf der O.S.-Karte sind die benutzten Straßen teilweise einspurig mit den üblichen Ausweichstellen.

Von Eskdalemuir aus fahren Sie auf der B709 nordwärts, anfangs im Tal des White Esk River, dann durch hügeliges Wald- und Heidegebiet, wobei die Grenze zur Borders Region überschritten wird.

Jugendherberge: Snoot, Roberton, Tel. (045088) 224, 24 Betten, geöffnet April-September, ca. 13 km östlich von Tushielaw Inn an einer Nebenstraße abseits der B711, sehr originelle kleine JH in einer ehemaligen Dorfkirche.
Camping: Angecroft Caravan Park, Ettrick Valley, Tel. (0750) 62251, 8 Zeltstandplätze, Waschmaschine, geöffnet März-Oktober, ca. 5 km südwestlich von Tushielaw Inn an der Straße; Honey Cottage Caravan Park, Hope House, Ettrick Valley, Tel. (0750) 62246, 30 Zeltstandplätze, Waschmaschine, ganzjährig geöffnet, ca. 2 km vor Tushielaw Inn.

Ca. 1 km hinter **Tushielaw Inn** (Landgasthaus mit CTC-empfohlenem B&B) treffen Sie auf eine Abzweigung, an der Sie sich links halten und weiter auf der B709 Rchtg. Innerleithen fahren. Etwa 6 km weiter, im Tal des Yarrow Water, haben Sie beim Hotel von Mountbenger die Möglichkeit, rechts auf die A708 Rchtg. Selkirk abzubiegen, falls Sie in der Jugendherberge von Broadmeadows übernachten wollen. Außerdem liegt an der gleichen Straße, ca. 4 km vor Selkirk, das Schloß Bowhill, dessen Park Mai-August zugänglich ist, das Haus selbst hingegen nur Anfang Juli bis Mitte August. Wie die meisten Schlösser der Borders ist Bowhill noch in Privatbesitz und wird auch von den Touristenströmen des nahen England unterhalten.
Jugendherberge: Old Broadmeadows, Yarrowford, Tel. (075076) 262, 28 Betten, geöffnet April-September, älteste Herberge des schottischen JH-Verbandes, sehr schön gelegen oberhalb der A708, ca. 10 km von Mountbenger entfernt.

Ansonsten führt die Etappe jedoch geradeaus weiter auf der B709 Rchtg. Innerleithen bis zur Abzweigung bei Traquair, wo Sie links auf die B7062 einbiegen. Nach wenigen hundert Metern finden Sie rechts die Einfahrt zum **Traquair House,** dem ältesten noch bewohnten Herrenhaus Schottlands, das von seinen blaublütigen Besitzern zu einer regelrechten Touristenfalle ausgebaut wurde. Außer dem eigentlichen Schloß gibt es die üblichen Parkanlagen, ein Kunsthandwerkszentrum, eine Cafeteria und ein Brauhaus. Letzteres ist seit Jahrhunderten damit beschäftigt, ein wür-

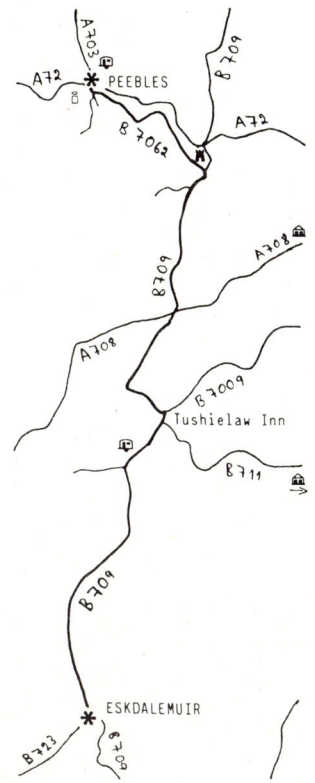

A 703
A 72 PEEBLES
B 7062
A 72
B 709
A 708
A 708
B 7009
Tushielaw Inn
B 711
B 709
ESKDALEMUIR
B 723
B 709

ziges Starkbier herzustellen, das nach wie vor im Schloß gebraut, aber in einer nahegelegenen Brauerei auf Flaschen gefüllt wird. Eine Flasche dieses Getränks wird in den USA zum Apothekenpreis von 9 $ (!) verkauft – in Traquair House ist es um einiges billiger zu haben. Das Haus ist zu besichtigen April-Oktober, allerdings nur in der Sommersaison auch vormittags, Eintritt £ 1,80. Da außer dem delikaten Getränk auch Haus und Park durchaus sehenswert sind, kann außerhalb der englischen Ferienwochenenden zum Besuch geraten werden. An Wochenenden ist etwa ab 14 h jedoch das Gelände völlig überfüllt; übrigens macht Traquair bei der schottischen Sitte, sonntags alle Sehenswürdigkeiten erst nachmittags zu öffnen, eine Ausnahme: im Sommer ist täglich ab 10.30 h Zutritt möglich.

Falls Sie nach einem Besuch in Traquair House auf der B709/B7007 über die Moorfoot Hills Richtung Edinburgh weiterfahren möchten (eine physisch recht anstrengende Variante), folgen Sie der Beschilderung aus dem Park hinaus und biegen dann links auf die B709 nach Innerleithen ab. Ansonsten nehmen Sie entgegen der Beschilderung den Weg zur Einfahrt hinaus (ggf. schieben) und fahren rechts auf der B7062 weiter nach Peebles, wo der Anschluß an Etappe 11 gegeben ist.

Peebles, 6700 Einwohner, Borders Region (Peeblesshire), liegt im Tal des River Tweed und hat einen gewissen Ruf als Ausflugsziel und Urlaubsort. Die ansprechende Lage wird von den Parkanlagen der Kailzea Gardens genutzt, die zwischen altem Waldbestand Gewächshäuser, einen Wintergarten und über 400 Fuchsien aufweisen; geöffnet April-Oktober täglich 11.00-17.30 h, Eintritt 80 p. Etwa 2 km von Peebles entfernt liegt an der A72 Neidpath Castle aus dem 13.-15. Jahrhundert, Eintritt 50 p, täglich bis 18 h geöffnet.

Information: Chambers Institute, High Street, Tel. (0721) 20138, nur in der Saison.

Bed & Breakfast (CTC-empfohlen, jeweils ab etwa £ 8): Mrs. M. White, Woodlands, Springhill Road, Tel. (0721) 20808; Mrs. M. Muir, Whitestone House, Innerleithen Road, Tel. (0721) 20337; Mrs. C. de Freitas, Lindores, Old Town, Tel. (0721) 20441; Mrs. J. Wilding, Firholm, Innerleithen Road, Tel. (0721) 20372.

Camping: Crossburn Caravan Park, Edinburgh Road, Tel. (0721) 20501, 25 Zeltstandplätze, Waschmaschine, geöffnet April-Mitte Oktober, 1 km nördlich von Peebles an der A703; Rosetta Caravan Site, Rosetta Road, Tel. (0721) 20770, 30 Zeltstandplätze, Waschmaschine, geöffnet April-Oktober, 1 km nördlich der Stadt an einer Nebenstraße (Rchtg. Rosetta beschildert).

Fahrräder: George Pennel (CTC-empfohlen, auch Verleih), 3 High Street, Tel. (0721) 20844, geöffnet di-so.

Etappe 7:

Bellingham - Kielder - Saughtree - Bonchester Bridge - Jedburgh - St.
Boswells - Bemersyde - Melrose (88 km)

Durch die schönsten Teile der englisch-schottischen Grenzregion zu den
historischen Stätten des Tweed-Tales.
Die Etappe beginnt in Bellingham auf einer der beiden Straßen entlang
dem River North Tyne zum Kielder Reservoir. Im Gegensatz zur Kennzeichnung der O.S.-Karte ist die südliche der beiden Strecken mittlerweile zu
einer breiten Zufahrtstraße für den Wochenendausflugsverkehr nach Kielder ausgebaut worden; zur Umgehung der motorisierten Ausflügler ist
deshalb ggf. ein Ausweichen auf die nördliche Parallelstrecke über Fal-
stone anzuraten. Am Südufer des Kielder Reservoir ist für die Besucher
ein ganzjährig geöffnetes Informationszentrum eingerichtet worden (Tel.
0660/40398). Folgen Sie der Straße am Stausee entlang bis Kielder und
weiter über die Nebenstraße bis Saughtree (CTC-empfohlenes B&B bei Mrs.
M. L. Armstrong, Dawston View, Tel. 054122/278), wo Sie rechts auf die
B6357 einbiegen. Auf dieser Straße überqueren Sie die bewaldeten Hügel
des Wauchope Forest. Nach der Fahrt ins Tal auf der anderen Seite biegen
Sie ca. 2 km vor der A6088 links ab auf die Nebenstraße in die Siedlungen von Hobkirk und Bonchester Bridge.

Camping: Mr. A. Forbes, Bonchester Bridge, Tel. (045086) 676, 25 Zeltstandplätze, Waschmaschine, geöffnet Mitte April-September, neben dem
Postamt im Dorf.

In Bonchester Bridge fahren Sie geradeaus über die A6088 hinweg und
folgen weiter der B6357 nach Jedburgh. Ca. 1 km weiter können Sie ggf.
über die Nebenstraße Rchtg. Bedrule zur Easter Weens Farm gelangen, die
nur wenige Meter abseits der B6357 liegt. Diese Farm ist der einzige
Käseproduzent der Borders Region und gleichzeitig ein besonders interessanter: aus unpasteurisierter Milch - durch langwierige Gerichtsprozesse
gegenüber den Landwirtschaftsbehörden durchgesetzt - entsteht hier ein
delikater Weichkäse, weiteres Produkt ist unpasteurisierte Sahne. Zur
Selbstbedienung steht ein Kühlschrank samt Wechselgeld vor der Farm. Im
übrigen ist Bonchester Cheese selbstverständlich auch in besseren Le-
bensmittelgeschäften der Region erhältlich (zum gleichen Preis wie an
der Farm).
In der Nähe von Ferniehirst Castle, bis 1985 eine Herberge des schottischen JH-Verbandes und nun auf dem Weg zu einem Museum, treffen Sie
auf die A68(T) nach Jedburgh.

Jedburgh, 4000 Einwohner, Borders Region (Roxburgh), ist eine alte Stadt mit etlichen schön restaurierten Häusern im schottischen Treppengiebel-Stil. Ältestes Gemäuer ist die Abteiruine aus dem 12.-14. Jahrhundert (50 p Eintritt), gleich hinter dem Museum, das im alten Gefängnis von 1820 untergebracht ist. Ebenfalls für einen Obolus von 50 p bekommen Sie Zutritt zu den Räumen von Queen Mary's House, in dem Maria Stuart 1566 gewohnt hat, gelegen zwischen dem Stadtzentrum und der A68. Bei der Weiterfahrt kommen Sie am Nordrand der Stadt an einigen weitläufigen Geschäften mit Produkten der Stadt und Region, besonders Textilien, Glas und Porzellan, vorbei.

<u>Information:</u> Murray's Green, Tel. (0835) 63435 & 63688, nur März-Oktober geöffnet.

<u>Bed & Breakfast</u> (CTC-empfohlen): Mrs. M. Owens, 30 High Street, Tel. (0835) 62604.

<u>Camping:</u> Jedwater Caravan Site, Tel. (08354) 219, 60 Zeltstandplätze (teuer), Waschmaschine, geöffnet Ostern-Oktober, 7 km südlich von Jedburgh abseits der A68; Lilliardsedge Park, Tel. (08353) 271, 190 Zeltstandplätze, Waschmaschine, Camperküche, geöffnet April-Mitte Oktober, 8 km nördlich von Jedburgh an der weiteren Streckenführung der A68.

<u>Fahrräder</u> (auch Gebrauchträder-Vermietung): Dalgleish, 31 High Street, Tel. (0835) 62449.

Auf der Haupstraße A68(T) fahren Sie nordwärts aus der Stadt und über einen Hügel hinweg. Im Tal des River Teviot befindet sich an der Kreuzung der A68 mit der B6400 das **Woodland Centre**, eine Ausstellung rund ums Holz, von der Baumpflanzung an bis zur Holzskulptur, geöffnet Ostern-Oktober nur so und mi, im Juli/August so-do jeweils 13.00-17.30 Uhr, Eintritt 80 p. Etwas weiter liegt dann an der Straße der Campingplatz von Lilliardsedge Park (s. Jedburgh).

In **St. Boswells**, dem nächsten Städtchen an der Straße, biegen Sie rechts ab auf die B6404 (Beschilderung Dryburgh und Scott's View), folgen der Nebenstraße bis Clintmains und biegen dort links ab auf die B6356. Nach ca. 2 km können Sie links die Zufahrt zu den umfangreichen Überresten der **Dryburgh Abbey** hinunterfahren. Die Klosterruinen liegen in einer Schleife des River Tweed, seit der Zerstörung im 16. Jahrhundert der Verwitterung ausgesetzt, aber dennoch von bemerkenswerten Ausmaßen. Ein Wermutstropfen ist der hohe Eintritt von £ 1,50; dafür darf man aber auch einen Blick auf das Grab von Sir Walter Scott werfen, der hier begraben liegt...

Der schottische Dichterfürst hat einem weiteren Punkt ebenfalls seinen Namen gegeben, an dem man nach einer Steigung auf der B6356 hinter

Kartenskizze Etappen 7 + 8

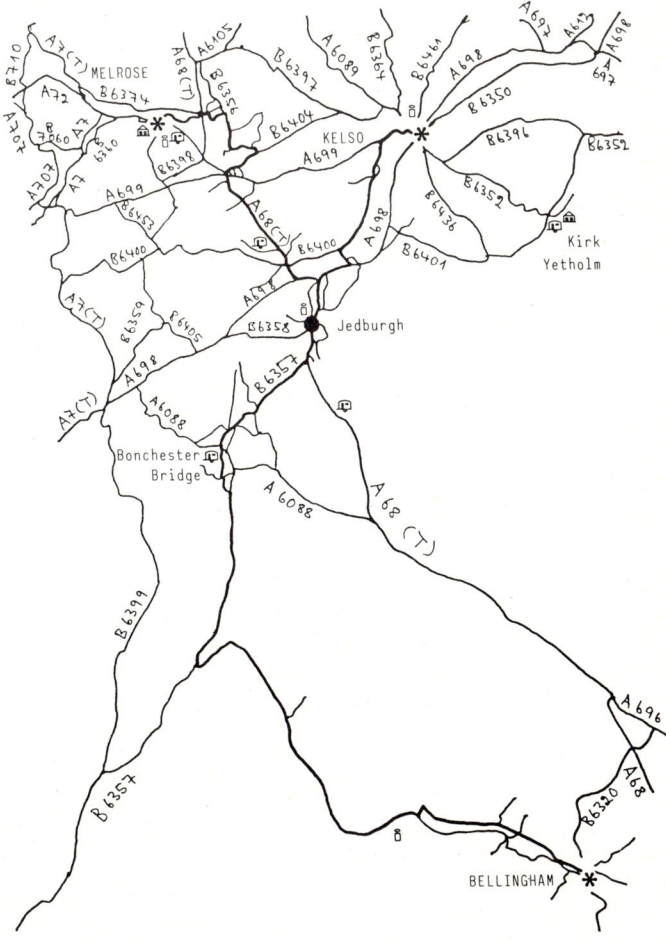

Bemersyde vorbeikommt: ein Aussichtspunkt mit einem in der Tat außerge-
wöhnlich schönen Blick auf das Tweedtal, der "Scott's View" genannt
wird, weil Sir Walter sich hier so gerne aufhielt. Bei der Weiterfahrt
nutzen Sie dann die erste Möglichkeit, nach links abzubiegen, und gelangen auf einer Nebenstraße unter der A68(T) hindurch. An dieser Stelle
gibt es eine für Autos gesperrte Brücke über den Tweed, auf der Sie die
Straße nach Melrose erreichen.

Melrose, 2300 Einwohner, Borders Region (Roxburgh), ist ein hübsch
gelegenes, ruhiges Städtchen, das vor allem wegen seiner Abteiruine
bekannt ist. Die gepflegte Anlage ist täglich bis 19 h gegen den
etwas teuren Eintritt von £ 1 zu besichtigen, danach über die nie-
drige Mauer auch gratis. Nur wenige Meter weiter befinden sich die
Priorwood Gardens, eine Parkanlage des National Trust, die auch eine
Touristeninformation enthält; der Besuch ist gratis bzw. mit dem
Wunsch nach einer freiwilligen Spende verknüpft. Gegenüber der Abteiruine existiert außerdem noch ein Obstgarten zum Thema Apfel. Eben-
falls in der Nähe ist in einer Garagenhalle ein privates Automuseum
untergebracht, das außer über Oldtimer auch über einige Fahrräder
verfügt, Eintritt 70 p.
Information: Priorwood Gardens, Tel. (089682) 2555, April-Oktober.
Jugendherberge: Priorwood, Tel. (089682) 2521, 90 Betten, geöffnet
März-Oktober, in einem schönen Herrenhaus mit direktem Zugang zum
Abteigelände durch den Garten.
Bed & Breakfast (CTC-empfohlen): Mr. & Mrs. Lockie, Little Fordel,
Abbey Street, Tel. (089682) 2206.
Camping: Gibson Park Caravan and Camping Site, Tel. (089682) 2969,
20 Zeltstandplätze, Waschmaschine, geöffnet April-Oktober, an der
A6091 nahe des Stadtzentrums.

Etappe 8:
Bellingham - Kielder - Saughtree - Bonchester Bridge - Jedburgh - Kelso
(80 km)

Die Alternativstrecke durch die Borders Region mit Anschlußmöglichkeit
an die Küstenstrecke.
Bis Jedburgh folgt sie der Etappe 7. Auf dem Hügel nördlich der Stadt
fahren Sie jedoch nicht ins Tal des River Teviot hinab, sondern biegen
rechts ab auf die A698 Rchtg. Kelso; an der Abzweigung befindet sich ein
Kunsthandwerksladen mit Cafeteria. Nach etwa 3 km kommen Sie an die nach
links führende B6400. Falls Sie nicht direkt nach Kelso, sondern zur
Jugendherberge nach Kirk Yetholm (s.u.) fahren möchten, bleiben Sie hier
auf der A698, biegen dann auf die Nebenstraße nach Eckford ab, durchfah-

ren das Dorf bis zur B6401, der Sie rechts bis Town Yetholm folgen; Kirk Yetholm liegt einen Kilometer abseits an einer Nebenstraße.

Ansonsten wählen Sie die links von der A698 abzweigende B6400, die Sie auf der anderen Flußseite in der Siedlung Nisbet auf eine Nebenstraße verlassen, die Sie nach Roxburgh und schließlich zur A699 bringt, auf der Sie Kelso erreichen.

Kelso, 5500 Einwohner, Borders Region (Roxburgh), ist ein Marktstädtchen mit hübschem Stadtzentrum und einer sehenswerten Abteiruine. Das Kloster des 12. Jahrhunderts war zu seiner Zeit das bedeutendste der vier entsprechenden Gründungen im schottischen Grenzland, ist aufgrund starker Zerstörung heute eine der weniger imposanten Anlagen. Es liegt unmittelbar beim Stadtzentrum und ist gratis zugänglich. Mit offenen Händen zur Entgegennahme des Eintrittsgeldes wird hingegen der Besucher in Floors Castle empfangen, dem größten bewohnten Herrenhaus Schottlands, ein im 19. Jahrhundert grundlegend umgestalteter Bau des 18. Jahrhunderts, der über 365 Fenster und einen Park mit altem Baumbestand verfügt. Das Innere des Schlosses verdankt seine Ausstattung der Mitgift einer reichen Amerikanerin, die die Großmutter des jetzigen Dukes of Roxburghe, des Besitzers, war. Zugänglich ist Floors Castle Mai-September jeweils so-do, im Juli/August auch freitags; es liegt etwa 2 km von Kelso an der A699. Wer Tarzans Film-Jugend auf der Leinwand verfolgt hat, kennt Floors Castle übrigens als Wohnstätte der Vorfahren des Urwaldmenschen - "Greystoke" wurde hier gedreht.

Information: Turret House, Tel. (0573) 23464, April-Oktober.

Jugendherberge: Kirk Yetholm, Tel. (057382) 631, 38 Betten, geöffnet Ende März-Oktober, über die B6352 nach Town Yetholm und sich anschließende Nebenstraße zu erreichen, etwa 10 km von Kelso; die kleine JH ist das Nordende des 400 km langen Fernwanderweges "Pennine Way" und dementsprechend in der Urlaubszeit von Einzelwanderern recht stark frequentiert.

Bed & Beakfast (CTC-empfohlen, alle ab etwa £ 8): E. Galbraith, Border Hotel, Woodmarket, Kelso, Tel. (0573) 24791; Mrs. L. Hurst, Lochside, Town Yetholm, Tel. (057382) 349; Mrs. M. Hughes, Windygate, 4 The Yett, Kirk Yetholm, Tel. (057382) 359.

Camping: Kirkfield Caravan & Camping Park, Town Yetholm, Tel. (057382) 346, 22 Zeltstandplätze, geöffnet April-Oktober, zwischen Town und Kirk Yetholm, 10 km südlich von Kelso (s. JH); der Springwood Caravan Park in Kelso hat keine Zeltstandplätze.

Fahrräder (auch Verleih): Simon Porteous, 24 Horsemarket, Tel. (0573) 23692.

Das südschottische Bergland: die Uplands.

Zumindest seitens ausländischer Besucher ist der Süden Schottlands eindeutig der am meisten vernachlässigte: die mit Eisenbahn oder Flugzeug eintreffenden Touristen reisen meist bis Glasgow oder Edinburgh und starten (und beenden) dort ihre Schottland-Rundreise. Als Alternative, vor allem für Autofahrer, dient allenfalls eine Ostküstenstrecke über Newcastle und Berwick oder Melrose nach Edinburgh. Der Süden wird dabei weitgehend mit Nichtachtung gestraft, eine geradezu sträfliche Haltung. Das gilt vor allem aus der Sichtweise des Radtouristen, denn die Uplands sind eindeutig der nebenstraßenintensivste, also fahrradfreundlichste Teil des Landes. Die fließenden Übergänge von den saftigen Weiden und Hügeln Englands zur kargeren Schönheit Schottlands sind in den Bergen der Borders und von Dumfries & Galloway besonders eindrucksvoll; ein paar Kilometer Entfernung, ein paar hundert Meter Höhenunterschied machen Sie zum Wanderer zwischen Welten.

Bei aller Naturnähe ist Südschottland außerordentlich reich an Zeugen der Geschichte, denn nicht nur die Römer haben mit ihren Grenzbefestigungen das Grenzland garniert, sondern auch der naturgemäß sehr intensive Handels- und Kulturaustausch zwischen England und Schottland hat eine Fülle von Abteien, Burgen, Kathedralen, Herrenhäusern und Parks beigesteuert, wie sie so dicht gedrängt im restlichen Schottland kaum noch einmal anzutreffen sind. Vor allem im Tweedtal ist auf diese Art ein "Ballungsgebiet" touristischer Sehenswürdigkeiten entstanden.

Konsequenterweise wird hiermit ausdrücklich empfohlen, die Schottland-Fahrradreise an der Linie Carlisle - Hexham - Newcastle zu beginnen, wobei die Städte an den Rändern dieser Linie für Anreisende per Bahn unkompliziert zu erreichen sind. Die Ostküstenstrecke, die die schönsten Teile der Borders links liegen läßt, wird ebenso ausdrücklich ignoriert; das gleiche gilt für die Hauptstraßenachsen Richtung Norden. Stattdessen liegt der Schwerpunkt radtouristischen Interesses auf den Hügeln und in den Tälern der Cheviot Hills im englisch-schottischen Grenzgebiet, der Tweedsmuir Hills im Zentrum Südschottlands, des umfangreichen Waldgebietes von Galloway und Carrick, in etwa begrenzt von der Diagonale Ayr - Lanark - Edinburgh. Mit der Grobrichtung im Süden wird gleichzeitig der Grundstein für den weiteren Weg nach Norden gelegt, der über Edinburgh, Glasgow oder - ganz besonders empfehlenswert - über die Insel Arran führen kann; letzteres ist eine Umgehung des zentralen Ballungsgebietes, die sich für jeden anbietet, dessen Interessensschwerpunkt an der schottischen Westküste liegt.

Etappe 9:
Kelso - Swinton - Berwick-upon-Tweed - Eyemouth - Cockburnspath - Dunbar
(90 km)

Der erste Teil einer Verbindung, die entlang der Küste bis Edinburgh
führt und dabei in Ermangelung sinnvoller Alternativen fast ausschließlich Hauptstraßen benutzt.
Für das erste Teilstück bis Berwick-upon-Tweed gibt es aber noch eine
Ausweichmöglichkeit: die B6461, die von Kelso über Eccles, Leitholm,
Swinton (dort kurzzeitig A6112) und Fishwick geradewegs nach Berwick-
upon-Tweed führt.

Falls Sie von der JH oder dem Campingplatz in Kirk Yetholm starten, fahren Sie auf der Nebenstraße am Fuß der Bergkette entlang nordostwärts
bis Kilham, dort links auf die B6352 bis zu A697, erneut links, nach
einem Kilometer rechts auf die B6363/B6354 über Duddo und West Allerdean
nach Berwick-upon-Tweed.

Berwick-upon-Tweed, County Northumberland, 15000 Einwohner, ist
die nördlichste Stadt Englands: kurz hinter Paxton haben Sie die
Grenze nämlich wieder überschritten. Dieser Grenzlage verdankt Berwick, daß hier im 16. Jahrhundert umfangreiche Festungsanlagen mit
fünf Bastionen errichtet wurden, die bis heute weitgehend erhalten
sind. Außerdem existiert noch ein älterer Mauergürtel (13. Jahrhundert), auf dem man mehrere Kilometer lang um das Stadtzentrum herum-
spazieren kann. Zwei alte Brücken über den Tweed dienen als Augen-
fang: die Berwick Bridge aus dem 17. Jahrhundert mit ihren 15 Bögen
und die Eisenbahnbrücke von 1847. Das Museum in den alten Kasernen-
anlagen ist hingegen keine lobende Erwähnung wert: es ist ein Regi-
mentsmuseum mit den ach so beliebten Uniformen, Fahnen, Waffen usw.
Information: Castlegate Car Park, Tel. (0289) 307187, in der Saison.
Verkehrsverbindungen: Eisenbahnhauptstrecke Newcastle-Edinburgh.
Camping: Der Ord House Caravan Park hat keine Zeltstandplätze!
Jugendherberge: die nächstgelegene JH ist schon wieder in Schottland, und zwar in Coldingham (s.u.), Tel. (03903) 298, 63 Betten,
geöffnet April-September, 20 km von Berwick entfernt.

Von Berwick-upon-Tweed aus folgt die Etappe der Standard-Küstenstrecke:
anfangs die viel befahrene A1(T), ab Burnmouth dann die A1107 nach
Eyemouth (Touristeninfo in der Auld Kirk, Tel. 0390/50678, April-Oktober) und **Coldingham** (JH s. Berwick-upon-Tweed); dort befindet sich auf
dem nördlich vorgelagerten St. Abb's Head ein Naturschutzpark des National Trust vor allem für Seevögel. Anschließend führt die A1107 zurück
zur A1(T), auf der Sie dann geradewegs bis Dunbar gelangen.

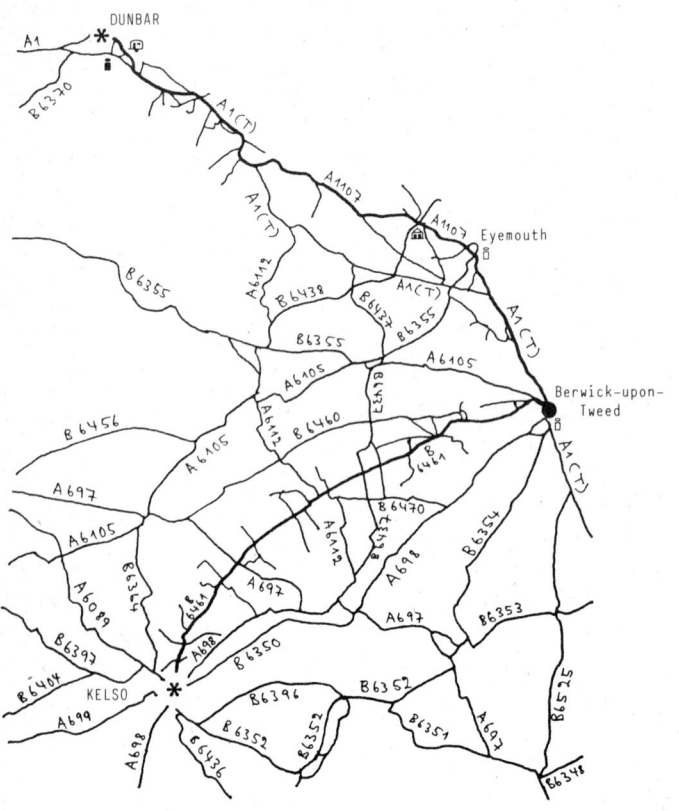

Dunbar, 5000 Einwohner, Lothian Region (East Lothian), ist ein altertümliches Städtchen und wie alle Orte an dieser Küstenstraße u.a. ein Urlaubsort für Wassersportler, Naturfreunde und Golfer - die Küste ist von gelochten Grünanlagen gesäumt. Reste der mittelalterlichen Burganlage stehen auf einem Felsen am Hafen. Naturliebhaber finden ihr Eldorado im John Muir Country Park, einem Naturschutzgebiet nordwestlich von Dunbar, so benannt nach einem Sohn der Stadt, der für die Gründung der Nationalparks in den USA verantwortlich zeichnete. Sein Geburtshaus in der High Street Nr. 126 ist zu einem Museum ausgebaut worden, geöffnet Mai-September täglich außer mi/so. Ebenfalls in der High Street befinden sich das Lauderdale House, ein altes Herrenhaus, und das in einem Gebäude des 18. Jahrhunderts untergebrachte Touristenbüro.

<u>Information:</u> Town House, High Street, Tel. (0368) 63353, ganzjährig.

<u>Verkehrsverbindungen:</u> Eisenbahnstrecke Newcastle-Edinburgh.

<u>Camping:</u> in der Umgebung von Dunbar gibt es reichlich Campingplätze; Buchung teils über die Touristeninfo.

Etappe 10:
Dunbar - Tyninghame - North Berwick - Aberlady - Prestonpans - Musselburgh - Edinburgh (60 km)

Entlang der Küste zum Firth of Forth bis zur schottischen Hauptstadt Edinburgh. Fast jeder der zahlreichen Urlauberorte an der Strecke verfügt über einen oder mehrere Campingplätze, die deshalb im einzelnen hier nicht aufgeführt werden.

Die Etappe beginnt in Dunbar auf der einzigen Richtung Westen führenden Straße, der A1(T), nutzt aber die erste nach rechts abzweigende Straße, die A198 Rchtg. North Berwick. Diese Straße durchläuft als erstes das Dorf Tyninghame; östlich davon kann Juni-September die gleichnamige Parkanlage besucht werden. An der Straße von Tyninghame nach East Linton befindet sich die **Preston Mill**, die älteste wasserbetriebene Mühle Schottlands, nun restauriert und in Obhut des National Trust, April-Oktober täglich geöffnet, Eintritt 80 p.

Das nächste Dorf an der A198 ist Whitekirk, im 15. Jahrhundert ein vielbesuchter Wallfahrtsort; vom Andrang der Gläubigen zeigt noch heute die imposante Kirche. Bei Auldhame erreicht die Straße die Küste und gleichzeitig die Ruinen des mittelalterlichen Tantallon Castle. Die vorgelagerte Vogelschutzinsel Bass Rock ist in der Saison durch Boote von **North Berwick** (ganzjährig geöffnete Touristeninfo in der Quality Street, Tel. 0620/2197) aus zu erreichen, dem nahegelegenen Feriendstädtchen. Die Region ist aufgrund des starken Urlauberverkehrs außerordentlich reich nicht nur an alten Gemäuern, sondern auch an teils recht einfallsreichen Museen. Südlich von North Berwick, zu erreichen über die B1347, befindet sich an der B1377 in East Fortune das Flugzeugmuseum, eine Außenstelle des Edinburgher Royal Scottish Museum, mit einer Ausstellung von ca. 30 Flugzeugen, gratis zugänglich im Juli/August täglich 10-16 h.

Bei der Weiterfahrt auf der A198 können Sie zwischen Gullane und Aberlady zum süd-östlich gelegenen Myreton Motor Museum gelangen, einer der zahlreichen britischen Oldtimer-Sammlungen, die für 50 p jedem offensteht (Mai-Oktober täglich 10-18 h). Fahren Sie am Ortseingang von Longniddry nicht auf der A198 weiter, sondern bleiben Sie auf der Küstenstraße (B1348 - nicht auf der Karte mit Nummer markiert), die Sie durch fast lückenloses Bebauungsgebiet von Cockenzie and Port Seton nach **Prestonpans** führt. Wenn Sie geradeaus durch dieses Städtchen hindurchfahren, kommen Sie zu einem ungewöhnlichen Museum, das den Ursprung der Stadtentwicklung betrifft: Prestonpans ist eine frühindustrielle Stadtgründung, die sich auf Kohle- und Salzförderung stützte. Als Zentrum des Museums ist ein Förderturm (bzw. ein Steingebäude mit Fördereinrichtungen) restauriert worden, zugänglich ganzjährig täglich und gratis.
Waschsalon: 146 High Street, Tel. (0875) 810293.

Beim Fischerort **Musselburgh** trifft die B1348 auf die A1(T); von dort an folgen Sie der Beschilderung ins Stadtzentrum von Edinburgh.

Edinburgh, 410000 Einwohner, ist seit 1437 schottische Hauptstadt und trotz der traditionellen Vernachlässigung Schottlands durch die britische Zentralregierung in jeder Hinsicht eine der bemerkenswertesten Städte Europas: elegant, prachtvoll, kulturbeflissen, wirtschaftlich bedeutend und städtebaulich schlicht und einfach schön. Da Schottland nach der Union der Parlamente seine rechtliche, kirchliche und kulturelle Unabhängigkeit behielt, hat Edinburgh die Bedeutung als Verwaltungszentrum nie ganz verloren. Lange vor und anders als in Glasgow hat Edinburgh sich zu einer blühenden Großstadt entwickelt, nämlich vor allem im 18. Jahrhundert, als hier Wissenschaft und Handel Triumpfe feierten. Als Folge dieser Blütezeit wurde ab 1767 planmäßig die "Neustadt" erbaut, noch heute stadtplanerisch bemerkenswert. Die Altstadt Edinburghs gruppiert sich um den Schloßberg, einen der sieben vulkanischen Hügel der Stadt. Die Burg markiert nicht nur den Schauplatz des berühmten militärisch-folkloristischen Spektakels "Tattoo", sondern auch das obere Ende der "Royal Mile", eines aus vier aufeinanderfolgenden Straßen zusammengesetzten Touristen-Pflichtpunktes, der von Sehenswürdigkeiten aller Art gesäumt ist und am Holyrood Palace, der königlichen Residenz der Stadt, endet. Viele der engen Gassen und Hinterhöfe sind in den letzten Jahren restauriert worden, so daß ein Bummel entlang der Royal Mile in jedem Fall auch demjenigen etwas bietet, der nicht eines der Museen in den alten Gebäuden besuchen will. Unter den historischen Gebäuden der Stadt ist das meistbesuchte zugleich das uninteressanteste: die Burg, die architektonisch nichtssagend und zudem mit militärischen Exponaten gefüllt ist. Von den Häusern der Royal Mile sind das John Knox House, Gladstone's Land, das Museum of Childhood und das Wax Museum deutlich ungewöhnlicher und somit interessanter.

Eigentliche Hauptstraße Edinburghs ist hingegen nicht die Altstadtachse, sondern die am nördlichen Fuß des Burgberges verlaufende Princes Street. Beim Bau der Neustadt ist diese Straße nämlich auf der Burgseite ohne Bebauung belassen worden und gewährt somit einen freien Ausblick nicht nur auf die Burg und die sich anschließenden Gebäude, sondern auch auf zwei weitere imposante Hügel, den Arthur's Seat oberhalb des Holyrood Palace und den Calton Hill am östlichen Ende der Bummelstraße. Letzterer ist eigentlich eher unscheinbar, trägt aber eine obskure Sammlung von pseudo-historischen Gebäuden wie eine Tempelnachbildung, zwei Denkmäler (darunter eines für Nelson) und das alte Observatorium. Wer den Weg hinauf unternehmen möchte, sollte sich davon nicht zuviel versprechen, wohl aber von dem Blick auf die Stadt, der sich von hier aus bietet und im Gegensatz zur Aussicht vom Scott's Monument, einem klassizistischen Monumentalbau an der Princes Street, gratis genossen werden darf. Princes Street mit den sich zum Burgberg hin erstreckenden Parkanlagen ist die südliche Begrenzung der Neustadt, die im 18. Jahrhundert erbaut wurde, ein Stadtviertel aus einem Guß, weitgehend geometrisch angeordnet und dennoch nicht monoton, da immer wieder von kleinen und größeren Plätzen und halbmondförmigen Straßen aufgelockert. Ein Musterbeispiel dieser Architektur ist das sogenannte "Georgian House" am Charlotte Square No. 7, dessen Erdgeschoß vom National Trust originalgetreu möbliert und für Besucher geöffnet wurde (April-Oktober täglich bis 17 h, Eintritt £ 1,10). Es ist quasi ein Pendant der Neustadt zum typischen Altstadthaus Gladstone's Land an der Royal Mile. Zentrum der Neustadt ist die George Street, benannt nach dem damaligen Monarchen, der aber von der Princes Street der Rang abgelaufen wurde. Vor allem abends sehenswert ist außerdem die Rose Street, eine schmale Gasse zwischen Princes und George Street, die teilweise Fußgängerzone ist: hier gibt es mit Abstand die meisten originellen Pubs der Stadt.

Unter den Ausflugszielen der Umgebung ragt eines positiv heraus; Kombination mit den weiterführenden Etappen ist ggf. möglich: Lauriston Castle. Das ist ein Ende des 16. Jahrhunderts erbautes Herrenhaus im Nordwesten der Stadt, direkt oberhalb des Firth of Forth in einem Park gelegen und interessant möbliert. Es ist zu erreichen über die A90 (Queensferry Road) und dann über die Cramond Road (beschildert) und geöffnet April-Oktober täglich außer freitag 11-13 und 14-17 h, Eintritt £ 1.

Information: Informationszentrum, Waverley Market (an der Princes Street), Tel. (031) 5572727, in der Hauptsaison auch sonntags geöffnet; Touristenschalter außerdem im Flughafen Edinburgh.

Verkehrsverbindungen: Eisenbahn nach London (zwei Strecken), Glasgow, Aberdeen und Inverness; Flughafen Ingliston westlich der Stadt an der A8, Flugverkehr zu allen britischen Flughäfen und mit Zwischenlandung teils auch ins Ausland.

Jugendherbergen: 18 Eglinton Crescent, Tel. (031) 3371120, 226 Betten, geöffnet März-Oktober, Mahlzeiten (Cafeteria), am westlichen Rand der Neustadt ca. 400 m vom Bahnhof Haymarket (Züge aus Glasgow und Perth halten hier teilweise), trotz der Größe ein recht anheimelndes Haus; 7 Bruntsfield Crescent, Tel. (031) 4472994, 170 Betten, ganzjährig geöffnet, südlich des Burgbergs; im Sommer (Juni-August) oft zusätzlich im North Merchiston Boys Club, Watson Crescent, ohne Vorbuchung, südwestlich der Stadtzentrums, Anmeldung erst ab 17 h, ggf. bei einem der anderen Hostels nachfragen. Alle JHs in Edinburgh sind im Sommer stark ausgelastet; ohne Vorbuchung ist Eintreffen vor Öffnen der Anmeldung (Eglinton/Bruntsfield 14 h) unbedingt erforderlich!

Privates Hostel: High Street Hostel, Blackfriars Street, Tel. (031) 5573984, ganzjährig.

Camping: Little France Caravan Park, 219 Old Dalkeith Road, Tel. (031) 6644742, 287 Standplätze, geöffnet April-Oktober, an der A68 Rchtg. Newcastle; Muirhouse House Caravan Site, Muirhouse, Tel. (031) 3366874, geöffnet April-September, Zufahrt von der A90 möglich; Mortonhall Park Caravan Site, Frogston Road East, Tel. (031) 6641533, 250 Standplätze, Waschmaschine, geöffnet April-Oktober, an der südlichen Umgehungsstraße (A720), von Etappe 11 aus direkte Zufahrt möglich; Pentland Park Caravan Site, New Pentland, Loanhead, geöffnet Ostern-Oktober, südlich der Stadt nahe der A701.

Fahrräder: Verkauf in Dutzenden von Geschäften, CTC-empfohlen bei: City Cycles, 30 Rodney Street & 87 Slateford Road, Tel. (031) 5572801; Bicycle Co-op, 8 Alvanley Terrace, Whitehouse Loan, Tel. (031) 2281368; Sandy Gilchrist Cycles, 1 Cadzow Place, Abbeyhill, Tel. (031) 6521760 (auch Verleih, mittwochs geschlossen); W. & R. MacDonald, 26 Morrison Street, Tel. (031) 2298473; Thomas Piper, 41 Morningside Road, Tel. (031) 4471040; Robin Williamson, 26 Hamilton Place, Tel. (031) 2253286; Vermietung außerdem bei Cycles, 12 West Preston Street, Tel. (031) 6676239.

Kartenskizze Etappen 10 + 11

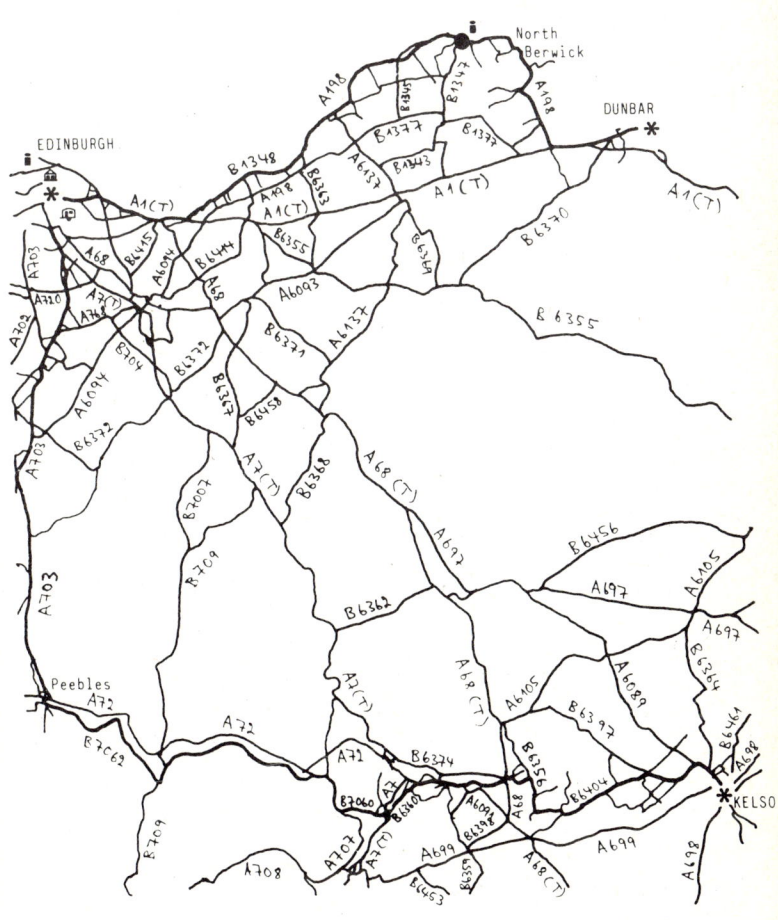

Etappe 11:
Kelso - Melrose - Abbotsford - Traquair - Peebles - Edinburgh (102 km)

Eine Strecke, die in der ersten Hälfte sehr viele Sehenswürdigkeiten aufweist.

In Kelso beginnt sie auf der A6089 Rchtg. Lauder; ca. 2 km nördlich der Stadt biegen Sie links auf die B6397 Rchtg. Smailholm ab, die Sie nach weiteren 4 km erneut links auf die B6404 Rchtg. St. Boswells verlassen. Im Örtchen Clintmains geht davon rechts die B6356 Rchtg. Earlston ab, der Sie vorbei an Dryburgh Abbey und Scott's View (s. Etappe 7) folgen. Entsprechend der Beschreibung in Etappe 7 gelangen Sie nach **Melrose** (s. dort).

Für die Weiterfahrt wählen Sie die A6091 Rchtg. Galashiels, die gleichzeitig als Zufahrt zu Walter Scotts Dichtersitz **Abbotsford House** dient, das nur wenige Meter abseits an der B6360 liegt. Für den Bau dieser Residenz hat sich der schottische Nationaldichter zeit seines Lebens die Finger wund geschrieben, um das nötige Kleingeld für die ungewöhnliche stilistische Mixtur des Hauses zu verdienen. Herausgekommen ist dabei ein Musterbeispiel des "Baronialstils" mit Zinnen, Türmchen und einer kostspieligen Innenausstattung, kein "schönes" Haus im ästhetischen Sinne, aber absolut sehenswert in seiner Eigenart. Die Nachfahren Scotts, denen Abbotsford heute gehört, haben einen Großteil zum Dichtermuseum umgestaltet, geöffnet Mitte März bis Ende Oktober täglich 10-17 h, sonntags ab 14 h, Eintritt £ 1,30. Außerhalb des Geländes gibt es einen Tea Room mit Andenkenladen.

Fahren Sie auf der B6360 weiter Rchtg. Selkirk zur A7(T), der Sie rechts über den Fluß folgen, dann aber gleich wieder links auf die B7060 abbiegen; diese Straße bringt Sie zur A72 Rchtg. Innerleithen. Nach etwa 3 km können Sie links auf eine Nebenstraße ausweichen, die auf der Südseite des River Tweed verläuft. Am Ende dieser Straße biegen Sie nicht rechts Rchtg. Innerleithen, sondern links auf die B709 ein und kommen nach etwa 1 km zur rechts abzweigenden B7062. Entsprechend Etappe 6 folgen Sie dieser Straße vorbei an Traquair House bis **Peebles** (s. dort).

Von Peebles aus benutzen Sie für den Rest der Etappe (ca. 37 km) die A703 über Penicuik bis **Edinburgh** (s. Etappe 10), eine Strecke, die zwar nicht sonderlich interessant ist, aber den Vorteil recht geringer Steigungen hat.

Der schottische Industriegürtel: die Lowlands.

An der schmalsten Stelle und etwa auf halber Höhe verläuft sie, ganz wie es sich für einen Gürtel gehört: die Zone zwischen den Mündungen der Flüsse Clyde, Forth und Tay, keine 100 km schmal und mit drei Viertel der Schotten bevölkert. Ein nicht nur für schottische Verhältnisse dichtbesiedeltes Gebiet also, das außer der angeblich fahrradfreundlichen ebenen Topographie den Radtouristen viel Verkehr, Industriegebiete und Autobahnen zwischen die Speichen streut.

Andererseits liegen in den Lowlands etliche der historischen Hochburgen Schottlands. Eine lange Liste von Städten kann sich rühmen, irgendwann einmal Hauptstadt Schottlands (bzw. Sitz des Königspalastes) oder eines vorangehenden Teilkönigreiches gewesen zu sein. Und wo sich keine Könige Burgen und Paläste errichteten, gab es garantiert Anwärter auf diesen Posten, die sich mit ihrer Bautätigkeit auch nicht gerade zurückhielten. Auch vor 1000 Jahren lebten schon die meisten Schotten eher in den Lowlands als im teils unwegsamen Hochland; konsequenterweise ist die Mehrzahl mittelalterlicher Bauwerke hier anzutreffen. Städte wie Edinburgh, Stirling, Perth und Dundee können innerhalb ihres Einzugsbereiches daher durchweg mit imposanten historischen Gemäuern oder ähnlichen touristischen Attraktionen dienen. Hinzu kommt, daß speziell Edinburgh zu Recht als eine der schönsten Städte Europas gilt, dabei überschaubare Ausmaße hat und somit für die Erkundung per Rad durchaus geeignet ist.

Die Mehrzahl der übrigen Städte der Lowlands mit interessanter Vergangenheit befindet sich wie Edinburgh auf der Ostseite des schottischen Industriegürtels: Stirling, Perth, Dundee, aber auch Linlithgow, sind zu nennen. Der Westen wird hingegen von Glasgow und dem Umland der größten schottischen Stadt vollkommen beherrscht; ein fast lückenloses Ballungsgebiet beträchtlichen Ausmaßes. Zwar kann auch Glasgow mit seinen Vorstädten mehr als nur einen Grund für einen Besuch vorweisen, aber für Radtouristen erscheint es doch sinnvoller, die geographischen Gegebenheiten zu nutzen und über die westlich des Industriegürtels vorgelagerten Inseln und Halbinseln zum Nordwesten Schottlands zu fahren. Im Osten ist eine solche "Ortsumgehung" hingegen weder möglich noch nötig; wer sich klarmacht, daß für Radtouristen die günstigste Verbindung zwischen zwei Punkten nicht die Gerade, sondern die Nebenstraße (mit Umwegen) ist, findet - unterstützt durch die Etappenbeschreibungen dieses Buches - durchaus noch fahrradfreundliche Strecken zu den interessantesten Punkten der östlichen Lowlands.

Etappe 12:
Edinburgh - Kirkliston - Linlithgow - Falkirk - Kilsyth - Glasgow (82 km)

Um es gleich vorweg zu sagen: eigentlich eine Strecke, die man besser
nicht als Fahrradtourist befahren sollte. Die Region zwischen Edinburgh
und Glasgow ist eine reines Industriegebiet mit sehr viel Verkehr; nur
wer aus irgendwelchen Gründen unbedingt diese Großstadtverbindung wahr-
nehmen möchte, findet auf dieser Etappe dazu eine Möglichkeit. Außerdem
kann bis Linlithgow als Variante ggf. Etappe 13 gefahren werden.

Die Etappe beginnt in Edinburgh auf der A90 Rchtg. Queensferry Bridge.
Etwa 1 km nach dem Beginn des "Dual Carriageway" der A90 verlassen Sie
die Hauptstraße nach links und gelangen über eine Nebenstraße nach Kirkliston. Dort durchqueren Sie geradeaus das Stadtzentrum und fahren auf
der B9080 geradewegs nach Linlithgow.

Linlithgow, 6000 Einwohner, Lothian Region (West Lothian), ist ein
kleines Städtchen mit recht bewegter Geschichte. Wie fast alle Städte dieser Gegend war auch Linlithgow Standort eines befestigten
Königspalastes, dessen mächtige Ruinen im Stadtzentrum heute noch zu
besichtigen sind (im Sommer jeweils bis 19 h). Schottlands berühm-
teste Königin, Maria Stuart, ist hier geboren; Genealogen haben es
über sieben Ecken geschafft, die heutige Königin Elizabeth II. zu
Marias Nachkommen zu zählen. Eine entsprechende Erbfolge ist in den
Mauern am Zufahrtsweg zum Palast zu bestaunen. Unmittelbar bei den
Schloßruinen steht das zweite historische Gemäuer der Stadt, St.
Michael's Church, eine im 16. Jahrhundert wieder aufgebaute Kirche
des 13. Jahrhunderts. Wer den Weg nach Linlithgow mit der Besichtigung von sehenswerten Herrenhäusern kombinieren möchte, sollte dazu
Etappe 13 befahren - die entsprechenden Bauten befinden sich allesamt östlich der Stadt an der Streckenführung.
Als Abstecher läßt sich ein Besuch in **Bo'ness** (eigentlich Borrows-
touness) durchführen, etwa 3 km nördlich von Linlithgow gelegen. In
der Nähe dieses Industriestädtchens verläuft der Antoninische Wall,
die nördlichste römische Befestigung in Schottland. Reste des Walls
sind im Park von Kinneil House ausgegraben worden, das Haus selbst
enthält das örtliche Museum. An Wochenendnachmittagen kann man mit
Dampflokomotiven von Bo'ness Ausflüge machen; Information unter
Tel. (0506) 822298.
<u>Information:</u> Burghs Halls, The Cross, Tel. (0506) 844600, in der
Sommersaison.
<u>Verkehrsverbindungen:</u> Eisenbahn nach Edinburgh, Glasgow, Stirling
und Perth.

Camping: Loch House Farm Site, Tel. (0506) 842144, 10 Zeltstandplätze, ganzjährig geöffnet, nördlich von Linlithgow abseits der Straße Richtung Bo'ness (nördlich der Autobahnbrücke).
Fahrräder: C & B, 234 High Street.

Bei der Weiterfahrt aus Linlithgow auf der A803 überqueren Sie gleich hinter dem Stadtrand die Grenze zur Central Region und erreichen **Falkirk**, eine umfangreiche Industriestadt, die das Schicksal der meisten anderen Städte der Gegend teilt: hier haben einige Schlachten um die Vorherrschaft in Schottland stattgefunden. Die Stadt hat ein Zentrum aus engen und steilen Einbahnstraßen; einige idyllische Stellen gibt es am südlich verlaufenden Union Canal.

Bleiben Sie auf der A803, die westlich von Falkirk streckenweise neben dem Forth and Clyde Canal herführt, bis Kilsyth. Dort biegen Sie südwärts (links) auf die B802 Rchtg. Cumbernauld, einer modernen Satellitenstadt, ab, verlassen sie aber unmittelbar vor dem Kanal nach rechts auf die B8023, die bei Kirkintilloch wieder auf die A803 trifft. Kurz darauf beginnt bereits der Raum Glasgow; das Stadtzentrum erreichen Sie ebenfalls auf der A803.

Glasgow, 800000 Einwohner, Strathclyde Region (Lanarkshire), ist nicht nur mit Abstand die größe Stadt Schottlands, sondern mit den vielen anschließenden Satellitenstädten Kern eines umfangreichen Ballungsgebietes, das für ein erholsames Fahrradfahren nur wenig geeignet ist. Wer allerdings Wert auf den Besuch des nördlich gelegenen Loch Lomond legt, kann kaum einen Bogen um Glasgow machen. Auch in Kombination mit einer Anreise per Eisenbahn spricht manches für einen Aufenthalt in der Stadt.
Im Gegensatz zur Kulturmetropole Edinburgh ist Glasgow mit seiner Industrie gewachsen. Dementsprechend lag die erste Blütezeit im 19. Jahrhundert und hat das Stadtbild entscheidend geprägt. Heute gilt die Stadt als Musterbeispiel für viktorianische Architektur. Daß der Wohlstand sich nicht auf alle Bevölkerungsteile erstreckte, ist heute nicht mehr so deutlich auszumachen, da die Slums des 19. Jahrhunderts größtenteils abgerissen wurden. Dafür kann man einige Beispiele stadtplanerischer Inkompetenz unserer Zeit "bewundern", wie ein nie fertiggestelltes Autobahnkreuz im Stadtzentrum und ähnliche Bemühungen für eine "autogerechte" Stadt. Wer mit offenen Augen die Stadt erkundet, wird somit ausreichend Sehenswertes finden. Für Liebhaber domestizierter Stadtkultur gibt es ein halbes Dutzend stadtgeschichtlicher Museen einschließlich der scheinbar unvermeidlichen Regimentsmuseen. Aus dem üblichen Rahmen fallen lediglich das Verkehrsmuseum mit einer umfangreichen Straßenbahnsammlung (25 Albert Drive, je-

weils bis 17 h, Eintritt frei) und das Paisley Museum in der High Street des gleichnamigen Vororts, in dem die tropfengesprenkelten Paisley-Muster, im 19. Jahrhundert von jedem besseren Dandy auf Shawls getragen und in den fünfziger Jahren unseres Jahrhunderts ebenfalls in Mode, ausgestellt und erläutert werden (sonntags geschlossen).

Information: 35/39 St. Vincent Place, Glasgow, Tel. (041) 2274880; Town Hall, Abbey Close, Paisley, Tel. (041) 8890711, beide ganzjährig geöffnet.

Verkehrsverbindungen: Eisenbahn nach London, Edinburgh, Stirling, Oban, Stranraer und Fort William; Flugplatz im Vorort Renfrew mit intensivem Verkehr in alle britischen und viele europäischen Städte (Flugplatz Prestwick bei Ayr dient nur dem Überseeverkehr).

Jugendherberge: 11 Woodlands Terrace, Tel. (041) 3323004, 120 Betten, ganzjährig geöffnet, Fahrradvermietung, Anmeldung bis 23.30 h, am Nordwestrand des Stadtzentrums.

Camping: Kilmardinny Riding Centre, Milngavie Road, Bearsdon, Tel. (041) 9424404, 10 Zeltstandplätze, geöffnet Mai-September, nahe der A81 im Nordwesten von Glasgow; keine näher gelegenen Plätze.

Fahrräder: reichlich Geschäfte, darunter CTC-empfohlen: The Bicycle Shop, 687 Clarkson Road, Netherlee, Tel. (041) 6631152; Billy Bilsland, 176 Saltmarket, Tel. (041) 5520841; Dales, 26-30 Maryhill Road, Tel. (041) 3322705; Edwards Ltd., 119 Dumbarton Road, Tel. (041) 3392189; R. Forrest, 258 Albert Drive, Tel. (041) 4294056; Riddel Bros., 61 Mount Annan Drive, Tel. (041) 6328326; Wheels, Unit 5 Township Centre Easterhouse, Tel. (041) 7717439.

Waschsalons: sehr viele, unter "Laundrettes" im Branchen-Telefonbuch aufgeführt.

Etappe 13:
Edinburgh - Queensferry - Linlithgow - Grangemouth - Airth - Stirling (60 km)

Von der jetzigen zu einer der früheren Hauptstädte Schottlands. Wer an der Strecke bis Linlithgow weniger interessiert ist, kann bis dort als Variante auch Etappe 12 benutzen.

Auf der A90 verlassen Sie Edinburgh entsprechend der Beschilderung zur Queensferry Bridge, biegen ca. 3 km nach Beginn des Dual Carriageways rechts ab auf die B924 zum Ort Queensferry. Auf diesem Streckenstück kommen Sie kurz darauf am ersten Herrenhaus dieser Region vorbei, dem **Dalmeny House** von 1815, das Mai-September sonntags-donnerstags jeweils

Kartenskizze Etappen 12-14

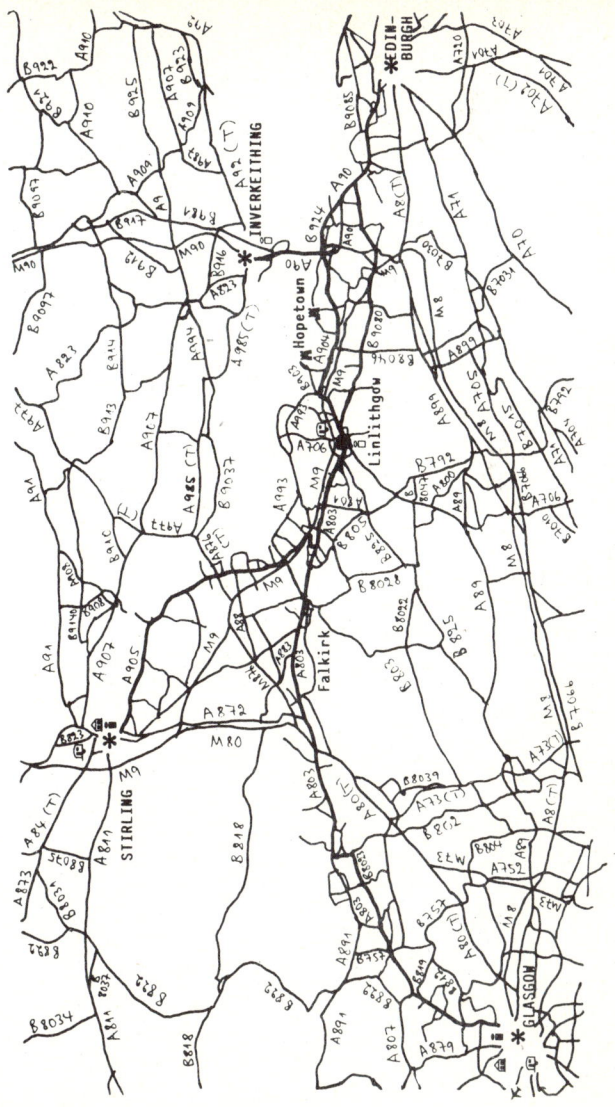

121

14.00-17.30 h besichtigt werden kann. Die B924 führt von dort hinunter zum Firth of Forth in das Örtchen **Queensferry**, das den beiden Brücken den Namen gegeben hat. Eine Eisenbahnbrücke aus viel Stahl und Steinen steht neben einer modernen Betonkonstruktion für den Autoverkehr. Wenn Sie unter der Straßenbrücke hindurch gefahren sind, geht unmittelbar darauf eine Zufahrtstraße zum **Hopetown House** ab, dem bekanntesten, weil mit Abstand größten Schloß weit und breit. Es wurde Mitte des 18. Jahrhunderts errichtet und enthält noch heute einen Großteil der Originalmöblierung; zugänglich ist es Mai-Mitte September täglich 11.00-17.30 h, Eintritt £ 1,90, Studentenrabatt. Für 50 p können Sie sich aber auf die umfangreichen Parkanlagen beschränken. Außerdem gibt es die Möglichkeit, über die Zufahrtstraßen von Queensferry und anschließend zur A904 ein Stück der Hauptstraße auszulassen und zudem einen Blick auf das Schloß zu werfen.

Entweder vom Hopetown House oder direkt aus Queensferry fahren Sie den Hügel hinauf zur A904 Rchtg. Linlithgow. Nach wenigen Kilometern passieren Sie dabei das dritte und älteste Herrenhaus der Strecke, **House of the Binns** aus dem 17. Jahrhundert, ein interessantes Beispiel für den Übergang von befestigten Häusern zum Repräsentationsbau. Es gehört heute dem National Trust for Scotland und kann im Rahmen von Führungen Mai-September täglich außer freitags jeweils 14-17 h besichtigt werden, Eintritt £ 1,10. Der Zutritt zum Park ist ganzjährig und gratis möglich, ein Picknickplatz ist gleich dabei.

Die A904 endet einige Kilometer weiter an einer T-Mündung, an der Sie links auf die A803 über die Autobahn hinweg nach **Linlithgow** (s. Etappe 12) abbiegen. Auf der gleichen Straße fahren Sie weiter Richtung Falkirk, biegen aber vor dieser Stadt rechts ab auf die A905. Diese Straße eröffnet Ihnen schon bei der erneuten Kreuzung der Autobahn den Blick auf das beeindruckende, weil ungewöhnlich häßliche Industriegebiet von Grangemouth, an dem vorbei Sie zur Kincardine Bridge (beschildert) gelangen. Sie fahren aber nicht über die Brücke, sondern geradeaus weiter auf der A905 durch kleine Orte wie Airth und Fallin. Bei Airth existiert übrigens nahe der B9124 in einer Parkanlage ein bizarres Gartenhaus aus dem 18. Jahrhundert in Form einer Ananas (!): "The Pineapple". Auf der A905 kommen Sie schließlich nach Stirling, dem Etappenende.

Stirling, 35000 Einwohner, Central Region (Stirlingshire), ist eine der ältesten Städte Schottlands. Der hoch über der Stadt aufragende Felsen unmittelbar vor der Mündung des River Forth trägt bereits seit dem frühen Mittelalter Befestigungen zur Bewachung dieses strategisch wichtigen Platzes. Konsequenterweise haben die "Besitzer" der Burg und der Stadt sehr häufig gewechselt, bis die Stuart-Könige hier ihren Sitz einrichteten und Stirling damit faktisch zur Hauptstadt machten. Eine der wichtigsten Schlachten um die schottische

Oberherrschaft fand 1314 im südlich angrenzenden Bannockburn statt; auf dem dortigen Schlachtfeld steht ein entsprechendes Denkmal. Stirling selbst wird nach wie vor von der riesigen Burganlage auf hohem Felsen überragt, deren meiste Teile aus dem 15. Jahrhundert stammen. Die Nähe Edinburghs und Glasgows versorgt die Burg mit einem regen Omnibustourismus, der ganzjährig und täglich Zutritt hat. Ein Besucherzentrum des National Trust ist gleich dabei. Nur wenige Meter unterhalb der Burg steht das Stadtpalais Argyll Lodge aus dem 17. Jahrhundert, zu dem nur der Jugendherbergsausweis den Zutritt ermöglicht: es beherbergt die örtliche Herberge. Sehenswert sind außerdem die zahlreichen Häuser der Altstadt einschließlich des Tolbooth (ehemaliges Rathaus) und der Guild Hall (Zunfthaus). Die alte Brücke über den Forth, einst das Tor zum schottischen Norden, am Nordrand des Stadtzentrums ist mittlerweile zur Fußgängerbrücke umfunktioniert worden.

Information: Dumbarton Road, Tel. (0786) 75019, ganzjährig geöffnet.

Verkehrsverbindungen: Eisenbahn in alle Richtungen; Stirling ist zentraler Knotenpunkt.

Jugendherberge: Argyll Lodge, Castle Wynd, Tel. (0786) 73442, 74 Betten, geöffnet März-Oktober, in einem alten Stadtpalais nahe der Burg (s.o.).

Camping: Cornton Caravan & Camping Park, Tel. (0786) 74503/75504, 28 Zeltstandplätze, ganzjährig geöffnet, Waschmaschine, an der B823 im Norden von Stirling.

Fahrräder: Stuart Wilson (CTC-empfohlen), 35 Baker Street, Tel. (0786) 5556; A. Milne, Viewfield Place; Pedal Power, 21 Cowane Street.

Etappe 14:
Edinburgh - Queensferry - Inverkeithing (22 km)

Kurz und schmerzlos ist diese Etappe, die den Anschluß an die Strecken im Osten herstellt. Entsprechend Etappe 13 fahren Sie bis Queensferry; dort müssen Sie entweder im Ort oder vom Hopetown House über die A904 zur A90 zurückfahren, um zur Straßenbrücke über den Firth of Forth zu gelangen. Radfahrer können die Brücke gratis benutzen.

Auf der anderen Seite der Förde liegt **Inverkeithing,** ein Städtchen mit einer ganzen Reihe hübscher alter Häuser, das Anknüpfungspunkt an die nach Norden führenden Etappen ist.

Information: Forth Road Bridge, Tel. (0383) 417759, an der Brücke, nur in der Saison jeweils 10-16 h.

Fahrräder: Sandy Wallace, 24 King Street, Tel. (0383) 412915.

Etappe 15: Fife-Halbinsel

Inverkeithing - Dunfermline - Kelty - Glenrothes - Falkland - Ceres - Anstruther - St. Andrews - Dundee (125 km)

Eine Rundfahrt über die Halbinsel der Region (=Grafschaft) Fife, die nur über eine der Küstenstrecken nach Aberdeen sinnvoll fortzusetzen ist. Eine etwas vorausschauende Planung ist also vor Beginn nötig. Eine mögliche Variante ist, ab Falkland über die A912 nach Perth weiterzufahren.

Die Etappe beginnt in Inverkeithing bzw. dem nahtlos anschließenden Ort Rosyth auf der A823 nach Dunfermline; man kann dabei einen Radweg benutzen, der auf einer ehemaligen Straßenbahnstrecke zwischen den Fahrspuren verläuft.

Dunfermline, 50000 Einwohner, Fife Region, ist im 11. Jahrhundert um ein Kloster entstanden, dessen Kirche etlichen schottischen Königen als Begräbnisstätte diente. Bereits 1303 wurde das Kloster weitgehend zerstört; die Klosterkirche beherbergt in ihren Ruinen als bekanntestes Grab das des schottischen Nationalhelden Robert Bruce. Im 15. Jahrhundert war ein bei der Abtei errichteter Palast Wohnsitz einiger schottischer Herrscher. Die Reste beider Bauwerke sind täglich und gratis zugänglich (im Sommer 9.30-12.00 & 13.00-17.00 h, sonntags nur 14-16 h).

Nicht minder bekannt als die mittelalterlichen Potentaten ist ein Sohn der Stadt aus etwas jüngerer Zeit, der Pittsburgher Stahlmilliardär Andrew Carnegie. Der in Dumfermline in ärmlichen Verhältnissen geborene Erfolgsmensch hat mit spärlichen 350 Millionen $ dafür gesorgt, daß sein Name in seiner Heimatstadt genannt bleibt; die Carnegie Stiftung, die von hier aus verwaltet wird, hat die Stadt u.a. mit dem Herrenhaus und Park von Pittencrieff beschenkt. Das Geburtshaus des Milliardärs mit einem darin enthaltenen Museum ist 1984 neu gestaltet worden, geöffnet im Sommer täglich 11-17 h, mittwochs bis 20 h, sonntags erst ab 14 h, im Winter nur nachmittags.

Information: Glen Bridge Car Park, Tel. (0383) 720999, in der Saison.
Verkehrsverbindungen: Eisenbahn nach Edinburgh, Perth und Dundee.
Fahrräder: Halfords, 8 Bridge Street; Whycycle, 129 Chalmer Street, Tel. (0383) 737633.
Waschsalons: Be-an Co, 5 Alexandra Street, Tel. (0383) 725885; Local Launderette, Unit 12, Abbeyview Development Allan Cres., Tel. (0383) 725544.

Von Dunfermline aus wenden Sie sich ostwärts auf die A907 Rchtg. Kirkcaldy, biegen aber noch am Stadtrand davon links auf die B912 Rchtg.

Kelty ab. Nach der Kreuzung der Autobahn M90 trifft die Straße auf die B917, der Sie nach links durch Kelty zur B966 folgen. Biegen Sie erneut links ein, nach etwa 4 km dann rechts ab auf die B9097 am Südufer des Loch Leven entlang. In diesem See (nicht mit der gleichnamigen Förde bei Glencoe verwechseln!) liegt auf einer winzigen Insel, von Kinross aus per Boot zu erreichen, eine Burg des 15. Jahrhunderts, die 1567 Maria Stuart für ein Jahr als Gefängnis diente. Am Ende des Sees trifft die B9097 auf die B920, der Sie für wenige Meter nach halblinks folgen, dann aber gleich wieder rechts nach Leslie und Glenrothes abbiegen.

Glenrothes ist die Verwaltungshauptstadt der Region, eine moderne Stadtgründung abseits der Strandurlaubs-Orte der Südküste. Abgesehen von städtebaulichen Aspekten ist das Kunsthandwerkszentrum im Balbirnie-Park von Interesse. Im gleichen Park beim östlichen Vorort Markinch gibt es auch einen Campingplatz (Tel. 0592/759130, 15 Zeltstandplätze, geöffnet März-Oktober.
Fahrräder: Norman Ekins, 61 High Street, Markinch.
Waschsalon: Glenwood Launderette, 9 Glenwood Centre, Tel. 754586.

Von Glenrothes aus macht die Etappenführung einen Schlenker, der über die A92 nordwärts, dann links auf die A912 nach Falkland führt. Die abkürzende Strecke auf der Nebenstraße über die Lomond Hills, die als Alternative wirkt, weist rund 200 m Höhenunterschied auf, ist also nur für leistungsbewußte Radler zu empfehlen.

Falkland ist der Standort des gleichnamigen Palastes, Anfang des 16. Jahrhunderts erbaut und in seiner Blütezeit Jagdsitz der Stuart-Könige. Außer dem Palast samt Park ist auch ein Teil des alten Städtchens unter Denkmalschutz gestellt worden. Park und Palast sind zugänglich April-September täglich 10-18 h, sonntags erst ab 14 h, Eintritt £ 1,30 (Park alleine 80 p).
Jugendherberge: Back Wynd, Tel. (03375) 710, 36 Betten, geöffnet Ende März-September, einfaches Haus nahe beim Palast.

Nach dem Abstecher nach Falkland fahren Sie auf der B936 nach Freuchie, kreuzen die A914(T) und etwas später eine Eisenbahnlinie, bevor Sie zur A92 Richtung Cupar gelangen. Fahren Sie jedoch nicht bis zu dieser zentralen Stadt der Region (früher Grafschaftshauptstadt), sondern biegen rechts auf eine Nebenstraße Rchtg. Ceres ab, wenn links die Zufahrt nach Springfield liegt. Am Ende der Nebenstraße fahren Sie ein paar hundert Meter rechts auf der A916 Rchtg. Kirkcaldy, biegen aber dann links ab auf eine Nebenstraße nach **Ceres.** Dieser Ort hat gleich zwei Besonderheiten zu bieten: das Landhaus des Hill of Tarvit mit Parkanlagen, heute in Obhut des National Trust for Scotland, zugänglich Mai-September täglich außer freitags 14-18 h (Eintritt £ 1,10), und das Fife Folk Museum, das in einem Waagegebäude des 17. Jahrhunderts untergebracht ist, geöffnet April-Oktober täglich außer dienstags 14-17 h (Eintritt 50 p). Gegenüber der Abzweigung der Nebenstraße nach Ceres von der A916 steht außerdem der Scotstarvit Tower, ein fünfstöckiges Gebäude aus dem 16. Jahrhundert; den Schlüssel gibt es beim "Hill of Tarvit"-Herrenhaus. Information: Fluthers Car Park, Cupar, Tel. (0334) 53722, saisonal. Camping: Tarvit Mill Farm Caravan Park, Tel. (0334) 52009, 3 Zelt-standplätze, geöffnet April-Oktober, Waschmaschine, 3 km südlich von Cupar an der A92.

Von Ceres aus wenden Sie sich ostwärts auf einer Nebenstraße bis Baldin-nie, wo Sie rechts auf die B940 Rchtg. Crail einbiegen. Nach etwa 10 km liegt abseits dieser Straße auf der rechten Seite das Gelände der Lochty Private Railway, einer stillgelegten Eisenbahnstrecke, auf deren Gelände nicht nur eine Sammlung von Dampfloks steht, sondern sonntags auch Fahr-ten mit den Veteranen durchgeführt werden. Nach weiteren 4 km können Sie rechts auf die B9131 nach **Anstruther** wechseln, falls Sie nicht gleich links nach St. Andrews (s.u.) fahren möchten. In Anstruther, traditio-nell ein Fischerort, heute aber eher wie die meisten dekorativen Städt-chen der Region vom Tourismus lebend, existiert das Scottish Fisheries Museum, das in Kombination mit einem Aquarium einen Einblick in Ge-schichte und Bedeutung der Fischereiwirtschaft der Region bietet; sai-sonal wird im Museum eine Touristeninformation betrieben. Campingfreunde sollten den mit über 400 Dauer-Caravanern zugestopften Campingplatz des Ortes besser links liegen lassen und, falls die Strecke bis St. Andrews zu weit erscheint, besser auf die benachbarten Orte Pittenweem oder Crail ausweichen. Für die Weiterfahrt fahren Sie entweder auf der B9131 oder auf der ca. 8 km längeren Küstenstraße A917 nach St. Andrews.

St. Andrews, 10000 Einwohner, Fife Region, ist eine der ältesten Städte Schottlands und lediglich im Laufe der Jahrhunderte aufgrund ihrer geografischen Lage etwas ins Abseits der Entwicklung geraten. Im Mittelalter war St. Andrews kirchliches Zentrum des Landes; sowohl die Kathedrale (1160 begonnen) als auch die Burg (ca. 1200 errichtet) verdanken der Kirche ihre Entstehung. 1412 wurde hier die erste Universität Schottlands gegründet, die den Ruhm der Stadt hochhielt, als die kirchlichen Würdenträger im Zuge der Reformation längst das Weite gesucht hatten. Zerstörungen und Vernachlässigungen haben die zahlreichen kirchlichen Bauten einschließlich der Kathe-drale größtenteils in Ruinen verwandelt, soweit sie nicht für die schottische Landeskirche weiter benutzt wurden. Sie sind durchweg gratis zugänglich, während für die Besichtigung der Burgruine, die auf einem Felsen am Hafen steht, 50 p Eintritt erhoben wird (zu-gänglich im Sommer 9.30-19.00 h, sonntags erst ab 14 h, im Winter kürzer).

Information: 78 South Street, Tel. (0334) 72021, ganzjährig geöffnet.
Verkehrsverbindungen: nächster Bahnhof zur Eisenbahnhauptstrecke
Edinburgh-Dundee-Aberdeen in Leuchars, ca. 6 km nordwestlich an der
weiteren Strecke.
Camping: Clayton Caravan Park, Balmullo, Tel. (0334) 870242 &
870630, 75 Standplätze, Waschmaschine, geöffnet März-Oktober, 7 km
nordwestlich an der A91; Craigtoun Meadows Holiday Park, 9 Mount
Melville, Tel. (0334) 75959, 100 Standplätze, Waschmaschine, geöff-
net März-Oktober, ca. 4 km südwestlich der Stadt an der Nebenstraße
südlich der B939; Kinkell Braes Caravan Site, Tel. (0334) 74250, 69
Standplätze (sowie massenhaft Dauercamper), Waschmaschine, geöffnet
Ende März-Oktober, 2 km südlich von St. Andrews an der A918.
Fahrräder: Gordon Christie (CTC-empfohlen, auch Verleih), 86 Market
Street, Tel. (0334) 72122.
Waschsalons: South Street; Woodburn Terrace.

Von St. Andrews aus nehmen Sie die direkte Strecke Richtung Dundee, d.h.
die A91 bis Guardbridge, dann die A919 bis Carrick und schließlich die
A919 nach **Newport-on-Tay** und über die Brücke nach Dundee, dem Etappenziel. Bei starkem Autoverkehr können Sie von Carrick bis Newport alternativ die B945 über Scotscraig benutzen.

Dundee, 170000 Einwohner, Tayside Region (Angus), verliert seit
Jahren Boden im Kampf um den Rang als dritte Stadt Schottlands -
längst hat Aberdeen diese Stelle übernommen. Die umfangreiche Industrie der an der Taymündung gelegenen Hafenstadt war ursprünglich
auf Jute, Marmelade und Schiffszubehör spezialisiert, besser: sie
ist es noch, aber ihre Marktanteile an diesen Produkten gehen ständig zurück. Auch der Tourismus kann da nicht viel ausrichten, zumal
die Standardstrecke Richtung Aberdeen eher durch die Berge bei Braemar führt als längs der Küste. Ein paar mehr oder minder alte Kirchen und ein Turm aus dem 15. Jahrhundert sind kaum Anreiz, eher
schon die Fregatte "Unicorn", ein restauriertes Kriegsschiff von
1824, das im Hafen am Victoria Dock liegt, zu besichtigen April-
Anfang Oktober täglich außer dienstags 11-13 & 14-17 h, sonntags nur
14-17 h, Eintritt 50 p. Nordwestlich von Dundee, zu erreichen über
die A923, gibt es den Camperdown Park mit angeschlossenem "Wildlife
Centre", ein umfangreicher Freizeitpark mit Zoo, der ausschließlich
einheimische Tiere enthält, geöffnet täglich je nach Jahreszeit bis
maximal 19 h, Zutritt über per Münzen zu öffnende Pforten.
Information: Nethergate Centre, Tel. (0382) 27723, ganzjährig.
Verkehrsverbindungen: Eisenbahn Richtung Perth, Edinburgh und Aber-

deen; Flugplatz (am Tayufer) mit Anschlüssen ans innerbritische Netz (Air Ecosse).

Camping: Camperdown Caravan Park, Liff Road, Tel. (0382) 23141, ext. 4413, 90 Standplätze, geöffnet April-Oktober, im Camperdown Park (s.o.); Riverview Caravan Park, Monifieth, Tel. (0382) 23141, etx. 4413, 180 Standplätze, geöffnet April-Oktober, 12 km östlich von Dundee an der A930.

Fahrräder: sehr viele Geschäfte, darunter CTC-empfohlen: Cycle City, 61 Overgate (415 Strathmartine Road); J. R. Nicholson, 2 Forfar Road, Tel. (0382) 42122.

Waschsalons: etwa ein Dutzend zur Auswahl.

Etappe 16:
Inverkeithing - Kelty - Kinross - Glenfarg - Perth (60 km)

Eine direkte Verbindung Richtung Norden, die bis zum Loch Leven auch alternativ auf Etappe 15 gefahren werden kann; eine weitere Variante wird dort (Falkland) beschrieben.

Die Etappe beginnt in Inverkeithing auf der B981. Bei der Kreuzung mit der A907 fahren Sie geradeaus weiter, biegen am Stadtrand von Cowdenbeath, nach Überqueren der Bahnlinie, links ab auf die B917 nach Kelty. Die Strecke führt geradeaus durch den Ort zur B996, der Sie links nach **Kinross** folgen. Von diesem Städtchen aus, das bis zum Bau der Autobahn M90 direkt von der Hauptstraße nach Perth durchschnitten wurde, gibt es Möglichkeiten, per Boot Ausflüge zum Lochleven Castle zu machen, einer Burg auf einer Insel im gleichnamigen See, in der Maria Stuart zeitweise gefangen gehalten wurde.

Information: an der Autobahnauffahrt, Tel. (0577) 63680, geöffnet April-Oktober.

Camping: Milk Bar, Hatchbank, Tel. (0577) 63506, 20 Standplätze, Waschmaschine, ganzjährig geöffnet.

Aus Kinross führt Sie die A977(T) nordwärts zur A911, der Sie einige hundert Meter folgen und dann links wieder auf die B996 abbiegen. Ab der Autobahnauffahrt No. 8 wird die Straße kurzzeitig zur A91(T), bis Sie erneut links auf die B996 fahren. Diese Straße kreuzt die Autobahn und führt dann einige Zeit unmittelbar westlich daneben her. Sobald rechts eine Nebenstraße (über die Autobahn nach Newton und Gateside) führt, nehmen Sie die in Gegenrichtung, also links abknickende Nebenstraße von der B996 weg. Diese Strecke führt einmal über, dann unter der Autobahn her und trifft bei Bridge of Earn auf die A912 nach Perth.

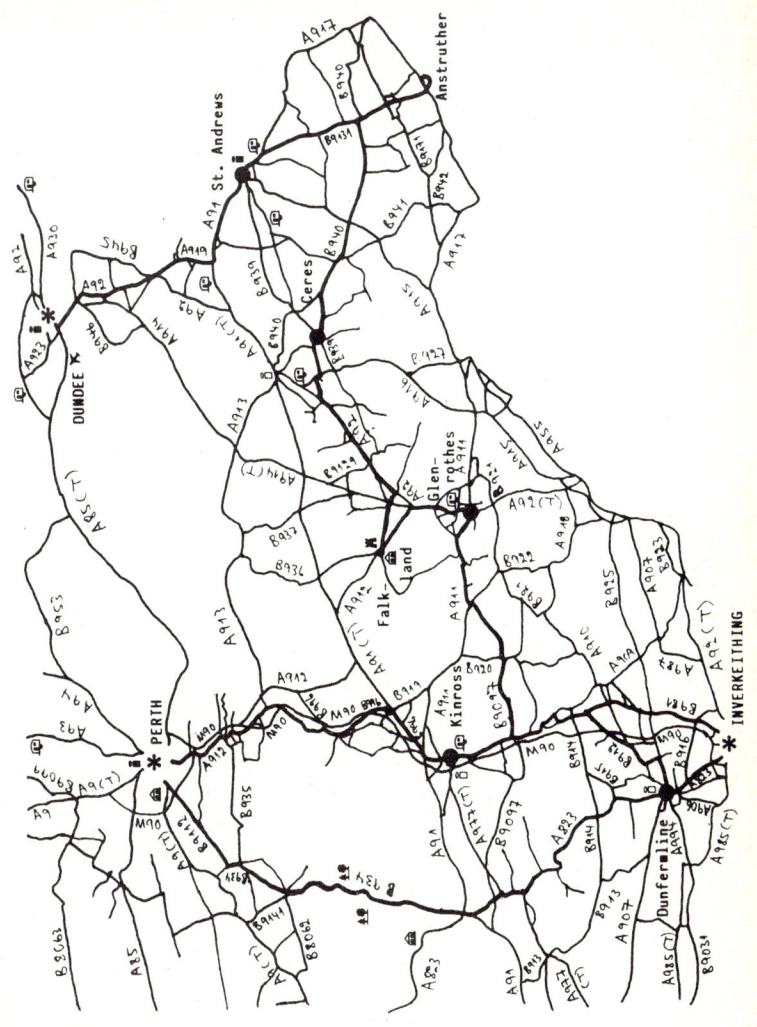

(In Gegenrichtung: aus Perth auf der A912 bis Bridge of Earn, dort vor der Unterquerung der Autobahn rechts abbiegen Rchtg. Dron, immer geradeaus bis zur B996.)

Perth, 43000 Einwohnern, Tayside Region (Perthshire), ist eine zwar schön am Tay gelegene, selbst aber wenig ansehnliche Stadt. Wie bei allen bedeutenderen Städte der Lowlands haben sich schottische und englische Heere hier mehrfach gegenseitig die Köpfe eingeschlagen und bei der Gelegenheit auch die meisten Gemäuer zerstört. Dementsprechend erinnert heute kaum noch etwas daran, daß Perth zeitweise als Hauptstadt Schottlands gedient hat. In Perth nahm die Reformation unter Führung von John Knox den Anfang, was den bis dahin noch existierenden Klöstern und Kirchen ebenfalls den Garaus machte. Nur die St. John's Church ist aus vorreformatorischer Zeit teilweise erhalten. In der Nähe von Perth gibt es hingegen zwei recht interessante Bauten: zum einen Elcho Castle, 5 km südöstlich abseits einer Nebenstraße, im Sommer jeweils bis 19 h zugänglich (sonntags ab 14 h), und vor allem Scone Palace, einer der ganz großen Paläste des Landes, nördlich von Perth an der A93 gelegen (auch an der Streckenführung von Etappe 18). Der 1803 errichtete Sitz der Earls of Mansfield hat eine prachtvolle Innenausstattung, die gegen entsprechenden Obolus von Karfreitag bis Mitte Oktober jeweils 10.00-17.30 h bewundert werden darf, sonntags erst ab 14.00, Juli/August ab 11 h. Wer es etwas weniger historisch lieber hat, kann die Caithness Glasfabrik nördlich von Perth an der A9(T) besuchen (auch über Etappe 19).

Information: Marshall Place, Tel. (0738) 22900 & 27108, ganzjährig.
Verkehrsverbindungen: Eisenbahn nach Glasgow, Edinburgh, Aberdeen und Inverness.
Jugendherberge: 10 Glasgow Road, Tel. (0738) 23658, 64 Betten, geöffnet März-Oktober, im Juli & August auch zubereitete Mahlzeiten - die einzige schottische JH, die Gäste nur wegen des (hoffentlich noch gerechtfertigten) guten Rufs ihrer Küche bekommt.
Camping: die Plätze in Perth nehmen keine Zelter auf; nächster Platz beim Scone Racecourse, Tel. (0738) 52323, 150 Standplätze, Waschmaschine, geöffnet März-September, abseits der A93 nördlich von Scone Palace.
Fahrräder: Halfords, 108 High Street, Tel. (0738) 22992; J & P Murray, 46 Atholl Street, Tel. (0738) 36898; J.M. Richards (CTC-empfohlen), 44 George Street, Tel. (0738) 26860.
Waschsalons: 4 Alexandra Street, Tel. (0738) 25950; North Muirton Laundrette, Argyll Road, Tel. (0738) 23187.

Etappe 17:
Inverkeithing - Dunfermline - Rumbling Bridge - Dunning - Perth (75 km)

Eine landschaftlich erheblich interessantere Strecke als Etappe 16, aber mit einigen wadenstärkenden Steigungen gewürzt.
Der Anfang entspricht Etappe 15 (bis Dunfermline, s. dort). Bleiben Sie dort auf der A823 Rchtg. Crieff, die Sie durchgehend bis Rumbling Bridge (so benannt nach dem tosenden Wasser des River Devon) und weiter bis Yetts o'Muckhart bringt. Hinter diesem Ort, wo die A91 die Route kreuzt, verlassen Sie die A823 auf die B934, falls Sie nicht zur Jugendherberge Glendevon (Tel. 025982/206, 46 Betten, geöffnet April-September, 3 km nördlich an der A823) fahren möchten. Ggf. kann der Umweg über Auchterarder aber auch sinnvoll sein, falls Sie das Flugzeugmuseum in Strathallan besuchen möchten (s.u.); von dort bzw. Kinkell Bridge erreichen Sie über eine Nebenstraße ca. 5 km vor Perth die A9(T).

Ansonsten fahren Sie durch den Glendevon Forest über die Hügel auf der B934 bis Dunning. Falls Sie zum Flugzeugmuseum in Strathallan möchten, fahren Sie hier links auf der B8062 Rchtg. Auchterarder, nach 2 km rechts auf einer Nebenstraße ins Tal, wo Sie in Aberuthven zur A9(T) kommen. Für einige hundert Meter bleiben Sie links Rchtg. Auchterarder auf der Hauptstraße und biegen dann rechts Rchtg. Kinkell Bridge ab; bei diesem Ort liegt Strathallan.

Wenn Sie nicht zum Museum möchten, haben Sie zwei andere Möglichkeiten: Entweder Sie fahren in Dunning rechts auf der B934 weiter bis Forteviot, über Eisenbahnlinie und River Earn hinweg und schließlich rechts auf der B9112 nach **Perth** (s. Etappe 16). Oder, falls Sie nicht nach Perth möchten, sondern den nahtlosen Anschluß an Etappe 19 suchen, halten Sie sich in Dunning geradeaus auf der B9141, kreuzen die Eisenbahnlinie, fahren rechts auf die A9, kreuzen den River Earn und biegen dann links auf eine Nebenstraße nach Findo Gask ab. Folgen Sie der Straße immer geradeaus bis zum Ende an einer T-Mündung, dort halten Sie sich rechts, nach ca. 3 km wieder links nach Methven. In diesem Ort kreuzen Sie die A85 und fahren immer geradeaus bis Moneydie, dort kurz rechts (B8063) und gleich wieder links nach Bankfoot, wo Sie auf die B867 und gleichzeitig auf Etappe 19 treffen.

Etappe 18:
Perth - Blairgowrie - Bridge of Cally - Glen Shee (45 km)

Der erste Teil der Strecke ins Tal des River Dee.
Die Etappe beginnt in Perth auf der A93 Rchtg. Blairgowrie, der Sie bis Old Scone folgen. Dort haben Sie Gelegenheit zu einem Besuch von

Scone Palace (s. Perth, Etappe 16). Verlassen Sie dort die Hauptstraße und fahren Sie auf einer nach links führenden Nebenstraße durch das Tal des River Tay über Colenden im Bogen zurück zur A93, die Sie nördlich von Guildtown erreichen. Auf der A93 fahren Sie geradeaus weiter bis **Blairgowrie**, einem Landstädtchen, das mit dem dem Ort Rattray auf der anderen Seite des River ErrICHT eine Einheit bildet. Im 19. Jahrhundert war hier eine blühende Textilindustrie ansässig; heute ist Blairgowrie Zentrum des schottischen Himbeeranbaus. Die frisch gepflückten Früchte sind in ihrer Qualität unschlagbar. Kein Wunder, daß von den Touristenströmen ins nördliche Gebirge etliche Käufer für die fruchtige Köstlichkeit hier eine Rast machen.

Information: Wellmeadow, Tel. (0250) 2960 & 3701, in der Saison.

Camping: Blairgowrie Caravan Park, Rattray, Tel. (0250) 2941, 25 Zeltstandplätze, Waschmaschine, geöffnet Mitte März-Mitte Oktober, 1 km nördlich nahe der A93.

Fahrräder: Tomi's, 59 Perth Street, Rosemount (A923), Tel. (0250) 2418.

Waschsalon: Blair's Launderette, 35 Perth Street, Tel. (0250) 2637.

Bei der Weiterfahrt bleiben Sie auf der A93 Rchtg. Braemar, die geradewegs nach Bridge of Cally (Caravanplatz nimmt keine Zelte auf) und dort nach rechts ins Tal von **Glen Shee** führt. Dieses Tal ist der Anfang der höchstgelegenen Straße Schottlands, "Devil's Elbow" genannt, und im Winter ein beliebtes Skigebiet. Die östlich auf der O.S.-Karte eingezeichnete Jugendherberge gibt es nicht mehr; da die Strecke aber eine der Haupt-Tourismusrouten des Landes ist, gibt es an ihr recht viele B&B-Häuser. Außerdem ist abseits der Straße oder auf unregistrierten Campingplätzen das Aufschlagen eines Zeltes durchweg möglich. Die nahtlose Fortsetzung der Etappe erfolgt über Etappe 25.

Etappe 19:
Perth - Bankfoot - Dunkeld - Balnaguard - Pitlochry (52 km)

Der erste Teil der Strecken ins zentrale Hochland. Obwohl weitestgehend Möglichkeiten genutzt werden, Ausweichmöglichkeiten von der Hauptstraße zu suchen, muß in der britischen Ferienzeit streckenweise mit recht starkem Autoverkehr gerechnet werden - die Standardroute aller Schottland-Touristen (Edinburgh - Stirling - Inverness - Loch Lomond - Edinburgh) führt hier entlang.

Die Etappe beginnt in Perth auf der A9(T) Rchtg. Pitlochry, der für etwa 10 km gefolgt wird. Nördlich von Perth nimmt diese Straße den Verkehr der Stadtumgehung M90 (1985 fertiggestellt) auf; günstige Alternativen sind in diesem Bereich aber noch nicht gegeben. Bei Bankfoot, einem kleinen Ort etwas abseits der Hauptstraße, können Sie dann links auf die

Kartenskizze Etappen 18–20

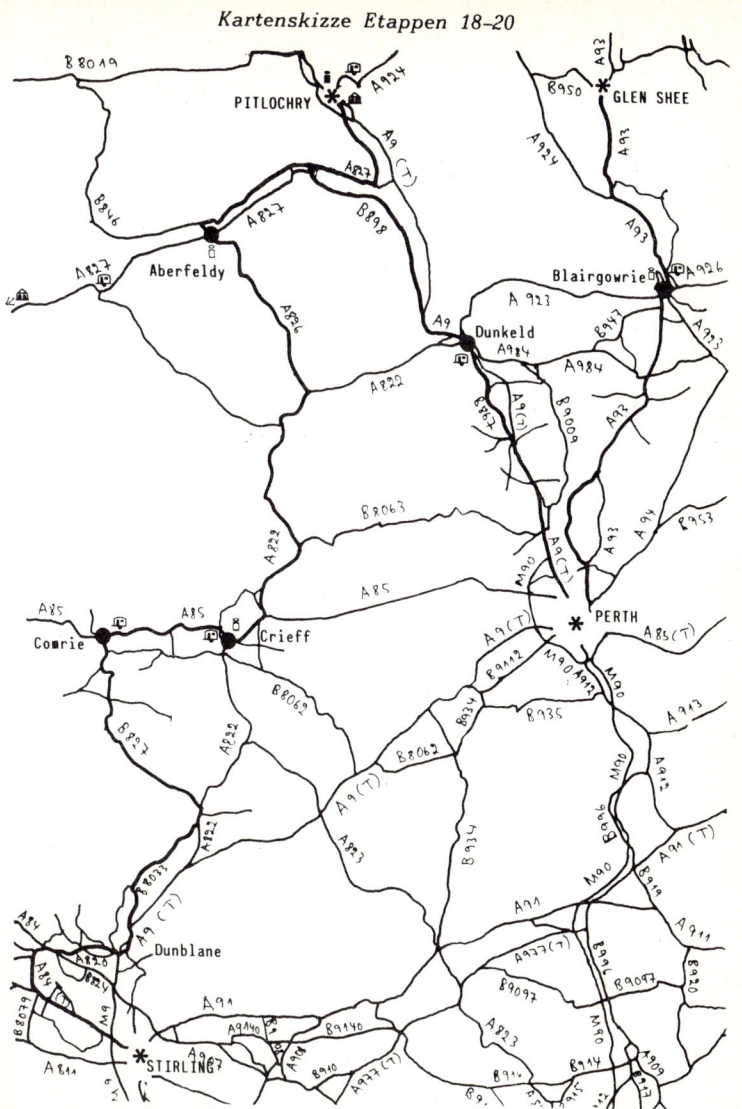

B867 ausweichen, die erst kurz vor Birnam wieder zur A9(T) zurückkehrt.
Birnam und das auf der anderen Tay-Seite liegende **Dunkeld** bilden quasi
das Tor zum Hochland, zwei seit Anbeginn des Highland-Tourismus bedeu-
tende Städtchen, in denen die traditionelle Einflußsphäre der Dukes of
Atholl (s. Etappe 22) beginnt. Der größte Teil von Dunkeld gehörte
früher dieser Familie, die Anfang des 20. Jahrhunderts den ersten Vor-
sitzenden des National Trust for Scotland stellte. Als Folge dieses Po-
stens verfügt der Trust heute in Dunkeld über rund 20 restaurierte Gebäude, die im wesentlichen um 1700 entstanden sind. Das einzige noch
ältere Bauwerk des Ortes ist die in der Reformationszeit größtenteils
zerstörte Kathedrale, die später teilweise wieder aufgebaut wurde.

Information: The Cross, Dunkeld, Tel. (03502) 688, in der Saison.

Verkehrsverbindungen: Eisenbahnstation Birnam an der Hochlandstrecke
Perth-Inverness.

Camping: Erigmore House Caravan Park, Birnam, Tel. (03502) 236, 20
Zeltstandplätze, Waschmaschine, geöffnet Mitte März-Oktober, beim Ort.

In Dunkeld nehmen Sie erneut die A9(T), die Sie aber nach ca. 4 km
wieder nach links auf die B898 verlassen können. Diese Straße bleibt
stetig auf der Westseite des River Tay und macht in Ermangelung einer
Brücke einen Bogen nach Westen, bis sie hinter Balnaguard auf die A827
trifft. Biegen Sie rechts ein, überqueren Sie den Tay und fahren wieder
ostwärts, bis in Logierait noch vor dem River Tummel links eine Nebenstraße abzweigt, auf der Sie am Westufer des Flusses nach Norden fahren;
erst unmittelbar bei Pitlochry kommen Sie zu einer Brücke über den Fluß.

Pitlochry, 2500 Einwohner, Tayside Region (Perthshire), ist ein
schön gelegener Urlaubsort zwischen Grampian Mountains und dem
River-Tummel-See Loch Faskally. Der See ist zur Sicherung der Versorgung des Landes mit wohlschmeckenden Edelfischen mit einer Lachs-
leiter versehen worden, die den Lachsen die Wanderung zu ihren
Laichplätzen ermöglicht. Ein Beobachtungsraum bietet Besuchern un-
mittelbaren Unterwassereinblick in das Geschehen. Die Umgebung ist
ausgesprochen reich an Naturschönheiten jeder Art und bietet gute
Wandermöglichkeiten. Eine eher konventionelle Touristenattraktion
ist das 10 km nördlich liegende Blair Castle (s. Etappe 22). Für die
"Sommerfrischler" inszeniert Pitlochry allerlei Unterhaltung, u.a. in
einem eigens dafür gebauten Theater mit täglich wechselndem Spiel-
plan; Besichtigungen einer Whiskybrennerei und einer Tweedmanufak-
tur sind möglich.

Information: 22 Atholl Road, Tel. (0796) 2216 & 2751, ganzjährig.

Verkehrsverbindungen: Eisenbahn-Hauptstrecke Perth-Inverness.

Jugendherberge: Braeknowe, Knockard Road, Tel. (0796) 2308, 78 Betten, ganzjährig geöffnet.
Camping: Faskally Home Farm, Tel. (0796) 2007 & 3202, 150 Zeltstandplätze, Waschmaschine, geöffnet Mitte März-Oktober, 3 km nördlich an der A924; Milton of Fonab Caravan Site, Tel. (0796) 2882, 40 Zeltstandplätze, Waschmaschine, geöffnet März-Oktober.

Eine interessante Variante zur Fortsetzung der Strecke ist die Fahrt nach Rannoch und weiter mit der Eisenbahn (s. Etappe 20); dazu wählen Sie in Pitlochry die an der Westseite von Loch Faskally beginnende Nebenstraße längs der River-Tummel-Seen vorbei am Queen's View zur B846 nach Tummelbridge, weiter westwärts bis Kinloch Rannoch, dort links auf die Nebenstraße an der Südseite von Loch Rannoch entlang bis Bridge of Gaur. Die B846 bringt Sie als Sackgasse zur Bahnstation.

Etappe 20:
Stirling - Doune - Dunblane - Kinbuck - Braco - Comrie - Crieff - Aberfeldy - Weem - Logierait - Pitlochry (120 km)

Eine Strecke ins zentrale Hochland, die über Etappe 52 (ab Comrie) oder eine Eisenbahnverbindung (s.u., Aberfeldy) Abwandlungen in Richtung Westen zuläßt.
Sie beginnt in Perth auf der A84 nach **Doune**, dem Standort eines ausgesprochen interessanten Automuseums, das 2 km nordwestlich an der A84 liegt. Eine umfangreiche private Kollektion meist repräsentativer Benzinkutschen kann dort April-Oktober täglich 10-17 h für £ 1,50 Eintritt besichtigt werden. Dagegen ist die örtliche, gut erhaltene Burg des 14. Jahrhundert eher touristischer Standard.

Von Doune aus bringt Sie die A820 nach Dunblane, wo Sie links auf der A9(T) Rchtg. Perth fahren. Wenn die Hauptstraße zum Dual Carriageway wird, geht links die B8033 über Kinbuck nach Braco ab. In diesem Örtchen nehmen Sie die A822 Rchtg. Crieff und kommen kurz darauf an dem Zugang (Fußweg) zu einem Römerfort vorbei. Dann biegt links die B827 ab, eine ruhige Nebenstraße durch hübsche Berge (in Gegenrichtung ungünstiger, weil deutlich steiler) nach **Comrie**. (Anschluß an Etappe 52 Rchtg. Fort William ist hier möglich.) Wegen der Schönheit der Strecke sollten Sie diesen Weg auch dann wählen, wenn Sie die "Touristenattraktion" von Comrie, das Scottish Tartans Museum, eigentlich nicht interessiert. Dort gibt es solche Obskuritäten wie Kaiser Wilhelm II. im Schottenrock zu besichtigen, geöffnet Ostern-September täglich, ansonsten nur werktags. Von Comrie bringt Sie die A85 in die östlich gelegene Stadt **Crieff** , dem

Standort der ältesten Whiskybrennerei Schottlands, der Glenturret Distillery. Der Brennerei ist ein Whiskymuseum angeschlossen; Besichtigungen des Betriebs sind mo-fr, Juli/August auch samstags möglich.
Information: James Square, Crieff, Tel. (0764) 2578, in der Saison.
Camping: West Lodge Caravan Site, Lawers, Comrie, Tel. (0764) 70354, 20 Zeltstandplätze, Waschmaschine, geöffnet April-Oktober, 2 km östlich von Comrie an der A85; Crieff Holiday Village, Turret Bank, Crieff, Tel. (0764) 3513, 10 Zeltstandplätze, Waschmaschine, ganzjährig geöffnet, abseits der A85 nahe bei Crieff; die übrigen Plätze nehmen keine Zelter auf.
Fahrräder: R.S. Finnie, Leadenflower Road, Crieff, Tel. (0764) 2599.
Waschsalon: Servicenterprises, 15 Comrie Street, Crieff, Tel. (0764) 2208.

Von Crieff aus geht es in die Berge, wo die Straßen dünner gesät, aber auch meist weniger stark befahren sind. Die A822 schlängelt sich zwischen Bergketten hindurch nach Milton, dort geht es über die A826 geradewegs nach **Aberfeldy**, einem kleinen Städtchen, das d seiner schönen Umgebung als Ferienort eine gewisse Bedeutung erlangt hat. Es liegt zwischen Bergen am Ufer des River Tay, dessen Ursprungssee, einer der größten der südlichen Highlands, ganz in der Nähe endet. Loch Tay kann auf Uferstraßen auch vollständig umrundet werden, was ab Aberfeldy eine Strecke von rund 80 km bedeutet. Auf halbem Weg, nämlich in Killin am anderen Ende des Lochs, gibt es eine Jugendherberge (s. Etappe 52); die auf der O.S.-Karte eingezeichnete JH in Fortingall existiert hingegen nicht mehr.
Information: 8 Dunkeld Street, Aberfeldy, Tel. (0887) 20276, saisonal.
Camping: Kenmore Caravan and Camping Park, Tel. (08873) 226, 90 Zeltstandplätze, geöffnet April-Oktober, am Nordostende von Loch Tay.

In Aberfeldy kreuzen Sie auf der B846 Rchtg. Tummel Bridge den River Tay. Falls Sie die unten beschriebene Variante nicht wählen möchten, biegen Sie auf der nördlichen Flußseite in Weem rechts auf eine Nebenstraße ab, die immer am Fluß entlang zur A827 führt; im Örtchen Logierait nehmen Sie die links abzweigende, auf der Westseite des River Tummel entlangführende Nebenstraße nach **Pitlochry** (s. Etappe 19).

Die Variante läßt die Haupttouristenroute über Pitlochry rechts liegen und nutzt stattdessen eine Eisenbahnverbindung aus. Dazu bleiben Sie in Weem auf der B846 und überqueren die Hügelkette nach Tummelbridge. Dort fahren Sie auf der gleichen Straße westwärts weiter bis Kinloch Rannoch, wo Sie auf die südwärts am Loch Rannoch entlang führende Straße wechseln. Am Westende des Sees kommen Sie zurück zur B846, die als Sackgasse nach **Rannoch** zum Bahnhof führt. Dort haben Sie Anschluß an eine der schönsten Eisenbahnstrecken durch die Highlands, die Route Glasgow - Crianlarich - Fort William, eine Strecke, die durch Bergregionen führt, in denen es keine Straßen gibt und die man also nur mit dem Zug durch-fahren kann. Die Anschlüsse von Rannoch in Richtung Fort William erfol-gen werktags jeweils um 8.36, 12.35 und 19.39 h (Fahrtzeit ca. 70 Minu-ten), sonntags nur 20.38 h; in Richtung Crianlarich und Glasgow werktags jeweils 9.48, 15.21 und 18.48 h, sonntags nur 18.48 h. Überprüfung die-ser Fahrplanangaben ist natürlich erforderlich, aber außer geringen Ab-weichungen dürften die Zeiten korrekt bleiben. Mit den genannten Verbin-dungen haben Sie Anschluß an die Etappen der Strecken Glasgow - Tarbert - Crianlarich - Bridge of Orchy - Fort William, also eine Vielzahl von Anknüpfungspunkten.

Etappe 21:
Stirling - Balfron - Drymen - Rowardennan - Fähre Inverbeg - Tarbet (65 km)

Die Durchführung der Etappe bis zum Ende ist abhängig vom Fährverkehr in Rowardennan (s.u.); ansonsten ist eine Umrundung des Loch Lomond über Balloch erforderlich, da es am Ostufer des Sees keine durchgehend be-fahrbare Straße gibt.

Die Strecke beginnt in Stirling auf der A811 Richtung Westen, der für etwa 10 km gefolgt wird. Ca. 3 km hinter dem links abseits der Straße liegenden Ort Gargunnock geht links eine Nebenstraße ab, die über die Ausläufer einer Hügelkette führt, die B822 kreuzt und das Örtchen Bal-fron erreicht. An der Gabelung am Ortseingang halten Sie sich rechts, fahren durch bis zur A875 (Hauptdorfstraße), biegen links ein und nach wenigen Metern wieder rechts ab. Nach knapp 3 km wählen Sie an einer T-Mündung die nach rechts führende Straße, die nach ca. 1 km auf die A81 stößt. Kreuzen Sie die Hauptstraße etwas nach rechts versetzt; nach einigen hundert Metern folgt erneut eine T-Mündung, an der Sie rechts zur wenige Meter entfernten A811 fahren. Links einbiegend bringt Sie diese Straße geradewegs nach **Drymen**, einem kleinen Städtchen nahe der Südostecke von Loch Lomond. Die weiterführende B837 zum Ostufer beginnt hier; da sie für Autofahrer eine Sackgasse ist, gibt es darauf keinen Durchgangsverkehr. Kleine Urlaubsorte wie Milton und Balmaha werden durchfahren, bis die mittlerweile unklassifizierte Straße in **Rowardennan** ein Ende nimmt.
Dieses Örtchen besteht eigentlich nur aus ein paar Unterkunftsstätten, die außer für Loch-Lomond-Touristen vor allem für Bergwanderer von In-teresse sind, da hier der Ausgangspunkt für den Aufstieg auf den Ben Lomond ist. Außerdem führt ein Fußweg am See entlang bis Inversnaid, der aber für Radtouristen nicht nutzbar ist. Dennoch ist Rowardennan im Som-mer keine Fahrrad-Sackgasse, da vom Hotel in Rowardennan eine Personen-

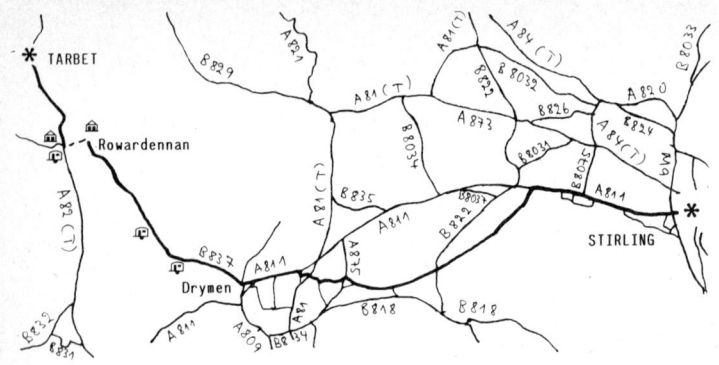

und Fahrradfähre über den See zum Inverbeg Inn betrieben wird. Sie verkehrt im allgemeinen von Ostern bis September immer um 10, 14 und 18 h, ab Inverbeg jeweils 30 Minuten später wieder zurück. Fährpreis ist ca. £ 1. Wer sicher gehen will, daß der Betrieb auch durchgeführt wird, kann den Betreiber Mr. R. Nichol unter Tel. (036087) 273 vorher dazu befragen; das gilt speziell für Fahrten in Gegenrichtung, bei denen das persönliche Vorsprechen im Hotel ja nicht möglich ist. Gruppen können unter dieser Nummer ggf. auch einen Sondertransport buchen.

<u>Jugendherberge:</u> Tel. (036087), 100 Betten, geöffnet März-Oktober, im März & Oktober donnerstags geschlossen, ca. 1 km nördlich des Bootpiers.
<u>Camping:</u> Millarochy Bay, Tel. (036087) 236, 150 Standplätze, Waschmaschine, geöffnet März-Oktober, bei Balmaha am See; Cashel Campsite, Tel. (036087) 234, 200 Standplätze, geöffnet April-September, 5 km nördlich von Balmaha am Rand des Rowardennan Forest, direkt am Seeufer gelegen.

Wenn Sie nach Inverbeg übergesetzt haben, haben Sie folgende Anschlußmöglichkeiten: entweder direkt an Etappe 45 Richtung Glasgow, oder über die geradeaus durch das Glen Douglas führende Nebenstraße nach Craggan zur Etappe 46 nach Inveraray, oder Sie fahren auf der A82(T) rechts weiter nach **Tarbet** (= Etappe 45 in umgekehrter Richtung), dem Etappenziel. Im Sommer ist Tarbet einer der Haltepunkte der Ausflugsdampfer über den See.
<u>Jugendherberge:</u> Inverbeg, Tel. (043686), 50 Betten, geöffnet April-Oktober, einfache Herberge etwas abseits der A82(T).
<u>Camping:</u> unregistrierter Platz am See in Inverbeg.

Zwischen Whisky und Nordseeöl: die Highlands.

Nördlich des schottischen Industriegürtels der Lowlands erstreckt sich über etwa die Hälfte der Fläche Schottlands das Hochland. Der Eindruck geographischer Einheit dieser Region täuscht jedoch: faktisch wird das Hochland durch das Great Glen, das Tal von Inverness über Loch Ness und Loch Lochy bis Fort William, nicht nur topographisch, sondern auch wirtschaftlich und kulturell deutlich geteilt.

Südöstlich dieser Linie liegen die umfangreichen Berggebiete Schottlands mit dem Ben Nevis bei Fort William als höchstem Gipfel Großbritanniens. Diese Region ist es gleichzeitig, die die Mehrzahl der Schottlandbesucher anzieht: die Standardroute führt von Edinburgh über Stirling durch die Grampian Mountains, evtl. mit einem Abstecher nach Aberdeen, bis Inverness, fügt allenfalls einen Ausflug nach Ullapool ein und kehrt über Fort William und Glen Coe zurück nach Edinburgh. Diese Route orientiert sich an zwei Kriterien: autogerechte Straßen mit mittleren Distanzen und viele konventionelle Sehenswürdigkeiten an der Strecke. Sie ignoriert beträchtliche Steigungen und beurteilt die Steilheit von Bergen nach der Enge der Serpentinenkurven, setzt schmale Straßen mit ungeeigneten Straßen gleich und vernachlässigt alles, das abseits der beschilderten Strecke liegt. Kurz: diese Standardroute ist für Fahrradtouristen denkbar ungeeignet. Glücklicherweise gibt es nördlich der

Spitzen der Grampian Mountains genügend Ausweichmöglichkeiten auf fahrradfreundliche Nebenstraßen, aber eine Überquerung des Bergmassivs unmittelbar nördlich der Lowlands, also über Pitlochry, Braemar oder Crianlarich, ist nur auf breit ausgebauten Fernstraßen möglich.

Erst danach beginnt abseits der Hauptstraßen das Fahrradreise-Paradies auf kleinen, ruhigen Nebenstraßen, auf denen sich per Rad jeder Zielort besser erreichen läßt als auf den höhennivellierten Hauptstrecken.

Im östlichen Hochland gibt es nördlich des Dee-Tales ausreichend solche fahrradfreundlichen Nebenstrecken, die von den Etappenbeschreibungen dieses Buches extensiv genutzt werden. Im zentralen Hochland ist das zwar problematischer, da aber die Verkehrsströme dort geringer sind, stellt sich die Frage auch weniger. Zudem gibt es vereinzelt Möglichkeiten, in einige der schönsten Regionen mit Querverbindungen per Eisenbahn oder Personen-/Fahrradfähre vorzudringen, die Autotouristen verschlossen sind (s. Etappe 21 Stirling-Tarbet bzw. Variante bei Etappe 20 via Rannoch).

Nordwestlich des Great Glen verändert sich die Situation grundsätzlich: es gibt nur noch wenige Straßen, zu denen selten Alternativen bestehen, gleichzeitig werden alle Strecken schmaler, gewundener, abwechslungsreicher, also fahrradgerechter, während die Infrastruktur stetig weitmaschiger wird. Wer im äußersten nordwestlichen Hochland unterwegs und nicht aufgrund seiner Ausrüstung in Bezug auf Übernachtung und Verpflegung autark ist, muß frühzeitig für das Dach über'm Kopf, die leiblichen Genüsse und (Fahrrad-)Ersatzteile vorsorgen. Die Einsamkeit, die automobilen Touristen erst bei einer Panne bewußt wird, sorgt bei Fahrradreisenden schon beim stundenlangen Durchfahren weitgehend menschenleerer Gebiete für das Bewußtsein evtl. mangelhafter Ausrüstung.

Mit entsprechender Vorsorge gehören die nordwestlichen Highlands aber zu den intensivsten, positivsten Erlebnissen einer Schottland-Fahrradreise. Nirgendwo ist das Erfahren der Natur so eindringlich wie hier, nirgends ist die Belästigung durch Auspuffgase und knatternde Motoren so selten; unschlagbar sind die Qualitäten der Streckenführung auf "naturbelassenen" Straßen fernab moderner Fernstraßenplanungen.

Ein wenig Routen-Planung ist hingegen vonnöten, denn frühzeitig werden die Richtlinien gesetzt für einen sinnvollen Reiseverlauf. Wer über Glasgow gen Norden fährt, sollte sich möglichst weit westlich halten. Wer das südöstliche Hochland durchradelt, kommt ab Inverness ohne kräftezehrende Gegenwindstrecke nicht mehr zur Westküste. Es gibt jedoch diverse Möglichkeiten, mit Hilfe von Eisenbahnstrecken und/oder Fähren der Straßenplanung ein Schnippchen zu schlagen und auf elegante Weise zum Ziel der Wünsche vorzudringen. Die wichtigsten dieser Varianten sind bereits in der Etappen-Übersichtskarte angedeutet und in den entsprechenden Beschreibungen ausgeführt.

Etappe 22:
Pitlochry - Dalwhinnie - Kingussie - Aviemore - Carrbridge (100 km)

Nordwärts ins Spey Valley Richtung Inverness. Anschluß ist außerdem Rchtg. Fort William möglich, aber für diesen Fall ist die in Etappe 20 beschriebene Variante über Rannoch (Eisenbahn) empfehlenswerter.

Die Etappe beginnt in Pitlochry auf der A9(T), die leider für weite Teile der Strecke benutzt werden muß. Teilweise werden aber alte Straßenführungen befahren, z.B. schon kurz hinter Kingussie die westlich parallel verlaufende Straße (westlich der Eisenbahnlinie). Beim Paß von Killicrankie trifft diese jedoch wieder auf die A9, und bis hinter den Drumochter Paß gibt es keine Ausweichmöglichkeit von der Hauptstraße mehr. Ca. 10 km nördlich von Pitlochry kommen Sie an **Blair Castle** vorbei, dessen Besitzer sich vergeblich bemühen, mit dem Etikett "meistbesuchtes Herrenhaus Großbritanniens" Touristen zu vergraulen: kaum jemand läßt auf der Standardroute nach Inverness das Schloß rechts liegen. Der Duke of Atholl, dem das weiße Schloß gehört, macht das Beste daraus und erlaubt gegen entsprechendes Entgelt von Ende April bis Mitte Oktober täglich 10-18 h (sonntags ab 14 h) Besuchern den Zutritt in die 32 öffentlich zugänglichen Räume seiner Residenz. Und jeweils Ende Mai trommelt der Herzog die "Atholl Highlanders" zum Zapfenstreich zusammen: die sind dank eines königlichen Privilegs von 1845 die einzige Privatarmee des Vereinigten Königreichs und bestehen fast ausschließlich aus Angestellten des Dukes.
Camping: Blair Castle Caravan Park, Tel. (079681) 263, 100 Zeltstandplätze (teuer), Waschmaschine, geöffnet April-Anfang Oktober, in Blair Atholl; River Tilt Caravan Park, Bridge of Tilt, Tel. (079681) 467, 35 Standplätze, Waschmaschine, ganzjährig geöffnet (hauptsächlich Dauercamper), nördlich von Blair Atholl an einer Nebenstraße.

Von nun an geht's bergauf: hinauf zum Pass of Drumochter; die A9(T) ist auf der Steigungsstrecke größtenteils zum Dual Carriageway ausgebaut. Diese Bergüberquerung ist sehr langgezogen, erst etwa 60 km von Pitlochry entfernt ist die Kuppe erreicht. Dann geht es wieder hinab; die erste links abzweigende Straße, die A889 Rchtg. Fort William, bringt Sie in das Örtchen **Dalwhinnie** (Eisenbahnstation). Nach der Überquerung der Eisenbahnlinie biegen Sie rechts ab auf eine parallel zu Eisenbahn und A9 verlaufende Nebenstraße, die durch das Glen Truim vorbei am Crubenmore Lodge zurück zur A9 führt, die bei Etteridge erreicht wird. Von dort geht es hinab ins Tal des River Spey.

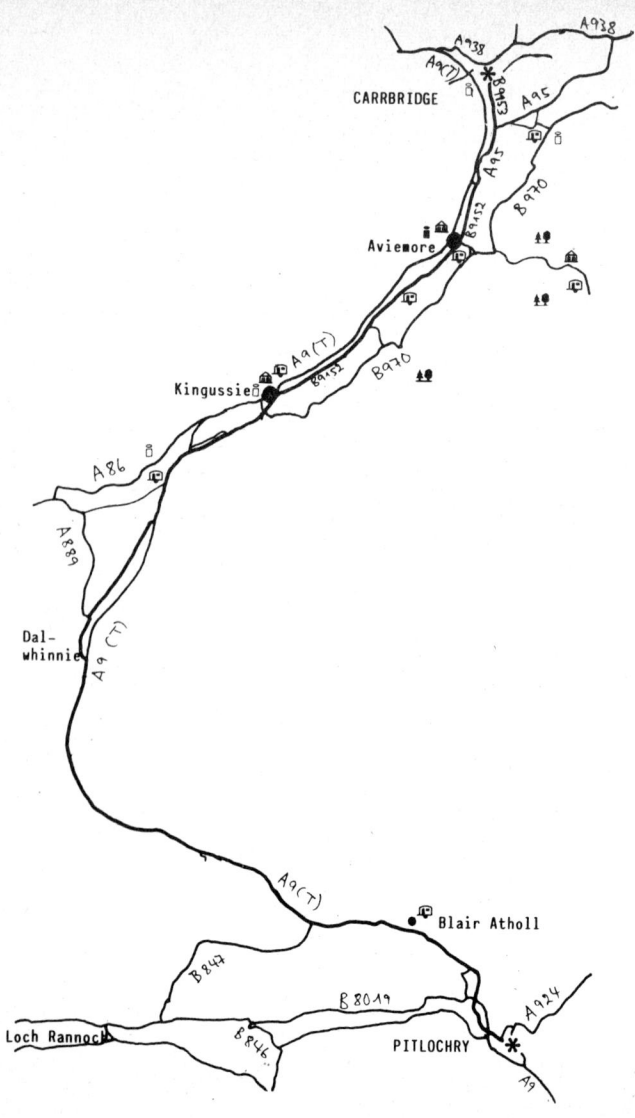

CARRBRIDGE

Aviemore

Kingussie

Dal-
whinnie

Blair Atholl

Loch Rannoch

PITLOCHRY

A938
A9(T)
A95
B9153
B970
B9152
B9152
A9(T)
A86
A889
A9(T)
A9(T)
B847
B8019
B846
A924
A9

Das **Spey Valley** ist eine jener Gegenden Schottlands, die der Massentourismus voll und ganz erobert hat. Die Städte des Tales sind seit über hundert Jahren stetig zu Urlaubsorten ausgebaut worden, in denen sowohl im Winter (Skilaufen) als auch im Sommer viel Trubel herrscht. Die hintereinander aufgereihten Touristenattraktionen zeigen deutlich die wirtschaftliche Orientierung der Region. In **Kingussie**, der ersten Stadt, die die A9(T) erreicht, gibt es das Highland Folk Museum, ein volkskundliches Museum mit einer Freilichtabteilung. In **Kincraig**, 5 km weiter, kann der Highland Wildlife Park besucht werden, ein Tierpark mit den Spezies, die früher im Hochland ansässig waren. In **Aviemore** ist das eigentliche touristische Zentrum des Tales erreicht; um auch außerhalb der Wintermonate, die für die nahen Cairngorm Mountains skifahrende Gäste bringen, "etwas bieten" zu können, haben irregeleitete Planer die Stadt mit gleich zwei Obskuritäten beglückt: dem Aviemore Centre, einem Freizeitzentrum mit allen denkbaren Vergnügungseinrichtungen, und dem Santa Claus Land Theme Park (!), wo der Weihnachtsmann ganzjährig im Einsatz ist. Seriöser und interessanter wird es dann wieder in **Boat of Garten** (s. Etappe 33) mit der dortigen Museumseisenbahn und am Etappenende, **Carrbridge**, wo das Landmark Visitors Centre einen Einblick in das Hochlandleben geben will. Aber auch ansonsten gibt es noch einiges zu sehen, wie diverse Burgruinen und Brücken (z.B. von 1717 in Carrbridge), Kirchen und das Whiskymuseum in Inverdruie bei Aviemore, nicht zu vergessen die wirklich attraktive Natur rings herum.

Information: Main Road, Aviemore, Tel. (0479) 810363 (24-Stunden-Service), ganzjährig geöffnet; saisonale Büros in Newtonmore, Kingussie, Boat of Garten und Carrbridge.

Verkehrsverbindungen: Eisenbahnhauptstrecke Perth-Inverness mit Stationen in Newtonmore, Kingussie, Aviemore und Carrbridge; Museumseisenbahn von Aviemore nach Boat of Garten (s. Etappe 33).

Jugendherbergen: Viewmount, Kingussie, Tel. (05402) 506, 66 Betten, Fahrradverleih, geöffnet April-September; Aviemore, Tel. (0479) 810345, 92 Betten, Fahrradverleih, nur Oktober-Mitte November geschlossen; Loch Morlich, Glenmore, Tel. (047986) 238, 92 Betten, nur Mitte November-Weihnachten geschlossen, 10 km östlich von Aviemore am Loch Morlich, Vorbuchung oder frühzeitiges Erscheinen sinnvoll, da unmittelbar am Cairngorm.

Camping: Invernahon Caravan Park, Newtonmore, Tel. (05403) 534221, 30 Standplätze, geöffnet April-September, 5 km südlich von Newtonmore; Kingussie Golf Club, Gynack Road, Kingussie, Tel. (05402) 600374, 10 Standplätze, geöffnet April-September; Campgrounds of

Scotland, Coylumbridge, Tel. (0479) 810120, 20 Zeltstandplätze, nur im November geschlossen, südlich von Aviemore an der B970; Dalraddy Caravan Park, Tel. (0479) 810330, 150 Zeltstandplätze, im November geschlossen, 5 km südlich von Aviemore an der B9152; Speyside Caravan Park, Aviemore, Tel. (0479) 810236, 54 Standplätze, Waschmaschine, im November geschlossen, am Südrand des Ortes; Glenmore Forest Park, Tel. (047986) 271, 170 Zeltstandplätze, Waschmaschine, ganzjährig geöffnet, am Südufer von Loch Morlich, über die Straße zur JH zu erreichen; Campgrounds of Scotland, Boat of Garten, Tel. (047983) 652, 30 Zeltstandplätze, im November geschlossen, im Dorf.
Fahrräder: The Bike Shop (CTC-empfohlen), Upper Decosse Building, Grampian Road North, Aviemore, Tel. (0479) 810293; Vermietung (mit Gangschaltung, auch Rucksäcke etc.) bei Highland Guides, Inverdruie (bei Aviemore), Tel. (0479) 810729; Cairdsport, Aviemore Centre, Tel. (0479) 810296; Speyside Caravan Park, Aviemore (s.o.); Kinchyle House, Carrbridge, Tel. (047984) 243.

Die Strecke durch das Spey Valley fahren Sie entweder ab Kingussie auf der B9152 parallel zur A9(T) bis hinter Aviemore, dort nahtlos geradeaus weiter auf der A95 bis hinter Kinveachy, dort geradeaus von der Hauptstraße hinunter auf die B9153 nach Carrbridge. Oder vor Kingussie auf die B970 ausweichen bis Boat of Garten und entsprechend Etappe 33 (s. dort) bis Carrbridge.

Etappe 23:
Dundee - Arbroath - Montrose - Laurencekirk - Stonehaven (73 km)

Die Küstenstrecke Richtung Aberdeen, für die es keine sinnvollen Alternativen zu der Hauptstraßenbenutzung gibt. Eine etwas nördlicher geführte Variante ist Etappe 24.
Die Etappe beginnt in Dundee auf der A92, die geradewegs nach **Arbroath** führt. Das ist der sonnenreichste Ort Schottlands, wenn man den Statistikern glauben darf. Dementsprechend ist der etwa 15000 Einwohner zählende Fischereihafen auch ein beliebter Urlaubsort geworden. Wahrzeichen der Stadt ist die Abteiruine, ein Bau aus rotem Sandstein in wildgemischten Baustilen, die zu den üblichen Zeiten besichtigt werden kann.
Information: Market Place, Tel. (0241) 72609 & 76680, ganzjährig.
Verkehrsverbindungen: Eisenbahnstrecke Dundee - Aberdeen.
Fahrräder: T. Clark, 274 High Street, Tel. (0241) 73467; Greenhill Cycles (CTC-empfohlen), 8 Lochlands Street, Tel. (0241) 73028.
Waschsalon: East-Angus Co-Op, Arbirlot Road, Tel. (0241) 77705.

Von Arbroath aus führt die A92 geradewegs weiter zum etwa 22 km entfernten Städtchen **Montrose**, einem weiteren beliebten Ferienort und Nordseehafen. Beim alten Rathaus der Stadt aus dem 18. Jahrhundert gibt es ein Heimatmuseum.

Information: 212 High Street, Tel. (0674) 72000, ganzjährig geöffnet.
Verkehrsverbindungen: Eisenbahnhauptstrecke Dundee - Aberdeen.
Fahrräder: Ian L. Thompson (CTC-empfohlen), 17 Castle Place, Tel. 73612.
Waschsalons: 66 New Wynd, Tel. 72380; 84 Castle Street, Tel. 74523.

Bei der Weiterfahrt bewegen Sie sich auf der A937 in Richtung Binnenland und stoßen bei Laurencekirk auf die Hauptstraße A94 nach Stonehaven. Alternativ können Sie allerdings auch auf der A92 bleiben. Im Gegensatz zur Markierung der O.S.-Karte hat Laurencekirk mittlerweile eine südliche Stadtumgehung, so daß Sie bei Benutzung der Hauptstraße nicht durch den Ort kommen. Welche Strecke Sie auch wählen, Sie müssen stets mit recht viel Verkehr rechnen.

Stonehaven, 7000 Einwohner, Grampian Region (Kincardineshire), hat durch seine relative Nähe zur Öl-Boom-Stadt Aberdeen in den letzten Jahren ein paar Scheiben vom wirtschaftlichen Kuchen mitbekommen, ist im übrigen aber lediglich eine kleine Hafen- und Urlaubsstadt. Ältestes Gebäude der Stadt ist das Tolbooth von 1620 am Hafen, in dem ein Museum untergebracht ist. Etwa 3 km südlich von Stonehaven steht auf einem Felsen das Dunnottar Castle, von der A92 aus zu erreichen, eine zu ihrer Zeit uneinnehmbare Burg.

Information: Market Square, Tel. (0569) 62806, Mai-September.
Verkehrsverbindungen: Eisenbahnhauptstrecke Dundee - Aberdeen.
Camping: Queen Elizabeth Caravan Park, Viewmount, Arduthie Road, Tel. (0569) 64041 & 62001 ext. 21, 34 Standplätze, geöffnet April-Oktober.

Etappe 24:
Dundee - Glamis - Forfar - Brechin - Edzell - Stonehaven (87 km)

Eine Strecke, die zu etwa einem Drittel auf der vielbefahrenen Hauptstraße A94 verläuft.
Sie beginnt in Dundee auf der nordwärts führenden A929(T) Rchtg. Forfar, die nach etwa 5 km links auf die A928 nach **Glamis** verlassen wird. Dieses Dorf hat mit gleich zwei Einrichtungen am schottischen Tourismus regen Anteil: dem Glamis Castle und dem Angus Folk Museum. Das Castle ist im 17. Jahrhundert aus älteren Bestandteilen im Baronialstil errichtet worden und somit ein Vorläufer und Vorbild für die Modebauten

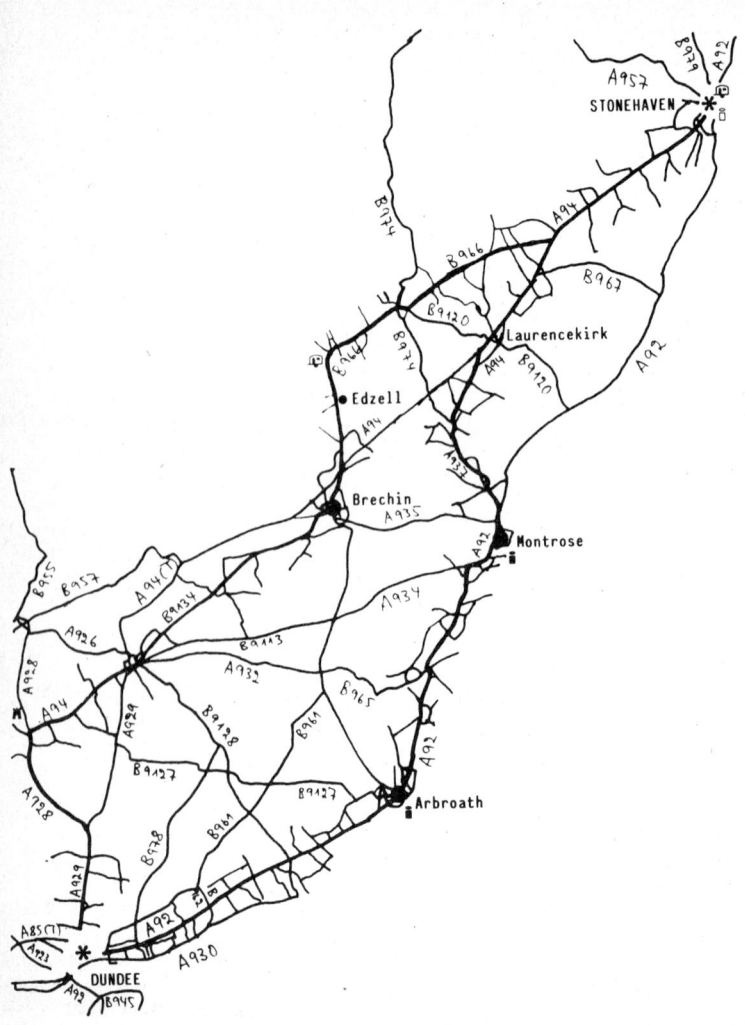

des 19. Jahrhunderts. Was wie eine Ritterfilmkulisse aussieht, kann Mai-September täglich außer samstags jeweils 13-17 h besichtigt werden; die Parkanlagen sind auch unabhängig vom Schloß zugänglich. Nach Glamis Castle hatte Shakespeare übrigens sein Macbeth-Drama verlegt. Im gleichnamigen Dorf unterhält der National Trust das Volkskundemuseum der Region Angus, untergebracht in sechs Cottages aus dem frühen 19. Jahrhundert und zu besichtigen Mai-September täglich 12-17 h (Eintritt 80 p).

Von Glamis aus nehmen Sie die A94, die hier noch nicht den Massenverkehr Dundee-Aberdeen zu bewältigen hat, nach **Forfar**, der benachbarten Marktstadt. Zum Entsetzen mancher kirchentreuer Schotten wird hier seit dem 16. Jahrhundert der Wochenmarkt sonntags (!) abgehalten. Fahren Sie geradeaus durch die Stadt hindurch und auf der B9134 weiter nach **Brechin**, einem alten Städtchen am South Esk River. Die Kathedrale der Stadt aus dem 12. Jahrhundert ist im 19. Jahrhundert erneuert worden; in der Nähe steht einer der in Schottland eher seltenen keltischen Rundtürme, der eta 1000 Jahre alt ist. Das örtliche Castle stammt in seiner heutigen Form aus dem 18. Jahrhundert.

Ab Brechin nehmen Sie die B966 über die A94(T) hinweg und kommen nach wenigen Kilometern durch **Edzell**, ein hübsches, gut erhaltenes Dorf, in dessen Nähe das gleichnamige Castle steht, dessen schöner Renaissancegarten mit den Burgresten täglich außer dienstags 9.30-19.00 für 50 p zugänglich ist, donnerstags und sonntags erst nachmittags. Außerdem gibt es beim Ort ein kleines volkskundliches Museum ("The Retreat"), geöffnet Juni-September täglich 12-18 h, Eintritt 50 p.
Camping: Glenesk Caravan Site, Tel. (03564) 565, April-Oktober.

Die Strecke führt auf der B966 durch Fettercairn und weiter über die Ausläufer der Hügel, bis diese Straße ca. 13 km vor Stonehaven auf die A94(T) stößt. Die letzten Kilometer müssen Sie schließlich auf der A94(T) radeln, um nach **Stonehaven** (s. Etappe 23) zu gelangen.

Etappe 25:
Glen Shee - Braemar - Ballater - Banchory (100 km)

Über den höchsten Straßenpunkt Großbritanniens nach "Royal Deeside". Die Etappe beginnt im Tal von Glen Shee als Anschluß an Etappe 18 und führt auf der A93 die berühmte Paßstraße "Devil's Elbow" hinauf. Die Spitze dieser Paßstraße, die beachtliche Steigungen aufweist, ist der höchste Punkt, den man auf einer Straße der britischen Inseln erreichen kann. Nach gut 30 km Fahrt durch eine faszinierende Berglandschaft kommen Sie in Braemar ins Tal des River Dee. Etwa 4 km vor Braemar können Sie dabei links auf eine Nebenstraße ausweichen, die auf der anderen Seite des Clunie Water ins Tal hinab führt.

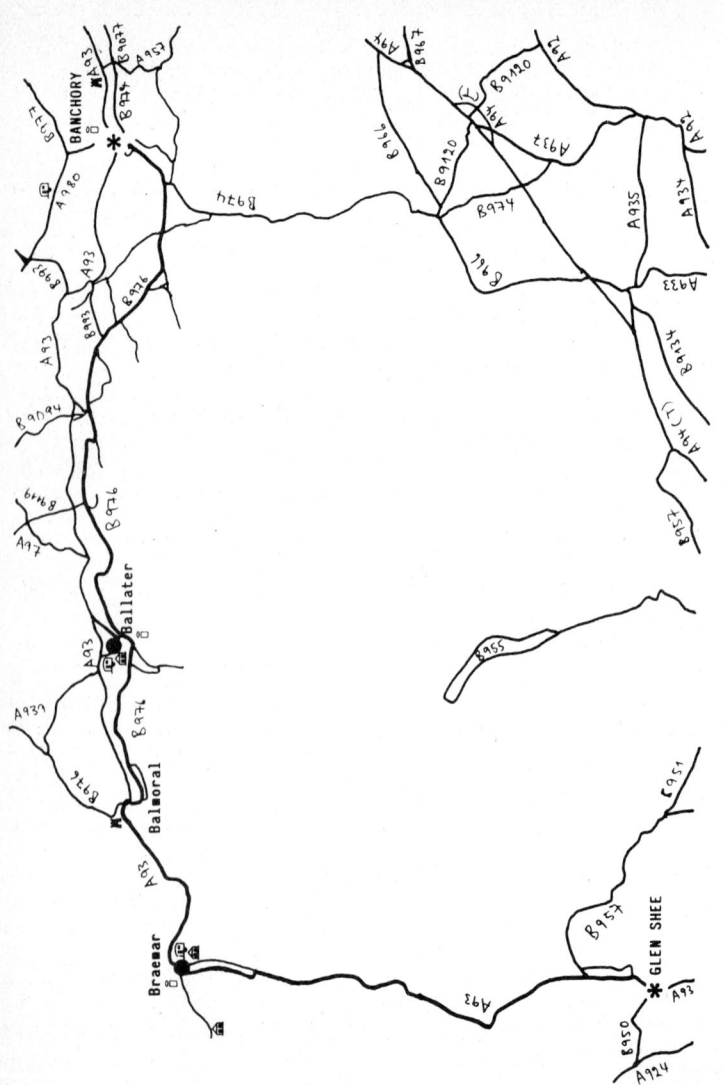

148

Braemar, 800 Einwohner, Grampian Region (Aberdeenshire) ist der Anfang von "Royal Deeside", so benannt aufgrund des Umstandes, das seit über hundert Jahren die britische Königsfamilie im Tal des River Dee ihre Sommerferien verbringt. Es ist in der Tat eine äußerst sehenswerte Angelegenheit, leider in der Hauptsaison aber völlig überlaufen. Braemar selbst hat ein Castle, ein Cottage, in dem Stevenson die "Schatzinsel" schrieb , ein Kunsthandwerkszentrum und - auf der nördlichen Flußseite - Invercauld House, ein im 15. Jahrhundert begonnenes Herrenhaus. Das wichtigste Ereignis in Braemar ist das Royal Highland Gathering, die berühmtesten aller schottischen Hochlandspiele, jährlich am ersten Septemberwochenende abgehalten und außer mit über 20000 Zuschauern mit der Anwesenheit der königlichen Familie "aufgewertet". Dementsprechend sollte man sich an diesem Wochenende, falls man am Rummel teilnehmen möchte, nur mit vorbestellten Quartieren ins Deetal wagen! Auch Campingmöglichkeiten - selbst Wildcampen - sind spontan dann nicht möglich.

Information: Balnellan Road, Tel. (03383) 600, Mai-Oktober.

Jugendherbergen: Corrie Feragie, Glenshee Road, Braemar, Tel. (03383) 659, 78 Betten, nur Oktober-Weihnachten geschlossen, am südöstlichen Ortsrand; Inverey Hostel, kein Telefon, 18 Betten, kein Lebensmittelverkauf, geöffnet Mitte Juni-Anfang September, winzige, spartanische Herberge etwa 7 km westlich von Braemar.

Camping: Invercauld Caravan Club Site, Glenshee Road, Tel. (03383) 373, 75 Standplätze, geöffnet April-September.

Fahrräder: Grant's Garage (Verleih & Reparatur), Tel. (03383) 210.

Fahren Sie weiter auf der A93 durch das Tal des River Dee. Nach etwa 15 km kommen Sie am Sommersitz der königlichen Familie, **Balmoral Castle**, vorbei, dem Musterbeispiel des viktorianischen Baronialstils - Zinnen, Türmchen und Treppengiebel, soweit das Auge blickt. Das Castle dient nach wie vor ausschließlich als Privathaus, während die Parkanlagen bei Abwesenheit der Blaublütler zugänglich sind; Erkennungszeichen: bei aufgezogener Fahne ist der Zutritt verboten. In der Nähe des Schlosses befindet sich mit der Crathie Church ein hübscher Kontrast zur Schnörkelpracht des Schlosses; in den Sommermonaten frequentiert die Königsfamilie diese Kirche zum Sonntagsgottesdienst, was entsprechend viele Fotofreunde und Repräsentanten der Regenbogenpresse anlockt. In Höhe der Kirche verlassen Sie die A93, kreuzen den River Dee und fahren auf der anderen Flußseite auf der B976 weiter nach **Ballater**, einen populären Ferienort, in dem Sie Anschluß an Etappe 32 Rchtg. Inverness bekommen können.

Information: Station Square, Tel. (0338) 55306, Mai-Oktober geöffnet.
Jugendherberge: Deebank Road, Tel. (0338) 55227, 40 Betten, geöffnet
Ende März-September, einfaches Haus in Flußnähe beim Campingplatz.
Camping: Ballater Caravan Site, Tel. (0338) 55727, 24 Standplätze,
Waschmaschine, geöffnet April-Oktober, am Nordufer des River Dee.
Fahrräder : Cycle Repairers, Station Square, Tel. (0338) 55343.

Bleiben Sie auf der weniger befahrenen Südseite des River Dee und fahren
auf der B976 entlang der Hügelausläufer geradewegs bis Banchory, dem
Etappenziel; etwa 5 km vor der Stadt ist diese Straße mit der B974
vereint.

Banchory,   4000 Einwohner,   Grampian Region (Kincardineshire),
schließt den Reigen der Ferienorte an dieser Strecke. Etwa 5 km östlich an der A93 (ggf. auch bei der Weiterfahrt bis dort zu benutzen)
befindet sich eine der schönsten Schloßpark-Anlagen des Deetals,
Crathes Castle aus dem 16. Jahrhundert. Der Besitz befindet sich
heute in Obhut des National Trust, der u.a. die Stallanlagen zu
einer Unterkunft für Jugendgruppen u.ä. ausgebaut hat. Der Park ist
ganzjährig 9.30 h-Sonnenuntergang zugänglich, das Schloß Mai-September 11-18 h, sonntags ab 14 h, Eintritt £ 1,10 (Parkanlagen Mai-
September 60 p, sonst gegen freiwillige Spende). Ein weiteres Schloß
des National Trust ist Drum Castle, auf halbem Weg nach Aberdeen
nördlich der A93 und somit abseits der in Etappe 26 empfohlenen
Strecke gelegen. Es ist ein befestigter Turmbau aus dem 13. Jahrhundert, der später mehrfach ergänzt wurde. Der dazugehörige Park ist
ganzjährig gegen Spende bis Sonnenuntergang zu durchwandeln, das
Schloß erfordert die üblichen £ 1,10 Eintritt (geöffnet Mai-Septem-
ber täglich 14-18 h).
Information: Dee Street Car Park, Tel. (03302) 2000, Mai-September.
Camping: Campfield Caravan Site, Glassel, Tel. (033982) 250, 10
Zeltstandplätze, geöffnet Mai-September, 6 km nordwestlich an der
A980; ansonsten nur Caravanplätze ohne Zeltmöglichkeit.

Etappe 26:
Banchory - Maryculter - Aberdeen (30 km)

Die Anschlußstrecke in die "Hauptstadt" des schottischen Ölbooms.
Sie beginnt in Banchory auf der B974, kreuzt die A957 und führt geradeaus auf der B9077 weiter bis Aberdeen, das am südlichen Stadtrand
unmittelbar an der Dee-Brücke aus dem 16. Jahrhundert erreicht wird
(South Deeside Road; in Gegenrichtung: A92 aus Aberdeen nach Süden,
rechts in Anderson Drive einbiegen und gleich wieder links auf die South
Deeside Road).

Aberdeen, 200000 Einwohner, Grampian Region (Aberdeenshire), ist die drittgrößte Stadt Schottlands und dank der Etablierung der Ölförder-Verwaltung und -Versorgung eine der florierendsten Städte Großbritanniens. Auch die Arbeitslosenrate ist weniger hoch als im Rest des Landes, obwohl die meisten Öl-Arbeitsplätze von zugereisten Spezialisten eingenommen werden. Aberdeen ist eine alte Stadt, die darauf stolz ist, ihre Stadtgeschichte fast lückenlos seit dem 12. Jahrhundert mit Dokumenten belegen zu können, angefangen mit der Stadtrechtsurkunde von 1179. Das Stadtbild beherrschen aber keine mittelalterlichen Gebäude, sondern die im 18. und 19. Jahrhundert errichteten zahlreichen Granitbauten. Granit wurde in der Umgebung Aberdeens seit mehreren hundert Jahren abgebaut und in alle Welt exportiert; erst vor etwa 20 Jahren schloß das letzte Bergwerk wegen Unrentabilität. Aus dem widerstandsfähigen heimischen Baustoff wurden die meisten Gebäude der Innenstadt errichtet, was Aberdeen den Titel der granitenen Stadt eintrug. Das silberne Glitzern dieses Werkstoffs im Sonnenlicht inspirierte Lokalpatrioten zur Variante "Silberne Stadt"; bei Regen löst sich der gute Eindruck allerdings in Richtung grau in grau auf. Das imposanteste der Granitgebäude ist zweifellos das Marischal College der Universität, aber auch das alte Rathaus (Town House) ist sehenswert. Zu den älteren Bauten zählen das Provost Ross's House in der Shiprow von 1593, das heute dem National Trust gehört und ein gratis (ganzjährig mo-sa 10-17 h) zugängliches Maritimes Museum enthält, das Provost's Skene House von 1545 am Fuße des neuen Rathauses und die St. Marchar's Cathedral aus dem 14./15. Jahrhundert im nördlichen Vorort Old Aberdeen. Wer lieber etwas mehr Leben um sich haben möchte, dürfte auf dem Fischmarkt (mo-fr jeweils 7.30-9.30) in der South Market Street (in Bahnhofsnähe) oder auf dem Flohmarkt (freitags 8-13 h) am Castle Gate Market besser aufgehoben sein. Übrigens ist Aberdeen für verregnete Sonntage nicht als Aufenthaltsort zu empfehlen: die sehenswerten Gebäude sind dann allesamt geschlossen.

Information: St. Nicholas House, Broad Street, Tel. (0224) 632727, ganzjährig; Kiosk am Bahnhof, ganzjährig; Caravan an der A92 aus Rchtg. Stonehaven (Sommer).

Verkehrsverbindungen: Eisenbahn in Richtung Dundee und Inverness; Flugplatz (nordwestlich) mit regem Binnenverkehr und größtem Helikopterflugplatz der Welt.

Jugendherberge: King George VI Memorial Hostel, 8 Queens Road, Tel. (0224) 646988, 122 Betten, Juli/August auch Mahlzeiten, nur Anfang Januar bis Mitte Februar geschlossen, an der A944 Rchtng. Alford westlich des Stadtzentrums.

Camping: Garthdee Caravan Club Site, Garthdee Road, 30 Zeltstandplätze, Waschmaschine, geöffnet Mai-September, südwestlich der Stadt
abseits der A93; Hazlehead Caravan Site, Tel. (0224) 23456, 30 Zeltstandplätze, Waschmaschine, geöffnet April-September, 3 km westlich
der Stadt an der A944.
Fahrräder (CTC-empfohlen): Cycle Centre, 188 King Street, Tel.
(0224) 24542; J. Anderson, 46-52 Rosemount Viaduct, Tel. (0224)
641520.

Etappe 27:
Banchory - Howe of Alford (35 km)

Der erste Teil der Strecke Richtung Elgin und Inverness auf einer weniger bergigen Strecke als Etappe 32 (Ballater-Tomintoul).

Für die Etappe wird durchgehend die A980 benutzt, die vorbei an Campfield (Campingplatz s. Banchory, Etappe 25) nach Nordwesten führt. Hinter Lumphanon fahren Sie einen Berg hinauf und kommen bei Kintocher am
Craigievar Castle vorbei, einem Beispiel gemäßigten Baronialstils aus
dem 17. Jahrhundert mit Renaissance-Innenausstattung, das heute dem
National Trust gehört. Die zugehörigen Parkanlagen sind ganzjährig und
gratis zugänglich, das Schloß nur Mai-September sa-do 14-18 h, Eintritt
£ 1,30.
In **Alford**, am Etappenende (Anschluß Etappe 31) gibt es zwei interessante und preisgekrönte technische Sehenswürdigkeiten, nämlich das Grampian Transport Museum mit Abteilungen für Straße und Schiene (geöffnet
täglich April-September) und die vom Eisenbahnmuseum zu einem Park führende einzige Schmalspureisenbahn des schottischen "Festlands" (in Betrieb Juni-August täglich, April/Mai/September nur am Wochenende).
Information: Im Eisenbahnmuseum, Tel. (0336) 2052, Mai-September.
Camping: Haughton House Caravan Park, Mountgarrie Road, Tel. (0336)
2107, 62 Zeltstandplätze, Waschmaschine, geöffnet März-Oktober, teurer
Komfortplatz mit allen Schikanen, automobilklub-prämiert.

Etappe 28:
Stonehaven - Maryculter - Aberdeen (30 km)

Zur Vermeiden der Hauptstraße A92(T) (Dual Carriageway) benutzt diese
Etappe ab Stonehaven die B979 nach Norden, die am nördlichen Stadtrand
von Stonehaven von der A92 abzweigt. Bei Maryculter gelangen Sie ins Tal
des River Dee.

Kartenskizze Etappen 26-29

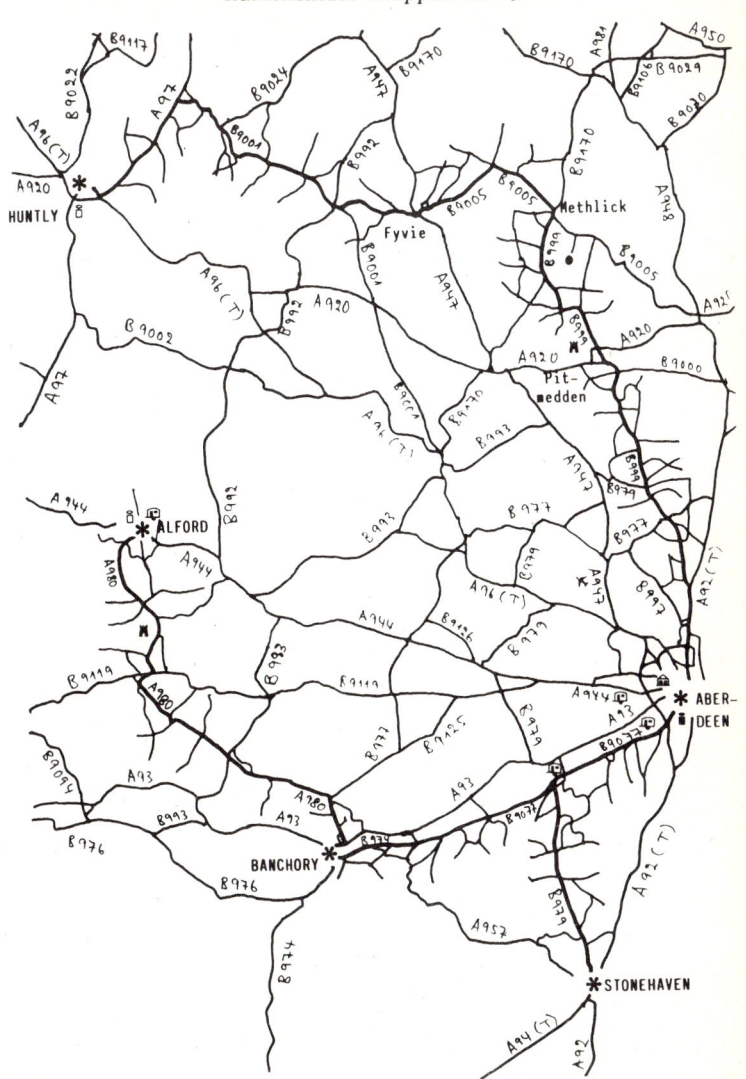

<u>Camping:</u> Lower Deeside Caravan Park, Tel. (0224) 733860, 30 Zeltstand-
plätze, Waschmaschine, geöffnet April-Oktober, am River Dee.

Bei Maryculter trifft die Strecke auf die B9077, die Sie rechts geradewegs nach **Aberdeen** (s. Etappe 26) bringt.

Etappe 29:
Aberdeen - Pitmedden - Methlick - Fyvie - Gordonstown - Bogniebrae -
Huntly (83 km)

Durch sanft hügeliges Gebiet im Bogen Richtung Inverness. Diese Etappe
läßt die einförmigen Städte der Nordostküste absichtlich rechts liegen.
Es gibt aber im gesamten Streckenverlauf weder Jugendherberge noch re-
gistrierte Campingplätze.
Die Strecke beginnt in Aberdeen auf der A92(T) Rchtg. Peterhead, die
zuerst den River Don überquert und dann durch den Vorort Bridge of Don
führt. Danach biegt von der Hauptstraße die B999 links ab und führt
geradewegs nach **Pitmedden.** Bei diesem Ort befinden sich die gleichnamigen Gartenanlagen aus dem 17. Jahrhundert, ergänzt durch allerlei Aus-
stellungen zu formalen ("französischen") Gärten, Ackerbau und zum bäu-
erlichen Leben der Region. Während der Öffnungszeiten der Ausstellun-
gen (Mai-September täglich 11-18 h) beträgt der Eintrittspreis £ 1,05,
ansonsten sind die Parks ganzjährig und täglich bis Sonnenuntergang für
50 p zugänglich.
Bei der Weiterfahrt auf der B999 kommen Sie 1 km nördlich von Pitmedden
an der Zufahrt zum Tolquhon Castle vorbei, das im Sommer täglich 9.30-
19.00 h, sonntags ab 14 h, im Winter kürzer, geöffnet ist (50 p). Nach
weiteren ca. 2 km vollführt die B999 eine scharfe Linkskurve (von hier
aus direkte Zufahrt zum Haddo House, s.u., möglich über geradeaus führende Nebenstraße bis zur B9005, dort links, später erneut links in die
Zufahrt zum Haus), verläuft durch Tarves, knickt scharf rechts ab und
vereinigt sich mit der B9170 nach **Methlick.** Etwa 3 km südöstlich dieses
Örtchens befindet sich ein schönes georgianisches Herrenhaus in Obhut
des National Trust, **Haddo House**, dessen Parks gegen freiwillige Spende
ganzjährig bis Sonnenuntergang betreten werden können; das Haus ist Mai-
September täglich 14-18 h (Eintritt £ 1,30) zu besichtigen.

Nachdem Sie nördlich von Methlick den River Ythan überquert haben, biegen Sie links auf die B9005 nach **Fyvie** ab. Bei diesem Ort befindet sich
eines der schönsten Schlösser der Grampian Region, das erst seit Mai
1986 der Öffentlichkeit zugänglich ist (National Trust). Die ältesten
Teile stammen aus dem 13. Jahrhundert. Von Fyvie wählen Sie die Nebenstraße über Gordonstown (diesen Ortsnamen gibt es in der Gegend mehrere
Male) zur B9001, in die Sie rechts einbiegen. Die Straße führt geradewegs über Badenscoth nach Bogniebrae, wo sie auf die A97 nach Huntly
trifft.

Huntly, 4000 Einwohner, Grampian Region (Aberdeenshire), ist Marktstadt und Bezirkszentrum für das Gebiet von Strathbogie und wegen seiner zentralen Lage im Osten Schottlands ein günstiger Ausgangspunkt für Ausflüge in die Umgebung. Der Stolz der Stadt ist die Ruine von Huntly Castle, einem Renaissanceschloß von etwa 1600, im Norden gelegen und täglich 9.30-19.00 zugänglich, sonntags ab 14 h, im Winter kürzer, Eintritt 50 p.

Information: The Square, Tel. (0466) 2255, Mitte Mai-September.

Verkehrsverbindungen: Eisenbahn nach Inverness und Aberdeen.

Etappe 30:
Huntly - Dufftown - Rothes - Elgin (60 km)

Die Verbindung durch den Moray District (= frühere Grafschaft) zur Küstenstrecke Richtung Inverness. Der Moray District ist jener Teil Schottlands, in dem weltbekannte Whiskybrennereien so dicht beieinander liegen, daß findige Tourismuswerber sie zu einem "Whisky Trail" kombiniert haben. So ist es fast unvermeidlich, daß zwei der Distilleries auch an dieser Etappe liegen.

Die Strecke beginnt in Huntly auf der A920, die auf dem Weg nach Osten fast 200 m Höhenunterschied überwindet. In **Dufftown**, einem Städtchen von etwa 1700 Einwohnern, befindet sich die Glenfiddich Distillery, so benannt nach einem nahe gelegenen Tal, dem das Wasser für die Whiskyherstellung entstammt. Die Brennerei ist die eine von nur zwei existierenden mit eigener Flaschenabfüllung; sie kann ganzjährig besichtigt werden (Mai-September auch am Wochenende), ein Gratisumtrunk gehört natürlich dazu. Es gibt in Dufftown außerdem noch zwei weitere Whiskybrennereien. Glenfiddich liegt an jener Straße, die im Norden des Ortes von der A941 zum Balvenie Castle führt. Die im 13. Jahrhundert begonnene Burg kann mi-sa 9.30-19.00 h, sonntags ab 14 h, für 50 p Eintritt besichtigt werden (im Winter geschlossen). 3 km südöstlich von Dufftown befindet sich die von der A941 aus zugängliche Burgruine von Auchindoun Castle aus dem 15. Jahrhundert auf einem Hügel am River Fiddich; der Besuch ist aber eher etwas für Spaziergänger, da der Weg hinauf in schlechtem Zustand ist und die Ruine wegen Baufälligkeit ohnehin nur von außen betrachtet werden darf.

Information: Clock Tower, Tel. (0340) 20501, in der Sommersaison.

Camping: Aberlour Gardens Caravan Park, Tel. (03405) 586, 20 Zeltstandplätze, Waschmaschine, geöffnet April-Oktober, 6 km nordwestlich.

Die Etappe verläuft weiter auf der A941 geradewegs weiter nach **Rothes,** wo eine weitere Brennerei, die Glen Grant Distillery, Mitte April-Ende

September mo-fr 10-16 h Besucher empfängt.

In Rothes verlassen Sie die A941 und fahren rechts auf der B9015 durch das Tal des River Spey weiter, bis links die B9103 Rchtg. Lossiemouth abzweigt. Auf dieser Straße erreichen Sie die A96(T) etwa 4 km vor Elgin.

Elgin, 20000 Einwohner, Grampian Region (Moray), ist eine alte Bischofsstadt und Verwaltungssitz der früheren Grafschaft. Die Kathedrale, im 14. Jahrhundert von einem übellaunigen Königssohn samt der Stadt bereits einmal abgebrannt und später wieder aufgebaut, zerfiel nach der Reformation sehr stark und diente im 18. Jahrhundert vor allem als "Steinbruch" für neue Gebäude. Die Reste sind zugänglich 9.30-19.00 h, sonntags ab 14 h, im Winter kürzer, für 50 p Eintritt. Vor allem in der High Street sind in Elgin noch einige alte Gebäude aus dem 17. und 18. Jahrhundert erhalten, und auch das örtliche Museum und die Touristeninformation sind hier zu finden. Eine ganze Reihe von teils baufälligen Burgruinen in der Nähe ergänzen den Reigen alter Gemäuer für historisch Interessierte.

Information: 17 High Street, Tel. (0343) 2666 & 3388, ganzjährig.

Verkehrsverbindungen: Eisenbahn nach Inverness und Aberdeen.

Camping: Riverside Caravan Park, West Road, Tel. (0343) 2813, 47 Standplätze, Waschmaschine, geöffnet April-Oktober.

Fahrräder: Halfords, 34 High Street, Tel. (0343) 2593; Junners (CTC-empfohlen), 79 South Street, Tel. (0343) 2492; I. J. Williamson, 7 High Street, Tel. (0343) 49656.

Waschsalons: Bishopmill Launderette, 31 North Street, Tel. (0343) 3670; Monarch Launderette, 47 Lossie Wynd, Tel. (0343) 41386.

Etappe 31:
Howe of Alford - Dufftown - Rothes - Elgin (78 km)

Quer durch die Berge des Districts Strathbogie auf der Strecke Rchtg. Inverness.

Die Etappe beginnt in Howe of Alford auf der A944, die sich anfangs im Tal des River Don zwischen Bergen hindurch schlängelt. Nach ca. 12 km durchfahren Sie den Ort Lumsden und biegen 3 km danach bei einem kleinen Fluß links auf die B9002 ab. Diese Nebenstraße überquert die Ausläufer eines Berggebietes und trifft dann auf die A941, auf der Sie geradewegs **Dufftown** erreichen; ca. 3 km vor diesem Städtchen kommen Sie am Weg zum Auchindoun Castle vorbei. Von dort an entspricht die Streckenführung der Etappe 30 (s. dort), der Sie über **Rothes** nach **Elgin** folgen.

Kartenskizze Etappen 30-32

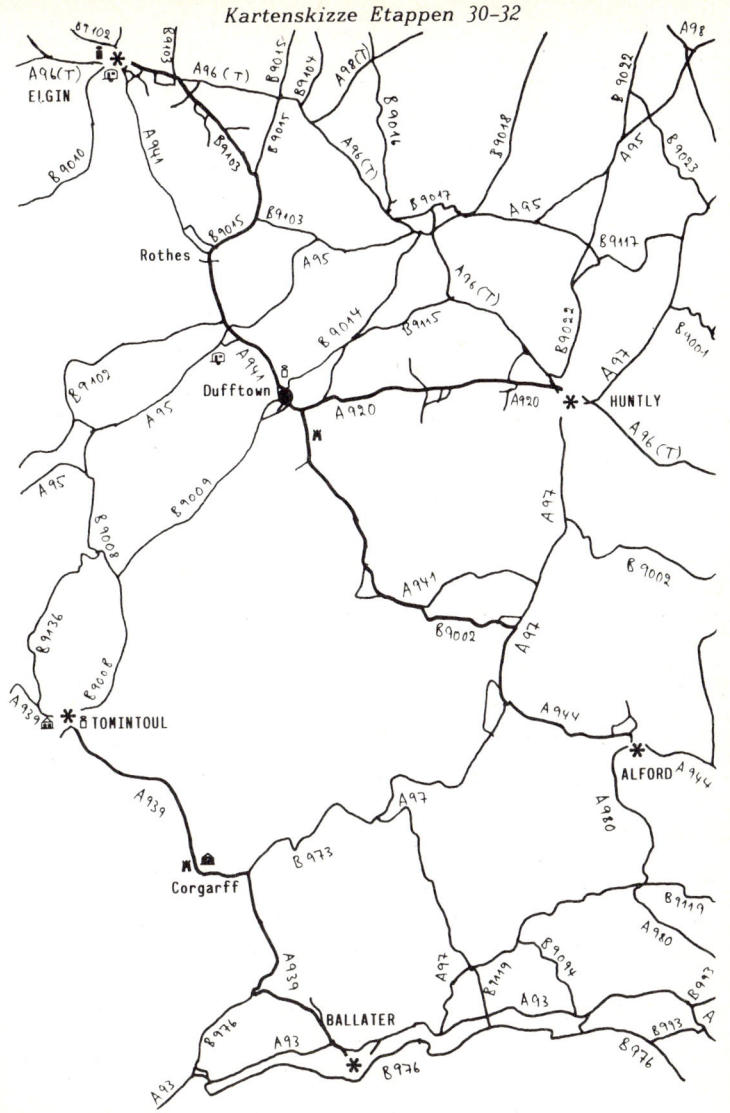

Etappe 32:
Ballater - Tomintoul (39 km)

Der erste Teil der Strecke vom Dee-Tal ins Spey-Tal mit Anschluß nach Inverness.

Für diese Etappe wird durchgehend ab Ballater die A939 benutzt, die hier über die steilsten Strecken der Grampian Mountains führt. Sie müssen sich also auf etliche wadenstärkende Steigungen einstellen. Bei Cock Bridge befindet sich neben der Straße **Corgarff Castle**, das früher der Bewachung der Lech-Paßstraße diente und heute für 50 p Eintritt zu besichtigen ist (täglich 9.30-19.00 h, sonntags ab 14 h).

Hostel (unabhängig): Dellachuper, Corgarff, Tel. (09754) 223, billig. Ohne nennenswerte Siedlungen oder Unterschlupfmöglichkeiten zu passieren, kommen Sie im höchstgelegenen Ort des schottischen Hochlandes, Tomintoul, an.

Tomintoul, 340 Einwohner, Grampian Region (Moray), besteht eigentlich nur aus einer einzigen Straße mit einem zentralen Dorfplatz. Dort findet sich die Touristeninformation mit einem kleinen Heimatmuseum. Viele Touristen kommen durch Tomintoul auf dem Weg ins 10 km nördlich gelegene Tal von Glenlivet mit der bekannten Whiskybrennerei (zu besichtigen April-Oktober mo-fr 10-16 h), wo es außer einer weiteren Distillery noch eine kleine Burgruine und jede Menge Natur gibt.

Information: The Square, Tel. (08074) 285, nur in der Sommersaison.

Jugendherberge: Main Street, kein Telefon, 38 Betten, geöffnet Mitte Mai-September, einfaches Haus am Nordende der Dorfstraße.

Etappe 33:
Tomintoul - Nethy Bridge - Boat of Garten - Carrbridge - Ferness - Clephanton - Culloden - Inverness (98 km)

Vom Zentrum der Grampian Mountains ins Spey Valley und weiter zur Metropole der Highlands.

Die Etappe beginnt in Tomintoul auf der A939 Rchtg. Grantown-on-Spey, führt über eine Bergkette und zweigt auf halbem Weg hinunter ins Tal auf eine Nebenstraße ab, die nach Nethy Bridge führt. Dort trifft die Strecke auf die B970, die Sie links (Rchtg. Aviemore) einschlagen. Nach wenigen Kilometern nehmen Sie rechts eine Zufahrtstraße nach **Boat of Garten,** einen kleinen Ferienort, von dem aus eine Museumsbahn ("Strathspey Railway") mit Dampfloks Ende Juni-Ende August die Verbindung nach Aviemore aufrecht erhält, und zwar täglich außer freitags nachmittags mit fünf Fahrten je Richtung, an Wochenenden verkehrt die Bimmelbahn bis Ende Oktober.

Boat of Garten ist das nördliche Ende der Haupttouristengegend im Spey Valley (s. Etappe 22), zu der auch **Carrbridge** noch zu zählen ist. Diesen Ort erreichen Sie von Boat of Garten über eine Nebenstraße zur A95 (links einbiegen), von der vor der Eisenbahnhauptstrecke dann die B9153 nach Carrbridge (s. Etappe 33) abzweigt. Von dort aus wählen Sie die A938 Rchtg. Grantown-on-Spey, verlassen die Hauptstraße aber nach etwa 3 km auf die links über die Hügel führende B9007 Rchtg. Forres. Nach ca. 10 km gibt es die Möglichkeit zu einem lohnenden Abstecher zum Lochindorb See mit einer kleinen Insel, auf der eine Burgruine steht. Nach weiteren 10 km treffen Sie in Ferness auf die A939, auf die Sie links (Rchtg. Nairn) einbiegen. Nach etwa 5 km können Sie links auf einer Nebenstraße nach **Cawdor** fahren, wo abseits der Hauptstraßen ein nettes, nicht zu großes Castle samt Zugbrücke in einem Park steht, zu besichtigen Mai-Anfang Oktober täglich 10-17 h. Das Haus ist noch in Privatbesitz.

Von Cawdor aus gelangen Sie über die B9090 zum Dörfchen Clephanton, wo Sie links auf der B9006 Rchtg. Inverness weiterfahren. Die Straße kommt nach etwa 8 km an einem Campingplatz (70 Standplätze, geöffnet April-September) und weiteren 2 km am Schauplatz der Schlacht von Culloden Moor (1746) vorbei; wo heute ein Kiefernwald steht, befand sich damals ein ebenes Moor, in dem die Schotten ihre letzte Schlacht gegen die Engländer schlugen und verloren - die Erbfolge der Königshäuser löste das Problem der Feindschaft bekanntlich später, zumindest was die militärische Seite anging. In einem Cottage, das als einziges Gebäude der Zeit überlebte, hat der National Trust eine Gedenkstätte eingerichtet, die sich den Luxus von audiovisuellen Vorführungen u.a. in Gälisch (!) leistet. Ein Stück des Schlachtfeldes ist in den ursprünglichen moorigen Zustand zurückversetzt worden. Das Gelände ist jederzeit zugänglich, das Cottage samt Ausstellung nur April-Oktober täglich 10-18 h, Juni-August bis 20 h (Eintritt £ 1,05). Über die B851 und eine Nebenstraße kommt man von Culloden zum südlich des River Tairn gelegenen Gelände der Clava Cairns, der größten Ansammlung prähistorischer Grabstätten in Großbritannien, ca. 3500 Jahre alt.

Von Culloden führt die B9006 geradewegs nach Inverness, das über den Straßenzug Perth Road - Culcabock Road erreicht wird.

Inverness, 36000 Einwohner, Highland Region (Inverness-shire), schmückt sich mit der Bezeichnung "Hauptstadt des Hochlandes". Wenn man das Hochland ein wenig enger faßt, so ungefähr wie die Verwaltungsregion, stimmt das sogar, denn Inverness ist die einzige Stadt der Region mit einer vollständigen Infrastruktur. Nicht nur eine vollständige Verkehrsanbindung ist gegeben, sondern auch die Versorgung mit Waren aller Art, die es in abgelegeneren Gebieten des Hochlandes nicht mehr gibt. So ist Inverness die letzte Möglichkeit, Ersatzteile für das Fahrrad zu erhalten, die über Schläuche, Reifen, Pedale, Lenker und Speichen hinausgehen. Im nordschottischen Hochland gibt es keinerlei Fahrradgeschäfte mehr (ausgenommen Orkney und Shetland); die Ersatzteilversorgung übernehmen dort Sport- oder Haushaltsgeschäfte.

Inverness wurde von den englischen Heeren nach der verlorenen Schlacht von Culloden weitgehend dem Erdboden gleichgemacht. Dementsprechend gibt es praktisch keine älteren Gebäude, vom Glockturm des Cromwell's Fort in der Shore Street, dem Dunbar's Hospital und dem Abertarff House (Infozentrum des National Trust, Verwaltung) einmal abgesehen. Selbst das Castle, das so mittelalterlich wirkend auf einem Hügel thront, ist ein Verwaltungsbau aus dem 19. Jahrhundert. Auch sonst hat Inverness, außer ein paar netten Ausblicken am Ufer des River Ness, touristisch nicht viel zu bieten. Die meisten Gäste kommen hierhin entweder auf der Standardroute (Inverness als nördlichster Punkt vor der Rückfahrt via Loch Ness) oder als Zwischenhalt vor der Fahrt in das nördliche Hochland. Da Inverness auch Eisenbahnknotenpunkt für die Strecken nach Kyle of Lochalsh und Wick/Thurso ist, sind im Sommer beachtliche Zahlen von Interailern hier anzutreffen.

Information: 23 Church Street, Tel. (0463) 234353 (24-h-Service), ganzjährig; dto. außerdem in North Kessock an der Brücke der A9(T).

Verkehrsverbindungen: Eisenbahn nach Glasgow, Edinburgh, Aberdeen, Kyle of Lochalsh und Wick/Thurso, Flugplatz Dalcross (Binnenverkehr) 10 km nordöstlich.

Jugendherberge: 1 Old Edinburgh Road, Tel. (0463) 231771, 128 Betten, Fahrradverleih, geöffnet Ende Februar-November, im Sommer sehr stark frequentiert, daher manchmal Notunterkunftsvermittlung, in der Nähe der Burg gelegen.

Camping: Bught Park, 352 Standplätze, geöffnet April-Oktober, am südlichen Stadtrand an der A82; Torvean Caravan Park, Glenurquhart Road, Tel. (0463) 220582, 50 Standplätze, geöffnet April-Oktober, nahe beim Bught Park; Bunchrew Caravan and Camping Park, Tel. (0463) 237802, 100 Standplätze, geöffnet April-September, 5 km westlich von Inverness an der A862; Coulmore Bay Caravan Park, Kessock, Tel. (0463) 73212, 10 Standplätze, geöffnet April-September, 5 km nordwestlich über die Brücke zur Black Isle.

Fahrräder: Ian Bishop (CTC-empfohlen), 72 Kenneth Street, Tel. (0463) 240352; Halfords, 34 Union Street, Tel. (0463) 231306; W.M. Mitchell, 38 Greig Street, Tel. (0463) 233478; Thornton (CTC-empfohlen, donnerstags geschlossen), 23 Castle Street, Tel. (0463) 222810;

Verleih auch bei Academy Motor, 122 Academy Street, Tel. (0463) 225800, auch sonntags; Ness Motors, King Street, Tel. (0463) 222848/49, nur mo-fr.

Waschsalons: Hilton Laundrette, Old Town Court, Tel. (0463) 222878, auch sonntags; Tomnahurich Laundrette, 17 Young Street, Tel. (0463) 223389, mo-sa.

Etappe 34:
Elgin - Pluscarden - Forres - Nairn - Clephanton - Culloden - Inverness (78 km)

Durch den Moray District zur "Hauptstadt des Hochlandes".
Sie verlassen Elgin auf der "Pluscarden Road", der B9010. Wenn die Landstraße nach ca. 2 km eine Linkskurve vollführt, verlassen Sie sie geradeaus auf eine Nebenstraße zur **Pluscarden Abbey**. Der im wesentlichen aus dem 15. Jahrhundert stammende Bau dient seit 1948 wieder den ursprünglichen geistlichen Zwecken, kann aber dennoch im allgemeinen täglich bis 20.30 h besichtigt werden. Fahren Sie geradeaus weiter auf der Nebenstraße, bis diese wieder auf die B9010 mündet, die geradewegs nach Forres führt.

Forres, 9000 Einwohner, Grampian Region (Moray), war im Mittelalter Standort einer bedeutenden Burg, von der allerdings nichts übriggeblieben ist. Dafür gibt es in der Nähe der Stadt einige frühgeschichtliche Denkmäler; das bedeutendste ist der "Sueno's Stone" am Nordostrand der Stadt (an der B9011), ein piktischer Skulpturenstein von 7 m Höhe. Eine völkerkundliche Sammlung kann im Falconer Museum, Tolbooth Street, betrachtet werden.
Information: im Falconer Museum, Tel. (0309) 72938, im Sommer.
Verkehrsverbindungen: Eisenbahn nach Inverness und Aberdeen.
Camping: Stable Inn Caravan Site, Kinloss, Tel. (03093) 2218, 6 Zeltstandplätze, geöffnet April-Oktober, 6 km nordöstlich von Forres an der Findhorn Bay; Old Mill Caravan Site, Brodie, Tel. (03094) 244, 20 Zeltstandplätze, Waschmaschine, geöffnet April-Oktober, in der Nähe des Brodie Castles (s.u.).
Fahrräder: C. J. Dustan, 12 Tolbooth Street, Tel. (0309) 72216, auch Vermietung; McLean's, Gordon Street, Tel. (0309) 73028, auch Vermietung (preiswert); William Stewart, High Street.
Waschsalon: Leask Road, Tel. (0309) 72159.

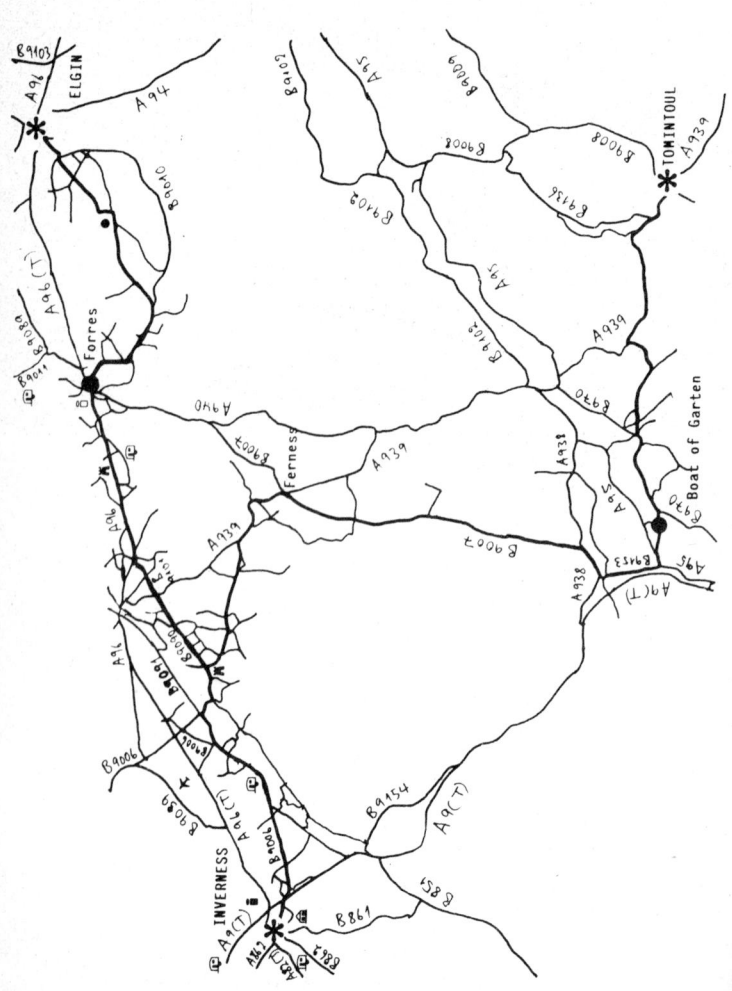

Von Forres aus nehmen Sie die A96(T) Rchtg. Nairn. Nach etwa 6 km kommen Sie am **Brodie Castle** vorbei, einem Schloß des 17.-19. Jahrhunderts mit schöner Innenausstattung, das heute dem National Trust gehört. Die dazugehörigen Parkanlagen sind ganzjährig bis Sonnenuntergang gratis zugänglich, das Haus Mai-September täglich 11-18 h, sonntags ab 14 h (Eintritt £ 1,30). Auf der anderen Seite der A96(T) befindet sich in der Nähe auf der Tearie Farm das Darnaway Visitor Centre, in dem die Arbeitsweise eines modernen Landgutes vorgeführt wird; geöffnet Juni-Mitte September täglich 11-17 h. Mittwochs und sonntags werden in dieser Zeit vom Visitor Centre aus auch Besichtigungen des Darnaway Castles durchgeführt, dessen ältester Teil die eichengetäfelte Randolph's Hall ist. Eine solche Täfelung gibt es in Schottland ansonsten nur noch einmal, im Parlamentsgebäude in Edinburgh.

Hinter dem Örtchen Auldearn (Kirche von 1757) biegen Sie links auf die B9101 ab, kreuzen die A939 und fahren immer geradeaus weiter (Straße wird zur B9090) nach **Cawdor** (Castle), wo der Anschluß an Etappe 33 (s. dort) hergestellt wird. Entsprechend der dortigen Beschreibung fahren Sie über Clephanton und Culloden bis **Inverness**, dem Etappenziel.

Etappe 35:
Dumfries - Kirkton - Penpont - Mennock - Wanlockhead - Abington (70 km)

Der erste Teil der Strecke nach Glasgow; auf diesem Teilstück werden fast ausschließlich Nebenstraßen benutzt, wobei vor allem gegen Ende einige Steigungen zu überwinden sind. Mit der Wahl dieser Etappe ist die Fahrt über Glasgow nahezu unvermeidlich.

Die Strecke beginnt in Dumfries auf der A701(T) Rchtg. Moffat, von der Sie nach etwa 3 km links auf eine Nebenstraße abbiegen, die über Kirkton und Dalswinton führt, eine Eisenbahnlinie überquert und dann auf die A76(T) trifft. Fahren Sie einige hundert Meter nach links (über den Fluß) und dann rechts wieder auf eine Nebenstraße zum Rand einer Hügelkette hinauf. Bei den ersten Einmündungen anderer Straßen halten Sie sich stets rechts und fahren somit nordwärts oberhalb des Flußtales; nach etwa 10 km erreichen Sie das Örtchen **Penpont.**
Camping: Penpont Floors Caravan Park, Tel. (0848) 30470, 20 Standplätze, Waschmaschine, geöffnet März-Oktober, 250 m östlich des Ortes (A702).

Kreuzen Sie in Penpont die A702 und fahren Sie auf der Nebenstraße geradeaus weiter, bis Sie nach etwa 15 km rechts über den Fluß zur parallel verlaufenden A76(T) bei Mennock gelangen können.
Als Variante gibt es die Möglichkeit, ca. 5 km nördlich von Penpont rechts und nach ca. 3 km links abzubiegen, wodurch Sie am **Drumlanrig Castle** vorbeikommen, einem rosafarbenen Sandsteinbau von 1680, der Mai-August täglich außer freitags 12.30-17.00 h, Juli/August ab 11 h, sonntags ganzjährig 14-18 h zu besichtigen ist. Vom Schloß aus bringt Sie die nordwärts führende Nebenstraße zurück zur Streckenführung (s.o.). Auf der A76(T) fahren Sie nach rechts durch Mennock und biegen dann links auf die B797, eine Paßstrecke bemerkenswerter Schönheit, nach **Wanlockhead** (Dumfries & Galloway) und **Leadhills** (Strathclyde) ab. Der Name des zweiten Ortes sagt bereits aus, worum es in dieser Gegend früher ging: im Blei, genauer um Bleiminen. Seit dem frühen 18. Jahrhundert wurde in den Bergen Blei abgebaut, womit die Bergwerkstradition früherer Zeiten (Gold- und Silberabbau) fortgesetzt wurde. Eine der Mitte des 19. Jahrhunderts stillgelegten Minen und allerlei frühindustrielles Zubehör sind zu einem bemerkenswerten Museum zusammengestellt worden, das in Wanlockhead, dem höchstgelegenen Dorf Schottlands, täglich 11-16 h (die Mine selbst am Wochenende erst ab 13 h) zu sehen ist. Information: Main Street, Leadhills, Tel. (06994) 243, in der Saison.
Jugendherberge: Lotus Lodge, Wanlockhead, 30 Betten, geöffnet April-September, einfache Herberge im Ortszentrum.

Folgen Sie der B797 durch die Berge nach **Abington,** dem Etappenziel; kurz vor dem Ort stoßen Sie dabei auf die vierspurig ausgeführte A74(T).

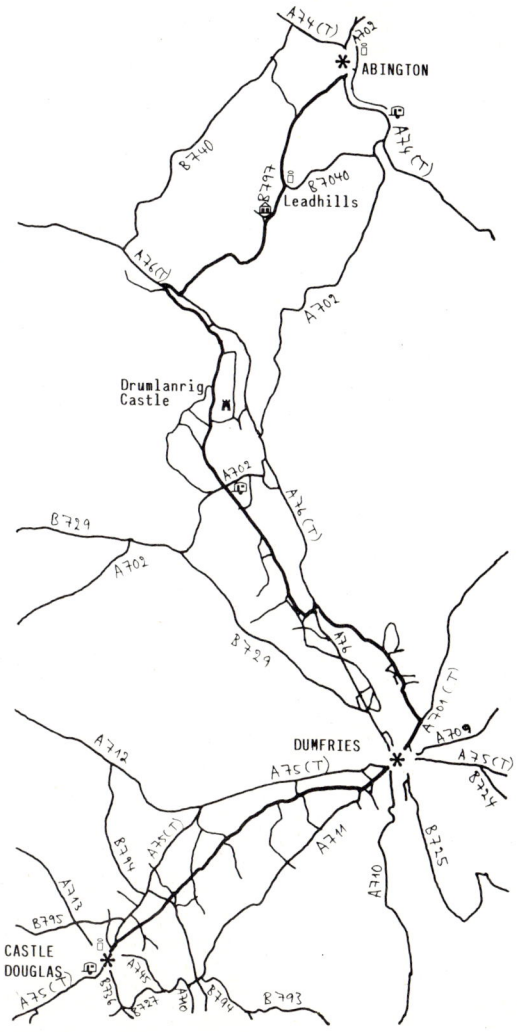

Information: "Little Chef", Tel. (08642) 436, in der Saison.
Camping: Murray Place Caravan Site, Crawford, Tel. (08642) 258, 15
Standplätze (billig), geöffnet April-Oktober, 5 km südlich gelegen.

Etappe 36:
Dumfries - Milton - Castle Douglas (26 km)

Eine Kurzetappe im Rahmen der Strecken durch den Südwesten Schottlands.
Sie beginnt in Dumfries auf der A711 Rchtg. Dalbeattie, die Sie aber
schon nach 2 km, im Vorort Cargenbridge, nach rechts auf eine Nebenstraße verlassen, die Sie über Lochfoot, Milton und Haugh of Urr
(kreuzen der B794) unmittelbar vor Castle Douglas zur A75(T) bringt.

Castle Douglas, 3000 Einwohner, Dumfries & Galloway Region (Kirk-
cudbrightshire), ist ein im 18. Jahrhundert entstandenes Landstädtchen, in dessen Nähe zwei "Crannogs", frühgeschichtliche Befestigungen auf Inseln in Seen, ebenso existieren wie das Threave Castle,
eine Burg aus dem 14. Jahrhundert auf einer Insel im River Dee. Mit
einem Boot kann man sich übersetzen lassen; Trip und Zutritt sind
9.30-19.00 h (sonntags ab 14 h, im Winter kürzer) für 50 p zu haben.
Im Gegensatz zu den Angaben mancher Reiseführer befinden sich die
Parks von Threave Gardens nicht bei der Burg, sondern südlich nahe
der A75; die Anlage gehört dem National Trust, der im Herrenhaus des
Geländes eine Gartenbauschule betreibt. Die umfangreichen Parkanla-
gen sind ganzjährig bis Sonnenuntergang geöffnet, eine abgeteilte
Sektion samt Gewächshäusern nur 9-17 h, Eintritt stolze £ 1,10.
Information: Markethill, Tel. (0556) 2611, in der Hauptsaison.
Camping: Lochside Park, Tel. (0556) 2949, 53 Zeltstandplätze,
Waschmaschine, geöffnet April-Mitte Oktober, am Carlingwark Loch.
Fahrräder: J. Paterson (auch Vermietung), Bank Square, Dalbeattie
(8 km südöstlich), Tel. (0556) 610249.

Etappe 37:
Castle Douglas - Kirkcudbright - Gatehouse of Fleet - Creetown - Newtown
Stewart - Penninghame Forest -
a) Drumlamford - Barrhill (90 km)
b) Glenluce - Barrhill (110 km)

Eine Strecke in zwei Varianten durch die Südwestecke Schottlands; wie
die meisten Küstenstrecken ist sie in weiten Teilen von sehr vielen

Campingplätzen gesäumt, weshalb hier nur diejenigen aufgeführt sind, die nahe bei beschriebenen Städten liegen.
Die Etappe beginnt in Castle Douglas auf der B736 nach Süden und biegt nach ca. 3 km rechts auf die B727 nach Kirkcudbright ab.

Kirkcudbright, 3000 Einwohner, Dumfries & Galloway (Kirkcudbright-shire), ist die ehemalige Grafschaftshauptstadt und mit bunten Häusern, breiten Straßen und einem schönen Hafen gesegnet. Der Ort hat eine aktive Künstlerkolonie; einige der Resultate können im Broughton House von 1720 mo-fr betrachtet werden. Die Ruine des MacLellan Castle (16. Jahrhundert) ist im Sommer täglich 9.30-19.00 h, sonntags ab 14 h, für 50 p zu durchstreifen, im Winter nur am Wochenende. Ein paar dekorative Bauten aus früheren Jahrhunderten ergänzen das Stadtbild. Wer es lieber weniger historisch mag, sollte dem Kraftwerk mit Lachs-Leiter am Tongland Loch, einem neuen Stausee nördlich der Stadt, einen Besuch abstatten (auf der O.S.-Karte noch unvollständig eingezeichnet).
<u>Information:</u> Harbour Square, Tel. (0557) 30494, in der Hauptsaison.
<u>Camping:</u> Silvercraigs Road, Tel. (0557) 30123, 13 Zeltstandplätze, Waschmaschine, geöffnet April-September, direkt beim Ort gelegen.
<u>Fahrräder:</u> W. Law, 19 St. Cuthbert Street, Tel. (0557) 30579.

In Kirkcudbright wählen Sie die A755 Rchtg. Gatehouse-of-Fleet, die nach einigen Kilometern in die A75(T) einmündet. **Gatehouse-of-Fleet** ist ein Ferienort, in dem Sie die Hauptstraße verlassen, falls Sie nicht das 2 km südlich gelegene Cardoness Castle aus dem 15. Jahrhundert besuchen möchten (50 p Eintritt, übliche Zeiten).
<u>Fahrradverleih:</u> Beswick, 8-10 High Street, Tel. (05574) 206, täglich geöffnet.

Nehmen Sie statt der A75(T) besser die alte Militärstraße B796 (später unklassifiziert) nach Creetown (2 Campingplätze), wo Sie wieder auf die Hauptstraße treffen. In Ermangelung anderer Straßen bleiben Sie bis **Newtown Stewart** auf der A75(T).
<u>Information:</u> Dashwood Square, Tel. (0671) 2431, in der Saison.
<u>Jugendherberge:</u> Minnigaff, Tel. (0671) 2211, 44 Betten, geöffnet April-September, im Norden der Stadt auf der östlichen Flußseite.

In Newtown Stewart fahren Sie auf der A714 Rchtg. Barrhill weiter. Achtung: falls Sie an der JH starten, müssen Sie zuerst auf die andere Flußseite, da die Nebenstraße am Ostufer keinen Übergang hat, der einen Anschluß an die folgende Streckenführung ermöglicht; diese Straße ist nur als Abkürzung für den direkten Weg nach Ayr sinnvoll zu nutzen. Von

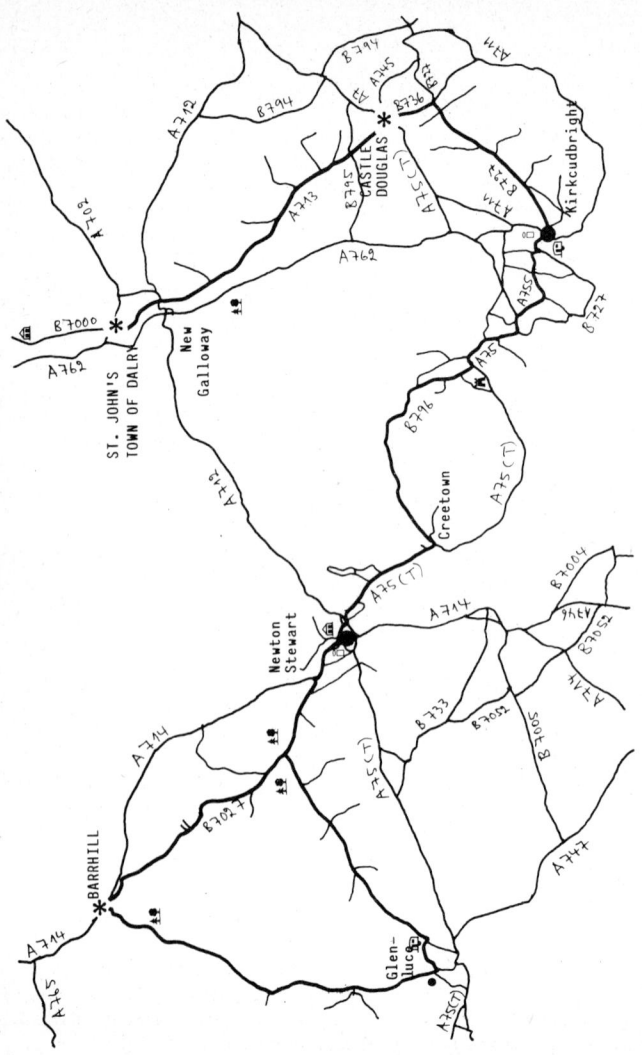

der A714 zweigt nach 3 km, bei Calloch, links die B7027 ab, die durch den Penninghame Forest geradewegs bis **Barrhill** führt, wo das Etappenende der Streckenvariante a) erreicht ist.

Die 20 km längere Variante knickt mitten im Waldgebiet links auf die Nebenstraße nach **Glenluce** ab. Die dortige Ruine des "Castle of Park" ist nur von außen zu betrachten; wer der eindrucksvollen Abteiruine einen Besuch abstatten möchte, sollte schon 2 km nördlich von Glenluce in Höhe des Whitecairn Farm Caravan Park (Tel. 05813/267, 10 Zeltstandplätze, Waschmaschine, geöffnet April-Oktober) rechts abbiegen zur Abtei. Diese ist im Sommer zu den üblichen Zeiten für 50 p Eintritt zugänglich.

Entweder von Glenluce oder der Abtei aus nehmen Sie die Nebenstraße, die in weiten Teilen parallel zur Eisenbahnstrecke nordwärts nach **Barrhill** (Eisenbahnstation an der Strecke Stranraer-Glasgow) führt, wo das Etappenende erreicht ist.

Etappe 38:
Castle Douglas - New Galloway - Dalry (29 km)

Das erste Teilstück der direkten Verbindung Richtung Ayr entlang dem Loch Ken.
Die Strecke benutzt durchgehend die A713; da der Verkehr aus Rchtg. Kirkcudbright und Gatehouse-of-Fleet eine Parallelstraße auf der anderen Seite des Sees zur Verfügung hat, brauchen Sie nicht mit starkem Autoverkehr zu rechnen. Vielmehr können Sie die Strecke voll und ganz genießen, passieren das Dorf New Galloway und erreichen Dalry, mit vollem Namen **St. John's Town of Dalry** genannt.
Jugendherberge: Kendoon, kein Telefon, beschränkter Lebensmittelverkauf, 38 Betten, geöffnet Mitte Mai-September, an der B7000 6 km nördlich von Dalry an der Streckenführung von Etappe 39.
Fahrräder: G. McDonald (CTC-empfohlen), 96 New Street, Tel. (029483) 2395.

Etappe 39:
Dalry - Carsphairn - Dalmellington - Ayr - Irvine (80 km)

Eine Strecke in die Hauptgebiete des "Burns Country".
Sie beginnt in St. John's Town of Dalry auf der B7000 vorbei an der Jugendherberge Kendoon nach Carsphairn, wo die Nebenstraße auf die A713 mündet. In Ermangelung von Nebenstraßen fahren Sie auf dieser Straße immer geradeaus nach **Dalmellington.** An der Strecke Rchtg. Patna ist bei

Waterside die Eröffnung eines industriellen Museums in alten Eisen- und Ziegelei-Betrieben geplant. Außerdem gibt es an einer stillgelegten Eisenbahnstrecke ein kleines Dampflokomotivenmuseum, das in der Regel an Wochenenden geöffnet ist. Da der Betrieb auf ehrenamtlicher Vereinsbasis erfolgt, ist Erkundigung beim örtlichen Touristenbüro erforderlich. Information: Ayr Road, Dalmellington, Tel. (0292) 550145, täglich von Ostern-Oktober.
Camping: Carskeoch Caravan Park, Patna, Tel. (0292) 531205, 20 Zeltstandplätze, geöffnet März-Oktober, westlich der A713 über der Brücke.

Bei der Weiterfahrt auf der A713 durch das Tal des River Doon, der südlich von Dalmellington einen idyllischen See bildet, kommen Sie geradewegs nach Ayr.

Ayr, 45000 Einwohner, Strathclyde Region (Ayrshire) ist das Zentrum des Burns Country, d.h. jener Gegend in Südwestschottland, in der die Tourismuswerbung hundertprozentig auf den Dichter Robert Burns abgestellt ist. Burns verknüpft sein gesamtes Leben mit Ayrshire: er ist hier geboren, hat die meiste Zeit seines Lebens hier gelebt, im Dialekt der Grafschaft geschrieben (weshalb selbst Engländer ein Wörterbuch bei der Lektüre benötigen) und auch die Handlung seiner Werke in Ayrshire spielen lassen. Dementsprechend ist die Umgebung von Ayr gepflastert mit Erinnerungsstätten an den Dichter und die Handlungsstätten seiner Werke; nur Dumfries, wo er starb und begraben liegt, kann noch ein wenig mithalten. U.a. existiert im südlichen Vorort von Ayr, Alloway, im Geburtshaus ein Museum, und ein halbes Dutzend weiterer Erinnerungsstätten befinden sich allein in Ayr, darunter ein Museum in der Tam o'Shanter Inn, wo Burns' berühmtestes Gedicht spielt. Für Freunde des Dichters ist Ayr samt Umgebung somit ein Pflichtprogramm, während es ansonsten nahezu keine touristischen Attraktionen gibt. Eine ausführliche Zusammenstellung der Burns-Stätten ("Burns Heritage Trail") ist von den Touristeninformationen zu beziehen.
Information: 39 Sandgate, Tel. (0292) 284196, ganzjährig geöffnet.
Verkehrsverbindungen: Eisenbahn nach Glasgow und Stranraer; Flughafen Prestwick (Überseeflugplatz für Glasgow) unmittelbar nördlich.
Jugendherberge: Craigweil Road, Tel. (0292) 262322, 86 Betten, im Sommer Mahlzeitenzubereitung, geöffnet Ende Februar bis Anfang November, in Strandnähe.
Camping: Crofthead Caravan Park, Tel. (0292) 263516, 30 Zeltstandplätze, Waschmaschine, geöffnet März-Oktober, 2 km südlich nahe der A70; Ayr Racecourse Camp Site, Whitletts Road, Tel. (0292) 264179, 50 Zeltstandplätze, geöffnet Juni-Mitte September; einige Plätze

südlich an der Küste.
Fahrräder: Wheelers (CTC-empfohlen), 5 Beresford Terrace, Tel.
(0292) 266667.
Waschsalon: Bendix Laundrette, 50 Main Street, Tel. (0292) 266795.

Für die etwa 20 km lange Strecke bis **Irvine,** einer modernen Industrie-
und Satellitenstadt, die aus einem Fischerort hervorgegangen ist, wird
durchgängig die A78(T) benutzt, eine unattraktive, aber weitgehend un-
vermeidliche Strecke.
Camping: Cunninghamehead Estate, Tel. (029485) 238, 30 Zeltstandplätze,
Waschmaschine, geöffnet April-September, an der B769 (s. Etappe 41).
Waschsalon: Easyclene Laundrette, 1 Burns Street, Tel. (0294) 79027.

Etappe 40:
Barrhill - Old Dailly - Maybole - Ayr - Irvine (50 km)

Nordwärts zu den Hauptstätten des "Burns Country."
Die Etappe beginnt in Barrhill auf der A714 Rchtg. Girvan, der Sie
etwa 10 km weit folgen, bis rechts eine Nebenstraße über Pinmore und
Tormitchell nach Penkill abzweigt. In Penkill trifft die Straße auf die
B734, auf der Sie aber nur wenige hundert Meter nach links (Old Dailly)
fahren. Biegen Sie dann rechts ab Rchtg. (New) Dailly und an der nächsten Abzweigung links hinunter ins Tal des Water of Girvan. Auf der
anderen Seite des Flusses stoßen Sie auf die B741, in die Sie rechts
einbiegen. (Etwas links von der Einmündung steht Killochan Castle (Privathaus). Fahren Sie auf der B741 Rchtg. (New) Dailly und kreuzen Sie
dabei zweimal die Eisenbahnlinie (Abstecher nach Kirkoswald und Culzean
möglich, s.u.); wenn nach etwa 4 km die B741 rechts über den Fluß abzweigt, verlassen Sie sie geradeaus auf eine Nebenstraße nach Maybole.
Unmittelbar darauf liegen rechts die beiden Dalquharran Castles (aus dem
15. und 18. Jahrhundert, beides Ruinen). Folgen Sie der Nebenstraße, die
die Eisenbahn erneut zuerst über- und später unterquert, geradewegs bis
Maybole, einem kleinen Städtchen, in dem Sie auf die A77(T) stoßen.
Camping: Glenside Farm Caravan Site, Culzean Road, Tel. (06556) 620, 9
Zeltstandplätze, geöffnet April-Oktober, beim Culzean Country Park;
weitere Plätze an der A719 Rchtg. Ayr.

Südwestlich von Maybole liegen zwei in Obhut des National Trust befindliche Sehenswürdigkeiten recht unterschiedlichen Charakters. An der
A77(T), 6 km von Maybole, steht in Kirkoswald das "Souter Johnnie's
Cottage", das Heim einer von Robert Burns literarisch verwerteten Figur,
in dem ein recht originelles Museum eingerichtet ist; im Garten sind
einige lebensgroße Figuren aus den Dichtungen aufgestellt. Das Cottage

Kartenskizze Etappen 39 + 40

ist geöffnet April-September täglich außer freitags 12-17 h, Eintritt 60 p. Falls Sie aus Maybole nach Kirkoswald fahren (oder umgekehrt), kommen Sie auf halbem Weg an den Ruinen der Crossraguel Abbey vorbei, die außer freitags zu den üblichen Zeiten für 50 p besichtigt werden können (Donnerstagnachmittag geschlossen). Von Kirkoswald aus können Sie über eine Nebenstraße zur Küstenstraße A719 gelangen. Auf dem Weg Rchtg. Maybole liegt zwischen Straße und Küste **Culzean Castle**, ein prachtvolles Schloß aus dem 18. Jahrhundert in nicht minder schönem Park, das der meistbesuchte Besitz des National Trust for Scotland ist. Der Park ist für Nicht-Autotouristen ganzjährig und gratis zugänglich, das Schloß Mai-September täglich 11-18 h, im Oktober 12-17 h, Eintritt £ 1,60. Falls Sie schon bei der Fahrt Rchtg. Maybole einen Abstecher nach Kirkoswald und Culzean machen möchten, so biegen Sie hinter Killochan Castle nach der ersten Eisenbahnüberquerung links ab auf eine Nebenstraße nach Kirkoswald, dort dann wenige Meter links auf der A77(T) und gleich wieder rechts zur A719, dort rechts Rchtg. Culzean. Nach einem Besuch nehmen Sie die jeweilige Hauptstraße (A719 ggf. bis Ayr, dabei Abstecher zur Ruine Dunure Castle möglich; A77 bis Maybole) zur Weiterfahrt.

In Maybole wählen Sie die B7024 nach **Ayr** und die A78(T) nach **Irvine** (s. Etappe 39).

Etappe 41:
Irvine - Stewarton - Glasgow (42 km)

Eine Strecke, die nur empfohlen werden kann, falls Sie unbedingt über Glasgow fahren möchten. Die Streckenführung ist recht unattraktiv, da der gesamte Bereich zur Industriezone um Glasgow gehört.

Die Etappe beginnt in Irvine auf der A736 (Hauptstraße Rchtg. Glasgow), die Sie aber schon kurz hinter dem Stadtrand auf die B769 verlassen, die Sie durch **Stewarton** geradewegs nach **Glasgow** (s. Etappe 12) bringt.

Achten Sie in Stewarton darauf, daß Sie die innerörtlich mit der A735 identische Straße im Ortszentrum wieder auf die B769 verlassen (faktisch geradeaus durch den Ort fahren).

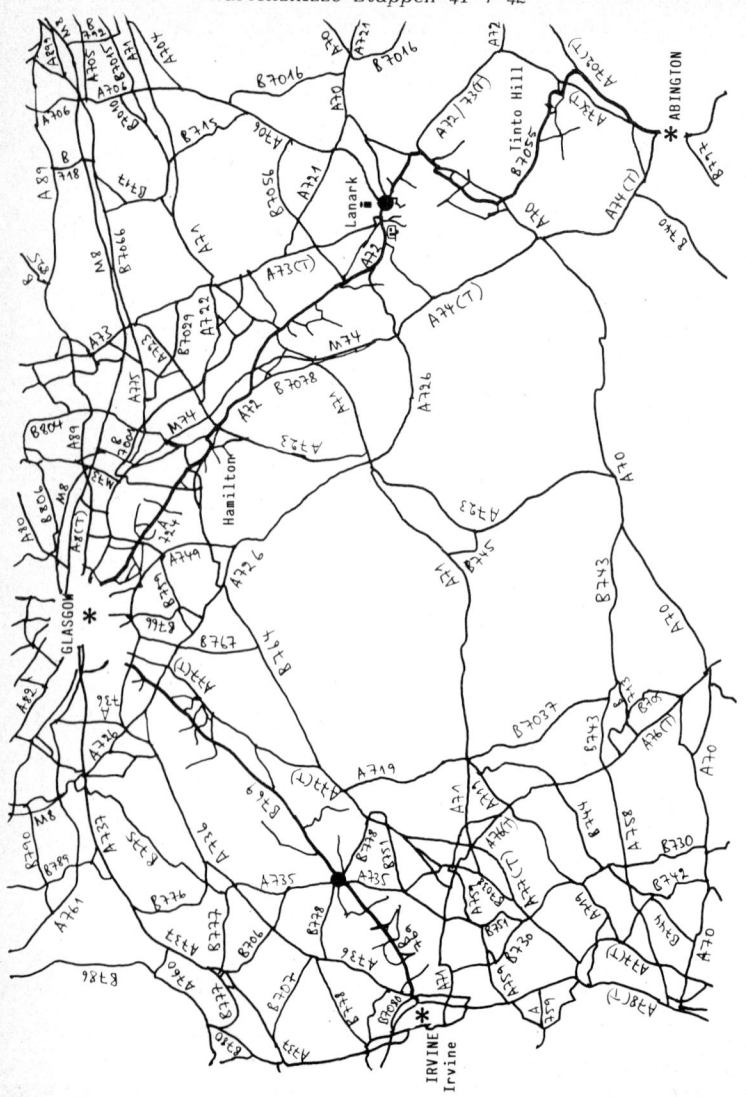

Etappe 42:
Abington - Wiston - Lanark - Hamilton - Glasgow (60 km)

Entlang der Spuren frühindustrieller Entwicklung.
Die Etappe beginnt in Abington auf der Zufahrtstraße zur A702(T)
Rchtg. Biggar (anfangs identisch mit der A73). Falls der Verkehr auf der
A73(T) es Ihnen sinnvoll erscheinen läßt, können Sie auf dieser Straße
weiterfahren und dabei 1 km einsparen. Ansonsten folgen Sie der A702(T),
bis links die B7055 abzweigt. Auf dieser Straße kreuzen Sie die A73(T),
fahren durch das Dörfchen Wiston, folgen dem Flußtal des Garf Water
durch die Tinto Hills und treffen auf die A70. Vom Hang des Tinto ist
übrigens ein Farmhaus des 17. Jahrhunderts in das nahe Marktstädtchen
Biggar versetzt und dort als "Convenanter Museum" eingerichtet worden,
um die Lebensweise jener Presbyterianer darzustellen, die eine von England unabhängige Kirche erkämpften.

Kreuzen Sie die A70; von der folgenden Nebenstraße biegen Sie nach ein
paar hundert Metern rechts auf eine andere Nebenstraße ab, die parallel
zur A70 und zum Douglas Water nordwärts führt. Nach einigen Kilometern
endet diese Straße wieder an der A70, auf der Sie nach links fahren.
Nach ca. 2 km überqueren Sie links den Fluß (gemeinsame Strecke mit der
A73) und erreichen über die A73(T) das Städtchen **Lanark**, im 17. Jahrhundert ebenfalls eine Hochburg der Convenanter. Bemerkenswerter ist
aber die Siedlung **New Lanark** im Süden der Stadt. Hier war Ende des 18.
Jahrhunderts eine Baumwollfabrik mit 2000 Beschäftigten entstanden, die
im Jahre 1800 einen Manager mit bemerkenswerten Ideen erhielt: Robert
Owen. Er war seiner Zeit in sozialreformerischer Weise weit voraus und
schuf eine Reihe von Einrichtungen, die den Arbeitern in ihrer Siedlung
das Leben lebenswerter machen sollte, nach Owens Meinung eine grundlegende Voraussetzung für Produktivität und Effektivität. Er eröffnete
eine Schule, eine Kantine und einen genossenschaftlich organisierten
Dorfladen und sorgte damit weltweit für Aufsehen. Die Siedlung mit ihren
Sandsteingebäuden hat nicht zuletzt aufgrund ihres Rufes bis heute über-
lebt und ist mittlerweile - äußerlich weitgehend unverändert - dem Wohn-
standard des 20. Jahrhunderts angepaßt worden. Sie ist kein Museum,
obwohl die zahlreichem Besucher und die Filmteams, die hier eine authen-
tische Kulisse für Historienfilme suchen und finden, manchmal den gegen-
teiligen Eindruck erwecken können; in gewissen Abständen werden einzelne
renovierte Häuser zeitweise zur Besichtigung freigegeben.
Nahe bei New Lanark ist bei einem Wasserfall des River Clyde ein Naturschutzgebiet eingerichtet worden, das in jedem Fall einen Besuch wert
ist.
Information: Horsemarket, Ladyacre Road, Tel. (0555) 61661, ganzjährig.
Verkehrsverbindungen: Eisenbahn nach Glasgow.

<u>Camping:</u> Clyde Valley Caravan Park, Kirkfieldbank, Tel. (0555) 3951, 50 Standplätze, geöffnet April-Oktober, an der A72 (Streckenführung). <u>Fahrräder:</u> Route 6 Auto Centre (CTC-empfohlen), 8 Bloomgate.

Für die restliche Strecke müssen leider durchgehend Hauptstraßen benutzt werden - die Nähe der Industriemetropole macht sich bemerkbar. Und zwar ab Lanark zuerst die A72 bis **Hamilton,** eigentlich schon ein Vorort von Glasgow, und dann die A724 ins Stadtzentrum von **Glasgow** (s. Etappe 12), wo die Etappe endet.

Etappe 43: Isle of Arran
Irvine - Ardrossan - Brodick - Lochranza - Claonaig - Kennacraig (84 km)

Eine Strecke durch "Scotland in miniature", wie Arran auch genannt wird. Wegen der nur saisonal (bis Ende September) verkehrenden Fähre nach Claonaig kann sie außerhalb üblicher Fahrrad-Reisezeiten nicht befahren werden.

Sie beginnt in Irvine auf der A78 nach Saltcoats und **Ardrossan,** wo Sie den Staub der unerfreulichen Industriegegend abschütteln können. Mit der Fähre der Caledonian MacBrayne setzen Sie nach Brodick auf die Isle of Arran über. Diese Verbindung verkehrt ganzjährig und auch sonntags mit bis zu 5 Abfahrten täglich (werktags in der Hauptsaison); um die für Sie günstigste Abfahrtszeit zu ermitteln, sollten Sie vorher ein Touristen-informationsbüro aufsuchen, falls Sie sich nicht ohnehin den kompletten Fahrplan der Fähren besorgt haben. Für die Fähren dieser Etappe gibt es übrigens ein ermäßigtes "Island Hopscotch"-Ticket (für beide Strecken zusammen ca. £ 4 für Mensch und Rad).

Von Brodick aus vollführt diese Etappe eine fast vollständige Inselrundfahrt. Arran ist eine regelrechte Ferieninsel, die sämtliche landschaftlichen Attraktionen Schottlands auf sich vereinigt. Hohe Berge, idyllische Flußtäler, Hochflächen, steile Klippen, Wälder, malerische Buchten, alles ist vorhanden, garniert mit ein paar Burgen und prähistorischen Stätten.

In **Brodick,** dem Hauptort der Insel, macht das nördlich gelegene Castle mit angrenzenden Parkanlagen den Anfang. Die Besitzung wurde 1958 als Steuerzahlung dem Finanzminister übergeben, der sie dem National Trust anvertraute. Das Schloß hat einige Teile aus dem 13. Jahrhundert, stammt aber im wesentlichen von 1652 und 1844. Der Park besteht aus einem "französischen" Teil von 1710 und einem Landschaftsgarten des 20. Jahrhunderts, der bekannt ist für seine prachtvollen Rhododendronbestände. Die Parks sind ganzjährig täglich 10-17 h zugänglich (80 p); eine Kombinationskarte für Schloß (Mai-September täglich 13-17 h) und Park belastet die Urlaubskasse mit £ 1,25. Als Kontrast empfiehlt sich ein

Besuch im Isle of Arran Heritage Museum in Brodick, das in aus dem 18. Jahrhundert stammenden Farmgebäuden untergebracht ist und die Lebensweise der Inselbevölkerung dokumentiert. Es ist Mitte Mai-September geöffnet.

<u>Information:</u> The Pier, Brodick, Tel. (0770) 2140 & 2401, ganzjährig.

<u>Camping:</u> Glen Rosa Farm, Tel. (0770) 2380, 100 Standplätze, ganzjährig geöffnet, nur für Zelte (!), 2 km nördlich vom Fähranleger an der B880.

<u>Fahrräder:</u> Howie Hires, Roselynn, Tel. (0770) 2460, auch Vermietung.

Die Strecke um die Insel benutzt durchgehend die A841, die fast vollständig der Küstenlinie folgt. Es gibt Variationsmöglichkeiten über die zwei Binnenlandstraßen, die aber jeweils über die Berge führen und in West-Ost-Richtung günstiger zu befahren sind. Die Straße verläuft anfangs in Südrichtung durch das recht große Dorf **Lamlash** vorbei an der Whiting Bay nach **Kildonan**, einem kleinen Seebad mit benachbarter Burgruine. Von Lamlash aus kann man Bootsausflüge zur vorgelagerten Holy Island machen.

<u>Jugendherberge:</u> Whiting Bay, Tel. (07707) 339, 60 Betten, geöffnet Ende März-September, direkt an der Straße.

<u>Camping:</u> Boneen Caravan Park, Lamlash, Tel. (07706) 251 & 255, 10 Zeltstandplätze, geöffnet April-Oktober, im südlichen Vorort Cordon an der Lamlash Bay; Royal Hotel, Shore Road, Whiting Bay, Tel. (07707) 286, 5 Standplätze, geöffnet April-Oktober, im Dorf; Breadalbane Hotel, Kildonan, Tel. (077082) 284, in Kildonan an der Küste.

<u>Fahrradverleih:</u> Mrs. J. Hislop, Park Cottage, Lamlash, Tel. (07706) 441; Stanford Guest House, Whiting Bay, Tel. (07707) 313, auch 5-Gang-Räder.

In Kildonan schwenkt die A841 westwärts und führt etwas oberhalb der Küste entlang. Einige hundert Meter südlich der Straße befindet sich bei Torrylin ein 5000 Jahre alte Ganggrab; kurz vor dem Fußweg dorthin hat die A841 ein recht steiles Gefälle. Im Bogen führt die Straße weiter an der Küste entlang nach **Blackwaterfoot**. Die A841 ist an der Westküste der Insel von etlichen frühgeschichtlichen Stätten gesäumt; die zwei beeindruckendsten sind die Steinkreise im Machrie Moor, etwa 5 km nördlich von Blackwaterfoot und fast 2 km östlich der Straße (Zufahrtweg), und der Auchagallon Stone Circle beim gleichnamigen Ort, recht nahe an der Strecke. Das Nordende der Straße und der Insel ist in **Lochranza** erreicht, dem zweiten Fährhafen der Insel. Die Verbindung nach Claonaig (s. Hinweis zu Beginn der Etappenbeschreibung) verkehrt 6-8 mal täglich, so daß keine lange Wartezeit einzuplanen ist. Lochranza Castle ist die Ruine eines ehemaligen königlichen Jagdschlosses, gelegen auf der nördlich des Ortes befindlichen Landzunge.

<u>Jugendherberge:</u> Tel. (077083) 631, 80 Betten, geöffnet Ende März-Oktober, im Ort gelegen.

<u>Camping:</u> Lochranza Camping Site, Tel. (077083) 273, 50 Zeltstandplätze, geöffnet März-Oktober.

Eine halbe Stunde dauert die Überfahrt nach Claonaig, von wo Sie die B8001 zum Etappenende nach **Kennacraig** bringt. Falls Sie die Umrundung der Kintyre-Halbinsel (Etappe 44) gleich anschließen möchten, wenden Sie sich in Claonaig nach links auf die B842.

Etappe 44: Kintyre-Halbinsel
Kennacraig - Campbeltown - Claonaig - Kennacraig (110 km)

Eine Rundstrecke um die langgezogene Halbinsel von Kintyre; wem die Strecke an der Ostküste zu steil ist, sei die Rückfahrt auf der Straße empfohlen, die auch auf dem Hinweg benutzt wird.

Und zwar ist dies die A83, die an der Westküste der Halbinsel entlang bis Campbeltown führt. Auf halbem Weg, in **Tayinloan**, gibt es eine Fährverbindung zum Inselchen **Gigha** (bis zu 6 mal täglich). Auf der Insel kann der Park von Achamore House besucht werden, geöffnet April-Oktober täglich 10-18 h.
<u>Camping:</u> Point Sands Caravan Park, Tel. (05834) 263, 25 Zeltstandplätze, Waschmaschine, geöffnet April-Oktober, an der A83 in Tayinloan.

Nach reichlich 50 km erreicht die A83 **Campbeltown**, die einzige Stadt der Halbinsel. Der Ort selbst hat nicht viel zu bieten, aber von hier aus läßt sich ein hübscher Ausflug auf den kleinen Nebenstraßen nach Süden machen. Die Südküste von Kintyre ist von etlichen Höhlen gesäumt; eine Sackgasse führt zum pop-besungenen Mull of Kintyre, wo seit 1788 ein Leuchtturm Schiffe vor den Klippen warnt.
<u>Information:</u> The Pier, Tel. (0586) 52056, ganzjährig geöffnet.
<u>Verkehrsverbindungen:</u> tägliche Flüge (Loganair) nach Glasgow.
<u>Camping:</u> Machrihanish Camping & Caravanning Club Site, East Trodigal, Tel. (058681) 366, 90 Standplätze, Waschmaschine, geöffnet April-September, 10 km westlich von Campbeltown an der B843.
<u>Fahrräder:</u> A. Elder (CTC-empfohlen), 27 Longrow, Tel. (0586) 54316.

Von Campbeltown aus fahren Sie auf der B842 entlang der Ostküste nach Norden. Diese Strecke weist sehr viele steile, wenn auch meist kurze Steigungen und Gefälle auf; wer seine Waden schonen will, kann alternativ wieder auf der A83 zurückfahren. Bei **Saddell** befindet sich die Ruine einer Abtei aus dem 12. Jahrhundert. Die Strecke passiert nach etwa 20 km das Örtchen **Carradale.**
<u>Camping:</u> Carradale Bay Caravan Site, Tel. (05833) 665, 60 Standplätze, geöffnet April-September, am Pier.

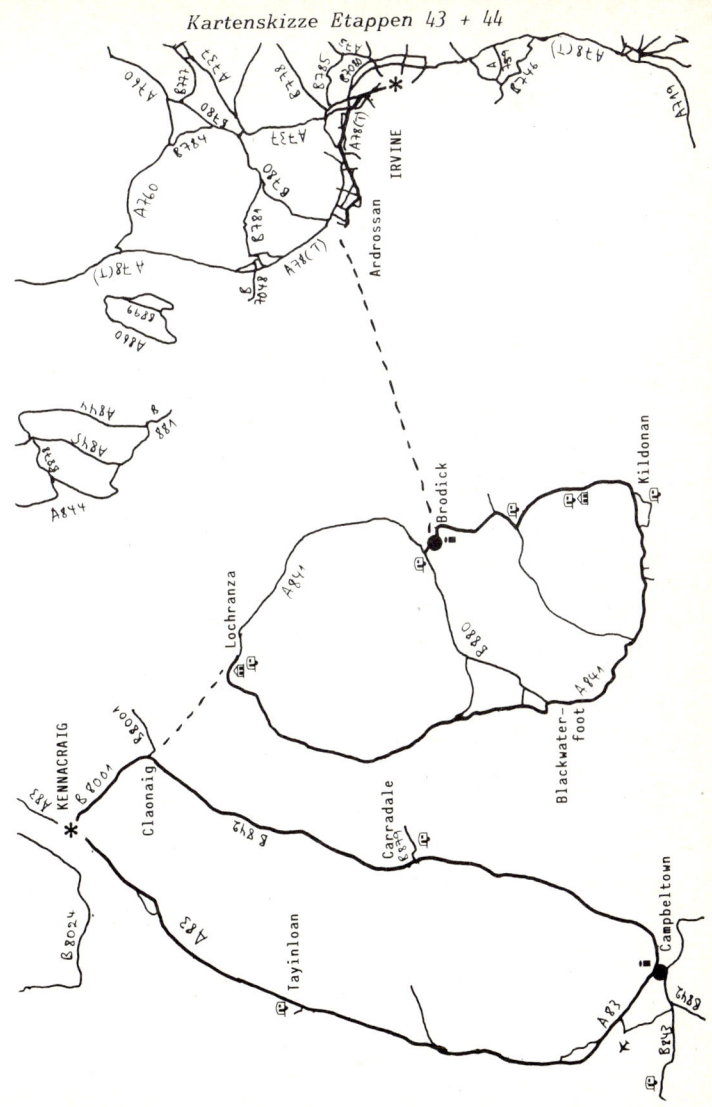

Nördlich dieses Ortes führt die Etappe durch ein Flußtal und ein Wald-
gebiet, bevor die B842 wieder die Küste erreicht. In **Claonaig,** dem
Fährhafen nach bzw. aus Lochranza (Arran), trifft die Straße auf die
B8001 zurück nach Kennacraig, womit der Kreis geschlossen ist.

Etappe 45:
Glasgow - Dumbarton - Balloch - Tarbet (56 km)

Entlang der Westseite des Loch Lomond nach Norden. Als Alternative bietet sich die A809 von Glasgow nach Drymen an, wo Sie auf die Streckenführung der Etappe 21 (s. dort) treffen.

Die Etappe beginnt in Glasgow auf der A82(T) bzw. einer dorthin führenden Zufahrtstraße. Diese Hauptstraße muß auf der gesamten Strecke
benutzt werden, da es am Westufer von Loch Lomond keine andere Straße
gibt. Nur zu Anfang der Etappe gibt es geringfügige Ausweichmöglichkeiten, da bis **Dumbarton** streckenweise Parallelführungen bestehen. Diese
Stadt wird von einem Felsen überragt, der Befestigungen aus dem 17./18.
Jahrhundert trägt (ganzjährig zu besichtigen, 50 p Eintritt).

Vom Dumbarton aus schwenkt die A82(T) nordwärts und führt vorbei an der
Industriestadt **Alexandria** und dem Urlaubsort **Balloch.** Falls Sie einen
der beiden Orte besuchen möchten, sollten Sie in Dumbarton auf die A813
ausweichen. Balloch ist der wichtigste der Urlaubsorte am Loch Lomond;
die Nähe zur Industrieregion um Glasgow sorgt dafür, daß hier an Wochen-
enden und in der Ferienzeit reger Betrieb herrscht. Außerdem gehen die
Ausflugsdampfer des Loch Lomond von hier aus auf ihre "Seereise". Der
Park des örtlichen Castles aus dem 19. Jahrhundert ist frei zugänglich;
auf dem Gelände befinden sich außerdem spärliche Reste einer älteren
Burg.
Information: am Parkplatz, Tel. (0389) 53533, April-September.
Jugendherberge: Arden, Tel. (038985) 226, 200 Betten, geöffnet März-
Oktober, Mahlzeitenzubereitung, Fahrradverleih, 3 km nördlich von Bal-
loch abseits der A82.
Camping: Tullichewan Caravan Park, Old Luss Road, Balloch, Tel. (0389)
59475, 30 Zeltstandplätze, Waschmaschine, geöffnet April-Oktober.

Unter Ausnutzung der Fähre von Rowardennan nach Inverbeg können Sie ab
Balloch alternativ auf die A811 nach Drymen ausweichen und von dort die
Etappe 21 benutzen. Ansonsten fahren Sie auf der A82(T) immer am Westufer von Loch Lomond entlang nach Norden, vorbei am **Rossdhu House** aus
dem 18. Jahrhundert (teilweise zu besichtigen Ostern-September täglich
außer dienstags 10.30-18.00 h, sonntags ab 12 h), über **Inverbeg** (Fähre
nach Rowardennan, Jugendherberge, s. Etappe 21) zum Etappenende nach

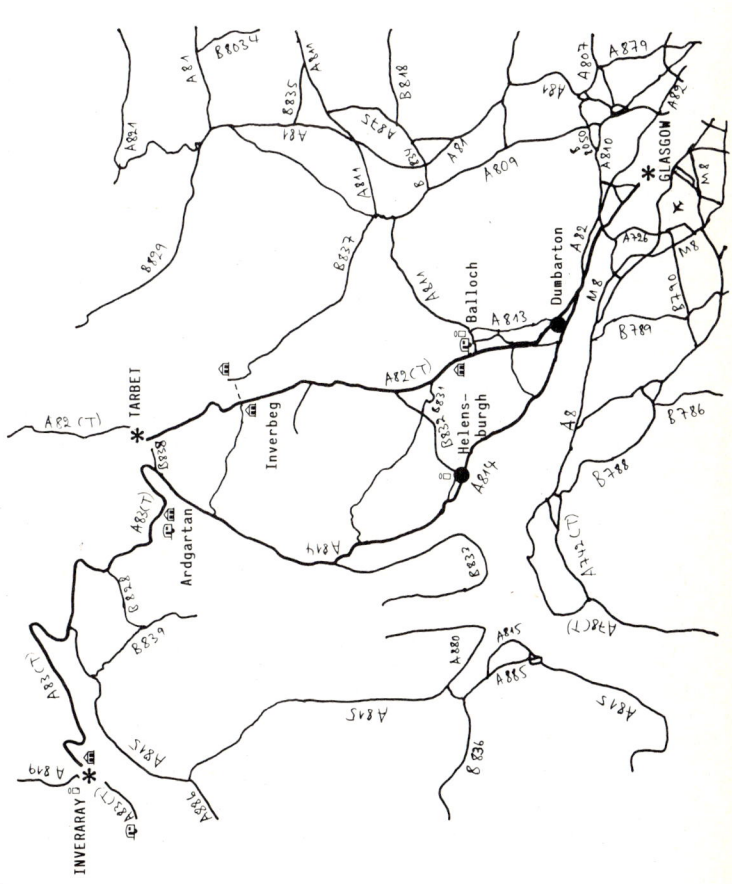

Tarbet. Diese Strecke bietet zwar viele schöne Ausblicke auf den See und das dahinter liegende Trossach-Gebiet, wird aber leider auch von recht vielen Autofahrern genossen.

Etappe 46:

Glasgow - Dumbarton - Helensburgh - Garelochhead - Arrochar - Inveraray (100 km)

Zubringerstrecke zur Westküste des Hochlandes, ab Arrochar auch als Anknüpfung an Etappe 21 nutzbar.

Sie beginnt in Glasgow entsprechend Etappe 45, der bis **Dumbarton** gefolgt wird. Dort verlassen Sie die A82(T) und biegen auf die A814 ins 12 km entfernte Urlaubsstädtchen **Helensburgh** ab, ein Ort mit recht nettem Stadtbild aus dem 19. Jahrhundert und einem architektonischen Kleinod der Jahrhundertwende, dem "Hill House" in der Upper Colquhoun Street. Es gehört seit 1982 dem National Trust, der für 90 p ganzjährig täglich 13-17 h Besucher hineinläßt.

Information: Pier Head Car Park, Tel. (0436) 2642, April-September.
Verkehrsverbindungen: Eisenbahn nach Glasgow, Oban und Fort William; manchmal saisonal Privatfähren nach Gourock und Rosneath (Infobüro).

Die A814 schlängelt sich immer am Gare Loch entlang, kommt durch Garelochhead, führt hinab zum Loch Long und daran entlang nach **Arrochar.** Gleich hinter diesem Ort beginnt die Berglandschaft der Highlands, und dementsprechend gibt es hier schon recht viel Andrang von Bergwanderern und anderen Naturfreunden. Arrochar ist Anküpfungspunkt für alle, die Etappe 21 (ab Tarbet) Richtung Westen fortsetzen möchten. In Tarbet existieren auch ein saisonal geöffnetes Touristeninformationsbüro und eine Eisenbahnstation.

Jugendherberge: Ardgartan, Tel. (03012) 362, 82 Betten, Mahlzeitenzubereitung, nur im Januar geschlossen, modernes Haus 5 km westlich am Loch.
Camping: Coilessan Road, Ardgartan, Tel. (03012) 253, 75 Standplätze, geöffnet März-September, abseits der Straße.

In Arrochar fahren Sie links auf der A83(T) weiter, die durch die Täler Glen Croe und Glen Cinglas führt. Der höchste Punkt zwischen den beiden Tälern liegt immerhin 250 m hoch (= Höhenunterschied); er trägt den bezeichnenden Namen "Rest and be thankful". Von dort aus geht es dann wieder hinunter auf Meereshöhe, die bei Cairndow erreicht wird. Dort gibt es im Strone Garden Gelegenheit zum Spaziergang; der Park verfügt u.a. über den höchsten Baum Großbritanniens (56 m hoch). Die A83 verläuft um das Loch Fyne herum geradewegs nach Inveraray.

Inveraray, 500 Einwohner, Strathclyde Region (Argyll), ist der Sitz des Campbell-Clans, einst der mächtigste Schottlands und seit dem Massaker von Glen Coe mit schlechtem Ruf behaftet. Der königstreue Clanchef stieg im Laufe der Jahrhunderte zum Duke of Argyll auf. Im 18. Jahrhundert ließ der dritte Duke die gesamte Ortschaft neu aufbauen, samt Schloß und Park. Die musterhafte klassizistische Stadtanlage steht heute größtenteils unter Denkmalschutz. Während die städtischen Besitzungen der Argylls mittlerweile in staatlichen Besitz übergewechselt sind, gehört das Schloß nach wie vor den Campbells; die von einem Brand 1975 verursachten Schäden konnten mit Hilfe von Spenden der Clan-Mitglieder aus aller Welt beseitigt werden. Die Beiträge der Schloßbesucher im Sommer dürften auch ein wenig geholfen haben. Etwas ländlicher geht es im ca. 6 km südwestlich an der A83(T) gelegenen Ort **Auchindrain** zu, wo eine Art Landwirtschaftsmuseum das bäuerliche Leben des 18. Jahrhunderts reproduziert.

Information: saisonal, Tel. (0499) 2063.

Jugendherberge: Tel. (0499) 2454, 40 Betten, geöffnet Ostern-September, im Ort.

Camping: Battlefield Caravan Park, Tel. (0499) 2285, 150 Standplätze, Waschma schine, geöffnet April-Oktober, 5 km südwestlich von Inveraray an der A83(T).

Etappe 47:

Inveraray - Lochawe - Taynuilt - Glen Lonan - Oban (65 km)

Zum "Tor zu den Inseln", wie sich Oban - wegen der vielen Fährverbindungen zu recht - nennt.

Von Inveraray führt die Etappe auf der A819 nordwärts durch das Glen Aray nach Claddich und weiter nach **Lochawe.** Diese Siedlung trägt den Namen nach dem gleichnamigen, langgestreckten Binnensee, an dessen Nordende sie sich befindet. Loch Awe ist eine Art touristischer Geheimtip, abseits der allgemeinen Touristenrouten gelegen, von Bergen und Wäldern umgeben und weder von Städten noch Sehenswürdigkeiten gesäumt, von der prachtvollen Natur einmal abgesehen. Dennoch ist der See auf Nebenstraßen vollständig zu umrunden, z.B. ab Claddich; wegen der geringen Übernachtungsmöglichkeiten ist das aber nur für Camper zu empfehlen.

In Lochawe treffen Sie auf die A85(T), der Sie Rchtg. Oban folgen; dabei kommen Sie am Kilchurn Castle (15./17.Jahrhundert) vorbei, das auf einer kleinen Insel im See steht. Die A85(T) führt entlang dem River Awe durch den Pass of Brander am Fuße des über 1000 m hohen Ben Cruachan; auf halber Höhe des Berges befindet sich ein Stausee, der zur Stromerzeugung genutzt wird. Das in eine künstliche Höhle in den Berg hinein gebaute Kraftwerk kann im Sommer besichtigt werden. Die Paßstraße endet bei **Taynuilt** (Bahnstation an der Strecke Glasgow-Oban, Campingplatz s. Oban), einem Ort am Loch Etive, bei dem auch Ausflugsfahrten auf dem See starten. Ggf. besteht nach Absprache die Möglichkeit, dabei samt Rad zum Nordufer überzusetzen (Anschluß an Etappe 54). In Taynuilt können Sie links auf die Nebenstraße durch das Glen Lonan ausweichen. Diese Straße kommt an den Barguillean Gardens vorbei, einem Park an einem See (April-Oktober täglich zugänglich). Nach ca. 13 km kommen Sie zu einer T-Mündung in eine andere Nebenstraße; fahren sie rechts und nach etwa 1 km wieder links nach Oban.

Oban, 7500 Einwohner, Strathclyde Region (Argyll), ist bereits seit viktorianischer Zeit ein beliebter Ferienort; als Fährhafen zu den Inneren Hebriden und Endpunkt einer schönen Eisenbahnstrecke hat die Stadt diese Einkommensquelle erfolgreich gepflegt. Der Ort liegt sehr schön am Firth of Lorn, eine ganze Reihe von Inseln vor dem natürlichen Hafenbecken in Sichtweite. Die Gebäude der Stadtmit ihren viktorianischen Fassaden zeigen ebenso den Ursprung der Entwicklung wie das kuriose Bauwerk, das die Kulisse auf einem Hügel überragt: eine Art Nachbildung des Kolosseums, die ein reicher Bankier namens McCaig kurz vor der Jahrhundertwende von Arbeitslosen zu seinem Ruhm erbauen ließ - erfolgreich, denn das Gebäude trägt immer noch seinen Namen. Und da man von dort einen schönen Ausblick hat, ist der Weg hinauf auch lohnend. Etwas nordwestlich der Stadt steht die Burgruine von Dunollie Castle (15. Jahrhundert, frei zugänglich). Ebenfalls gratis ist der Besuch im örtlichem Museum (di & so geschlossen) und in zwei Fabriken (Glasfabrik, Tweed-Manufaktur), während die Oban Distillery sich ihre Führungen finanziell honorieren läßt. Es gibt eine große Zahl von Möglichkeiten zu Ausflügen in die Umgebung, sei es per Rad, zu Fuß oder mit dem Schiff; wer Landschaft lieber in geschlossenen Räumen genießt, kommt in der Ausstellung "World in Miniature" am Pier eher auf seine Kosten.
<u>Information:</u> Argyll Square, Tel. (0631) 63122, ganzjährig geöffnet.
<u>Verkehrsverbindungen:</u> Eisenbahn (West-Highland-Linie) nach Glasgow; Fährverbindungen nach Mull, Coll, Tiree, Colonsay, Lismore, Barra und South Uist.
<u>Jugendherberge:</u> Corran Esplanade, Tel. (0631) 62025, 124 Betten, geöffnet Anfang März-Oktober, am Nordteil des Hafens.
<u>Camping:</u> Ganavan Sands Caravan Site, 60 Standplätze, geöffnet April-

Oktober, 3 km nördlich an der Straße nach Ganavan am Strand; Galla-
nachmore, Tel. (0631) 62425, 100 Zeltstandplätze, geöffnet April-
Oktober, 3 km südwestlich an der Nebenstraße nach Gallanach; Cruna-
chy Caravan & Camping Park, Bridge of Awe, Tel. (08662) 612, 60
Zeltstandplätze, geöffnet März-Oktober, 2 km östlich von Taynuilt an
der A85(T).
Fahrradverleih: David Graham, 9-15 Combie Street, Tel. (0631) 62069.

Etappe 48:
Kennacraig - Lochgilphead - Kilninver - Oban (88 km)

Nordwärts zum "Gateway to the Islands".
Die Etappe beginnt in Kennacraig auf der A83 Rchtg. Tarbert. Falls Sie
nicht die dortige Castleruine (15. Jahrhundert) oder das saisonal geöffnete Touristen-Informationsbüro (Tel. 08802/429) besuchen möchten, sollten Sie schon vorher, nämlich bei der ersten nach links führenden Straße, abbiegen und zur B8024 wechseln. Das ist eine Abkürzung zurück zur
A83 nördlich von Tarbert. Sie können an dieser Stelle auch eine Umrundung der Knapdale-Halbinsel auf der B8024 einschieben, falls Ihnen danach zumute ist.
Camping: Port Ban Caravan Site, Kilberry, Tel. (08803) 224, 30 Standplätze, geöffnet April-Oktober, an der B8024 auf der anderen Seite der
Halbinsel.
Ansonsten fahren Sie auf der A83 weiter nach **Lochgilphead**, der
ehemaligen Verwaltungshauptstadt der Grafschaft Argyll.
Information: April-September, Tel. (0546) 2344.
Der Caravanplatz in Lochgilphead nimmt keine Camper auf.

Die Weiterfahrt erfolgt auf der A816(T) Richtung Oban. Nach etwa 6 km
befinden sich links neben der Straße die Überreste einer Krönungsstätte
des frühmittelalterlichen Königreichs Dalriada, **Dunadd**. Einige Kilometer weiter, ungefähr in Höhe der rechts abzweigenden B840 (Möglichkeit
zur Umrundung von Loch Awe, s. Etappe 47), liegt ebenfalls links neben
der A816 **Carnasserie Castle**, früher der Wohnsitz eines Bischofs, der die
presbyterianische Liturgie ins Gälische übersetzt hat, heute eine gratis
zugängliche Ruine. Wenn die Straße schließlich die Küste erreicht, befindet sich auf einer kleinen Landzunge der Landschaftspark von Arduaine
Gardens, zugänglich April-September sa-mi.
Camping: Arduaine Camp Site, beim Loch Melfort Hotel, 25 Zeltstandplätze, geöffnet April-Oktober.

Die A816 führt am Loch Melfort entlang nach Kilmelford und dann durch
das Binnenland nach **Kilninver**. In diesem Dörfchen können Sie einen

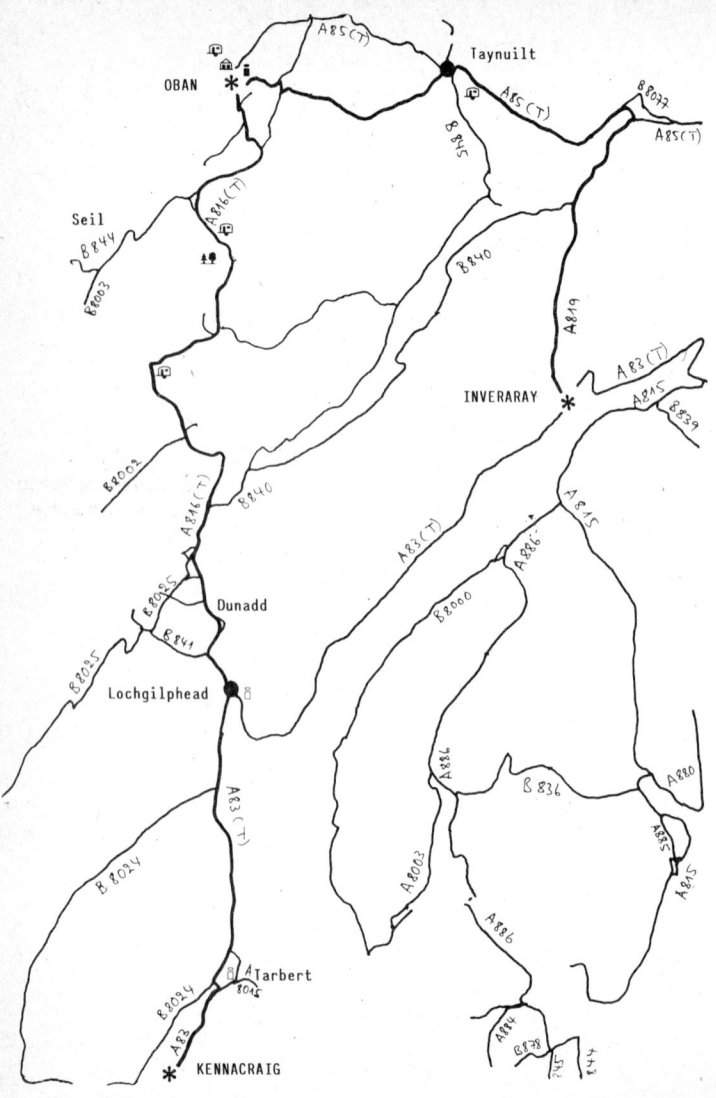

Abstecher zur südwestlich gelegenen Insel **Seil** einschieben, die über eine 1791 erbaute Brücke mit dem Festland verbunden ist. Auf Seil gibt es einen weiteren der in dieser Gegend sehr häufigen Parks, die An Cala Gardens, April-September nur montags und donnerstags zugänglich. Zur kleinen Insel **Easdale** verkehrt eine Fähre; auf dieser Schieferinsel ist ein ungewöhnliches volkskundliches Museum eingerichtet worden, das die Lebensweise auf Easdale und benachbarten Inseln im 19. Jahrhundert darstellt (April-Oktober täglich geöffnet).

Camping: Glen Gallain Caravan Park, Lagganmore, Kilninver, 30 Zeltstandplätze, Waschmaschine, geöffnet März-November, an der A816.

Von Kilninver zum Etappenziel, **Oban** (s. Etappe 47), sind dann noch etwa 12 km zurückzulegen.

Etappe 49: Isle of Mull
Oban - Craignure - Glen More - Balnahard - Gruline - Ensay - Tobermory - Salen - Fishnish - Lochaline - Strontian (140 km)

Eine Rundfahrt über die Insel Mull mit Anschlüssen nach Fort William und Skye; Ausflug nach Iona möglich. Bei Verwendung der O.S.-Karten werden die Blätter für Südwest-Schottland und für die Inseln benötigt; wer keine weiteren Inseln besuchen möchte, sollte besser eine Regionalkarte vor Ort erwerben.

Die Etappe beginnt in Oban mit einer Seereise, nämlich auf der Fähre der Caledonian MacBrayne nach Craignure (bis zu 7 Abfahrten täglich, ca. £ 2 für Mensch und Rad). Falls Sie im Anschluß Etappe 50 nach Skye und ggf. über die Äußeren Hebriden weiterfahren möchten, können Sie ein ermäßigtes "Island Hopscotch"-Ticket kaufen. Von **Craignure** zum 2 km entfernten Schloß Torosay Castle verkehrt Ostern-September eine Schmalspureisenbahn. Schloß und Park stammen aus dem 19. Jahrhundert; der Park ist ganzjährig und täglich zugänglich, das Schloß Ostern-Mitte Oktober mo-fr, Mai-September täglich 10.30-17.00 h. Etwas südlich kann man über einen Zufahrtsweg Duart Castle erreichen, eine Burg aus dem 13. Jahrhundert, die Mai-September täglich 10.30-18.00 h Besucher für £ 1,50 Eintritt empfängt.

Bed & Breakfast (CTC-empfohlen): Mrs. J. Chalmers, Linnhe View, Tel. (06802) 373; Pennygate Lodge, Tel. (06802) 333 & 301, jeweils ab £ 8.

Camping: Old Pier Holiday Centre, Craignure, 30 Standplätze, geöffnet Mai-September, 1 km südöstlich der Fähre.

Die Rundfahrt über Mull, eine ziemlich gebirgige Insel, die in diesem Jahrhundert stark aufgeforstet worden ist, wird fast ausschließlich über einspurige Straßen mit Ausweichstellen durchgeführt. Die A849 bildet den ersten Teil der Rundstrecke; nachdem auf ihr das Glen More durchquert worden ist, verlassen Sie sie auf die B8035 Rchtg. Salen.

An dieser Stelle werden Sie feststellen, daß der restliche Verkehr auf der A849 geradeaus weiterfährt, obwohl diese Strecke eine Sackgasse ist. Man erreicht auf ihr **Fionnphort,** einen kleinen Hafen, von dem aus die Personenfähre (nimmt auch Räder mit) zur Insel **Iona** ablegt, eine Pendelverbindung für etwa 60 p je Strecke incl. Fahrrad.
Bed & Breakfast (CTC-empfohlen): außer einigen Häusern an der A849 in Fionnphort J & R Wagstaff, Red Bay Cottage, Deargport, Tel. (06817) 396; Joan Davies, Dungrianach, Tel. (06817) 417.

Man kann das Rad aber auch in Fionnphort stehen lassen, denn Iona ist eine sehr kleine Insel mit nur einem Ort und fast keinen Straßen. Der Grund für den relativ starken Tourismus besteht in der Vergangenheit des Eilandes: von Iona aus christianisierte der irische Missionar Columba mit seinen Gefolgsleuten im 6. Jahrhundert das schottische Hochland. Bis ins hohe Mittelalter war Iona das religiöse Zentrum des Landes und die Begräbnisstätte für über 50 schottische und irische Könige. Die Insel gehört heute dem National Trust, während die noch vorhandenen sakralen Gebäude der schottischen Kirche übereignet wurden. Die ältesten Teile sind die fünf keltischen Hochkreuze des 8.-10. Jahrhunderts, während die Kapellen, Klöster und Kathedrale erst im zweiten Jahrtausend errichtet wurden. Obwohl sie ein paar hundert Jahre lang dem Verfall preisgegeben waren, ist die gesamte Anlage sehr eindrucksvoll. Die meisten Bewohner auf Iona gehören der "Community" an, einem Priester- und Laienorden, der seit 1938 existiert. Dort kann man auch recht preiswert wohnen (Mindestaufenthalt 3 Tage), was aber kaum jemand der halben Million jährlichen Besucher tut. Übrigens ist Iona außer mit der Fähre im Sommer auch per Ausflugsboot ab Oban erreichbar, wobei meist ein Besuch auf **Staffa** dazugehört, einer unbewohnten Felseninsel 10 km nördlich, die ganz aus spektakulär aussehenden Basaltsäulen besteht. Die bekannteste der fünf vorhandenen Höhlen, "Fingal's Cave", hat angeblich Felix Mendelssohn-Bartholdy zu seiner Hebriden-Ouvertüre inspiriert.

Ob mit oder ohne Ausflug nach Iona, die Weiterfahrt auf Mull erfolgt in jedem Fall über die B8035 Rchtg. Salen, der Sie fast 30 km lang folgen. Bei **Killiechronan** biegen Sie dann links auf die B8073 ab, eine Straße, die eine ganze Reihe steiler, aber meist kurzer Steigungen aufweist.
Camping: Killiechronan Estate, Aros, Tel. (0786) 62519, einfacher Platz mit minimaler Ausstattung, niedrigen Preisen und faktisch unbegrenzter Aufnahmekapazität.

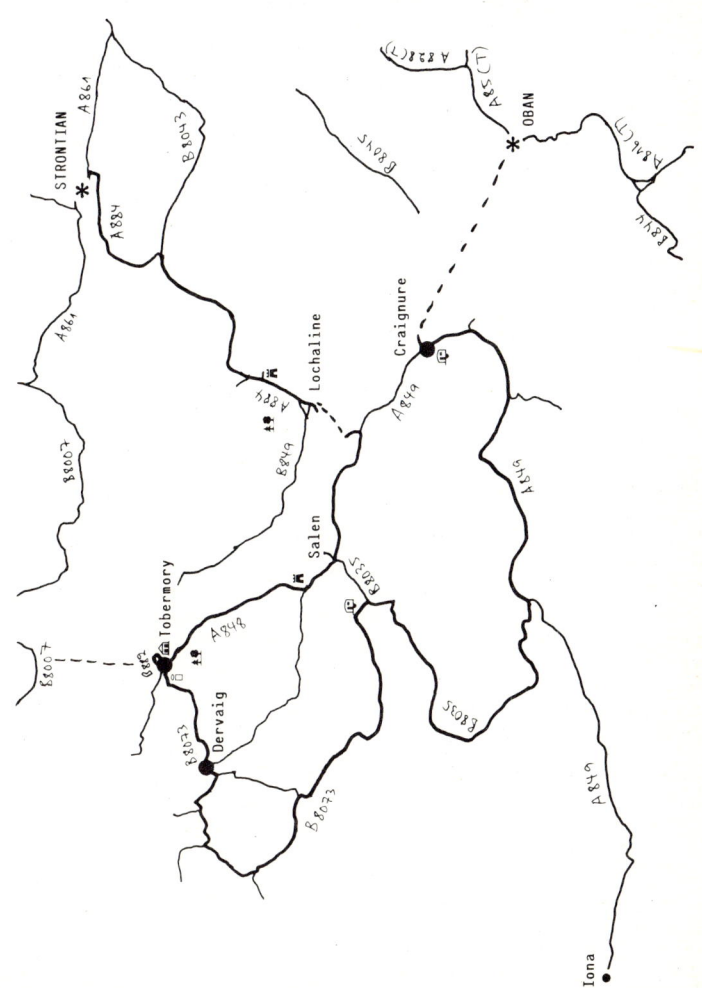

STRONTIAN

A861

A864

A884

B8043

A865 (T)

A828 (L)

OBAN

A816 (T)

A828 (T)

B8045

A884

Lochaline

A849

Craignure

B8007

B8047

A849

A849

Salen

Tobermory

A848

B8035

Dervaig

B8073

B8073

B8035

A849

Iona

189

Wiederum gut 30 km Fahrt sind erforderlich, bis Sie auf der B8073 das Dorf Dervaig erreichen. An dieser Strecke kommen Sie am Herrenhaus Treshnish vorbei, dessen Park April-Oktober täglich zugänglich ist. Noch vor Dervaig passieren Sie die Druimgigha Farm, ein biodynamischer Betrieb mit Besuchszentrum und Naturlehrpfad. **Dervaig** ist ein hübsches kleines Dorf, das Standort des "kleinsten professionellen Theaters in Großbritannien" (so die Selbstdarstellung) ist. Das Ehepaar Hesketh führt hier im Sommer nicht nur vor knapp 40 Zuschauern Stücke auf, sondern besorgt auch das Kulissenschieben und die gastronomische Versorgung der Besucher. Buchung ist deshalb ggf. sinnvoll, Tel. (06884) 267. Etwa 10 km hinter Dervaig endet die B8073 in **Tobermory,** dem Hauptort der Insel, mit 800 Einwohnern nicht gerade riesig, aber recht betriebsam und vor allem hübsch anzusehen; ein wenig Farbe auf Häuserfassaden wirkt da wahre Wunder. Das örtliche Heimatmuseum ist April-Oktober mo-fr jeweils 11-17 h geöffnet.

Information: 48 Main Street, Tel. (0688) 2182, Mai-September geöffnet.
Verkehrsverbindungen: Fähren nach Kilchoan (vor Ort Erkundigung nötig), Oban, Coll und Tiree.
Jugendherberge: Tel. (0688) 2481, 48 Betten, geöffnet Ostern-September.
Fahrradverleih: A. Brown, Tel. (0688) 2020.
Waschsalon: 12 Main Street.

Falls Sie nicht mit der Fähre nach Kilchoan und weiter über die B8007 fahren können oder wollen, nehmen Sie in Tobermory die A848 nach **Salen.** Ca. 2 km vor diesem Dorf steht nahe der alten Brücke über den River Aros das Aros Castle, eine Burgruine aus dem 13. Jahrhundert, auf Farmgelände gelegen und gratis zugänglich. Etwa 10 km hinter Salen führt nach links eine Zufahrtstraße zur Fähre in Fishnish, mit der Sie nach **Lochaline** auf der Morvern-Halbinsel übersetzen; die Fähre verkehrt mo-sa fast 20 mal, aber sonntags überhaupt nicht - ein kleiner Vorgeschmack auf die Sitten, die auf den Hebriden allgemein herrschen. Der Fährpreis liegt bei etwa £ 1,30 für Mensch und Rad; Ermäßigungsticket nur für Weiterfahrt Richtung Skye erhältlich (s. Beginn der Etappenbeschreibung).

Bei der Weiterfahrt auf der A884 kommen Sie nach 3 km am Nordrand der Bucht, die dem Fährort den Namen gegeben hat, an den Ruinen von Kinlochaline Castle (15. Jahrhundert) vorbei; nach ca. 30 km treffen Sie am Loch Sunart auf die A861 beim Etappenziel **Strontian.** Anschluß erfolgt über die Etappen 50 (Rchtg. Skye) und 55 (Rchtg. Fort William).

Etappe 50:
Strontian - Lochailort - Arisaig - Mallaig - Armadale - Broadford (110 km)

Die südliche Zubringerstrecke zur Isle of Skye; ab Fort William ggf. auch per Eisenbahn nach Mallaig anzusteuern. Wie Sie schon an den Namen auf der Landkarte erkennen können, gibt es in dem durchfahrenen Gebiet noch Reste gälischer Traditionen.

Die Etappe beginnt in Strontian auf der A861 Rchtg. Lochailort. Obwohl diese Straße eine von nur zwei existierenden nach Mallaig ist, brauchen Sie nicht mit nennenswertem Verkehr zu rechnen, da die Morvern-Halbinsel südlich der A830 (Fort William-Lochailort) nur über einige relativ unbedeutende Fährverbindungen an den Rest der Welt angeschlossen ist. Sie können sich also voll und ganz dem Naturgenuß hingeben. Auch historische Gemäuer lenken Sie davon nicht ab, denn das einzige nennenswerte Bauwerk ist nach etwa 30 km Fahrt die Ruine von Old Kinlochmoidart House bei Ardmolich, im 18. Jahrhundert bereits zerstört.

Bei Lochailort (Bahnstation an der Strecke von Fort William nach Mallaig, gemütlicher Pub mit gutem Essen) treffen Sie auf die A830(T), der Sie nach links über Arisaig geradewegs bis **Mallaig** folgen, dem Fährhafen zur Insel Skye. Kurz vor dem Streckenende gibt es einige unregistrierte Campingplätze neben der Straße.

Information: saisonal in Mallaig, Tel. (0687) 2170.

Verkehrsverbindungen: Eisenbahn nach Fort William; Autofähre nach Armadale (Skye), im Sommer bis zu 6 Abfahrten täglich außer sonntags, Fußgänger-/Fahrradfähre ganzjährig außer sonntags, ca. £ 2 für Mensch und Rad, "Island Hopscotch"-Ticket für Weiterfahrt erhältlich. Außerdem Personenfähren zu den Inseln Rhum und Eigg

Jugendherbergen: Garramore, Arisaig, Tel. (06875) 268, 82 Betten, geöffnet Ostern-September, 6 km südlich vom Fähranleger Mallaig; Armadale, Ardvasar, Tel. (04714) 260, 42 Betten, geöffnet Ostern-September, auf Skye nahe beim Fähranleger.

Camping: Portnadorran Caravan Site, Arisaig, Tel. (06875) 267, 25 Standplätze, Waschmaschine, geöffnet April-Oktober, 10 km südlich von Mallaig, 3 km nördlich von Arisaig.

Fahrradverleih: Tankstelle am Fähranleger Armadale, Tel. (04714(249.

Nach der halbstündigen Überfahrt nach Armadale können Sie sich gleich wieder an historischen Gemäuern delektieren: das Armadale Castle samt Park ist der historische Sitz des MacDonald-Clans (keine Fleischklopsfabrik!) und beherbergt heute das Clan-Museum. Über die A851 fahren Sie nordwärts entlang dem Sound of Sleat; bei Teangue kommen Sie an der Ruine von Knock Castle vorbei. Etwa 2 km östlich von **Broadford,** dem Etappenende, treffen Sie auf die A850 aus Rchtg. Kyleakin.

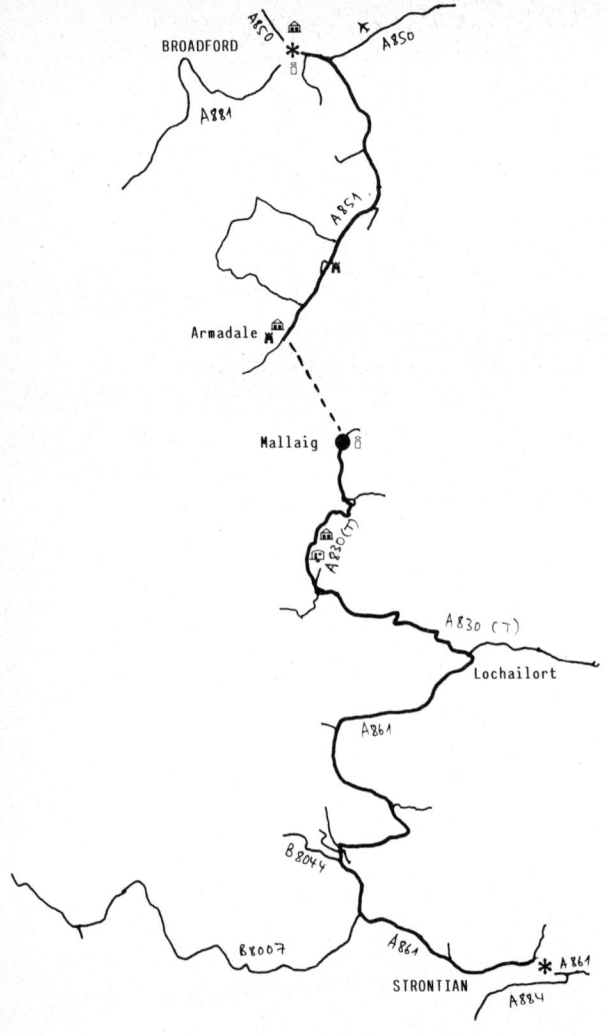

BROADFORD

A850

A881

A851

Armadale

Mallaig

A830 (T)

A830 (T)

Lochailort

A861

B8044

B8007

A861

STRONTIAN

A861

A884

<u>Information:</u> Mai-September, Tel. (04712) 361 & 463.
<u>Verkehrsverbindungen:</u> werktags Flüge nach Glasgow (Logainair).
<u>Jugendherberge:</u> Tel. (04712) 442, 76 Betten, geöffnet Anfang März-
Oktober, Fahrradverleih, nördlich von Broadford an der Bucht.

Etappe 51:
Tarbet - Crianlarich - Tyndrum - Bridge of Orchy (45 km)

Vom Loch Lomond in die Grampian Mountains.
Die Etappe beginnt in Tarbet auf der einzigen nach Norden führenden
Straße, der A82(T), die durchgehend benutzt wird. Die Strecke führt am
Westufer von Loch Lomond entlang bis **Ardlui,** dem Nordende des Sees. Der
dortige Caravanplatz nimmt (ebenso wie der in Inveruglas auf halbem Weg
von Tarbet) keine Zelte auf. An dieser Stelle wechselt die Straße von
der Strathclyde Region für einige Kilometer in die Central Region über.
Crianlarich ist der nächste nennenswerte Ort an der Streckenführung,
eine Art Verkehrsknotenpunkt des südlichen Hochlandes: hier trennen sich
die Eisenbahnstrecken Richtung Oban und Fort William, die A85(T) stößt
aus dem Osten kommend hinzu, und selbst Wanderer sind hier in größeren
Mengen anzutreffen, da der Fernwanderweg "West Highland Way" (von Glasgow nach Fort William) unmittelbar vorbeiführt. Außerdem stellen einige
der höchsten Gipfel der Highlands Anforderungen an die Kenntnisse und
Fähigkeiten von Bergwanderern, die in Crianlarich einen günstigen Stütz-
punkt für ihre Aktivitäten finden.
Jugendherberge: Tel. (08383) 260, 78 Betten, geöffnet März-Oktober,
neues Haus am Bahnhof.
Camping: Glendochart Caravan & Camping Park, Tel. (05672) 637, 20 Zeltstandplätze, Waschmaschine, geöffnet April-Oktober, auf halbem Weg von
Killin nach Crianlarich an der A85(T) (s. Etappe 52).

Auf der gemeinsamen Streckenführung von A82 und A85 fahren Sie weiter
ins 8 km entfernte Städtchen **Tyndrum,** das sich den Luxus zweier Bahn-
höfe leistet - die Eisenbahnstrecken nach Oban und Fort William, seit
Crianlarich getrennt verlaufend, halten an verschiedenen Stationen.
Information: am Parkplatz, Tel. (08384) 246, April-September geöffnet.
Camping: Pine Trees Caravan Park, Tel. (08384) 243, 17 Standplätze,
geöffnet Januar-Oktober, an der Straßengabelung A82/A85.

Falls Sie es bisher noch nicht bemerkt haben, so wird Ihnen jetzt deutlich werden, daß es nun in die Berge geht. Die A82(T) zielt nordwärts
in die Grampian Mountains, wobei Sie bis zum Etappenende Eisenbahn und
West Highland Way immer in Sichtweite haben. Gleich hinter Tyndrum
verlassen Sie übrigens die Central Region wieder und durchradeln einen
Ausläufer der Strathclyde Region. In **Bridge of Orchy**, beim dortigen
Hotel mit Erfrischungsmöglichkeit, wird beides noch sichtbarer, da dort
erneut eine Eisenbahnstation der Strecke nach Fort William ist und die
Bergstiefel der Fernwanderer per Türschild als unerwünscht eingestuft
werden. Der Anschluß nach Norden erfolgt über Etappe 53.

Kartenskizze Etappen 51 + 52

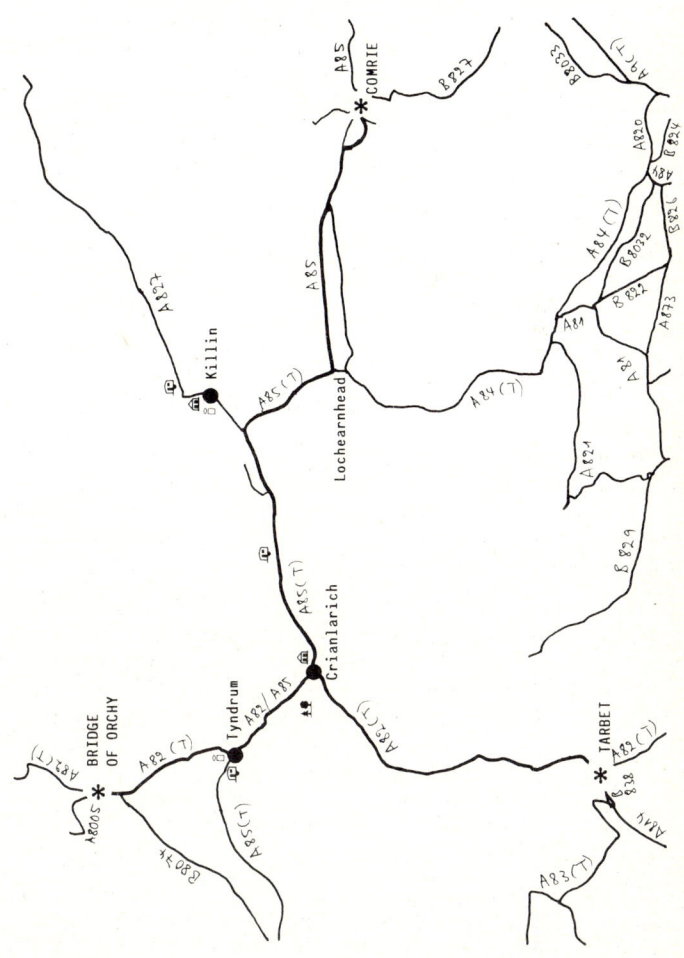

Etappe 52:
Comrie - Lochearnhead - Crianlarich - Bridge of Orchy (70 km)

Die Verbindung von Etappe 20 zum westlichen Hochland.
Die Etappe beginnt in Comrie auf der Nebenstraße über Rachonzie (beschildert), die etwa 4 km westlich zur A85 Rchtg. Oban führt, der Sie
westwärts bis zum Loch Earn folgen. Dort können Sie auf die Nebenstraße
am südlichen Seeufer ausweichen (als "South Lough Earn Road" beschildert), die allerdings im Vergleich mit der A85 einige kleinere Steigungen aufweist. Falls Sie die Nebenstraße nutzen, müssen Sie am See-Ende
noch etwa 1 km rechts auf der A84(T) fahren, bis in **Lochearnhaed** die A85
wieder die Streckenführung übernimmt. Durch das Glen Ogle führt die
A85(T) nordwärts zum River Dochart. Hier können Sie (ggf. zur Übernachtung) einen Abstecher in das Städtchen **Killin** machen, das etwa 4 km östlich am Ostende von Loch Tay liegt. Die dekorativen Berge im Hintergrund
und wildwasserähnliche Flußläufe machen Killin zu einem beliebten Foto-
motiv und Urlaubsort.
Information: Main Street, Tel. (05672) 254, April-September geöffnet.
Jugendherberge: Tel. (05672) 546, 56 Betten, geöffnet April-Oktober, am
Nordrand des Ortes gelegen.
Camping: Cruachan Caravan Site, Tel. (05672) 302, 50 Zeltstandplätze,
geöffnet April-Oktober, 5 km östlich an der A827; High Creagan Caravan
Site, Tel. (05672) 449, 10 Standplätze, Waschmaschine, geöffnet April-
Oktober. 3 km östlich von Killin an der A827.
Fahrradverleih: Mr. Thrifty, Main Street.

Von Killin fahren Sie über die A827 zurück zur Gabelung der A85(T) und weiter auf der Hauptstraße durch das Glen Dochart nach **Crianlarich,** wo Sie auf die Streckenführung der Etappe 51 nach **Tyndrum** und **Bridge of Orchy** treffen. Die ab Killin von der O.S.-Karte vorgegaukelte Nebenstraßenalternative nördlich des River Dochart ist faktisch leider nicht zu benutzen.

Etappe 53:
Bridge of Orchy - Glencoe - Kinlochleven - North Ballachulish - Corran - Camusnagaul - Fort William (96 km)

Eine Strecke durch eines der schönsten Hochtäler der Highlands; mit Varianten um etwa 20 km verkürzbar.

Von Bridge of Orchy führt sie auf der A82(T) zum **Rannoch Moor**, einem mit Seen gesprenkelten Hochmoor, und dann weiter ins berüchtigte Tal von **Glen Coe,** dem Schauplatz des blutigen Massakers am MacDonald-Clan. Die Straße, die hier recht lange, aber nicht übermäßig steile Steigungen bewältigt, ist gleich von mehreren Bergschichten eingerahmt; wenn das Wetter es zuläßt, bietet sich somit ein Ausblick, der mit der Vokabel "prachtvoll" höchst unzureichend beschrieben ist. Ein etwas kleineres, von den vorbeirauschenden Autotouristen meist unbemerktes Naturwunder ist dicht neben der Straße zu sehen: in fast baumloser Wildnis ein einsamer Baumstamm, der aus einer Spalte eines freiliegenden Felsblocks herauswächst. Etwas abseits der A82(T) liegt das Kingshouse Hotel, ein Gasthof aus dem 18. Jahrhundert und angeblich ältestes Inn in Schottland. Kurz vor dem Glen Coe Visitor's Centre des National Trust, wo für 25 p das Massaker von 1692 erläutert wird, biegt eine Nebenstraße rechts ab, die vorbei der Jugendherberge und einem einfachen Campingplatz (s.u.) hinunter ins Dorf **Glencoe** führt. In einem ehemaligen Cottage des Ortes ist ein ausgesprochen anheimelndes Heimatmuseum untergebracht, bei dem die 30 p Eintritt gut angelegt sind.
<u>Information:</u> Ballachulish, Tel. (08552) 296, saisonal, westlich von Glencoe an der A82.
<u>Jugendherberge:</u> Tel. (08552) 219, 96 Betten, nur im Januar geschlossen, Fahrradverleih, an der Nebenstraße auf dem Hügel oberhalb des Ortes.
<u>Camping:</u> Glencoe Caravan Club Site, Tel. (08552) 397, 200 Standplätze, Waschmaschine, geöffnet April-September, östlich des Ortes an der A82; einfacher unregistrierter Platz (£ 1 je Person) an der Nebenstraße von A82 über JH zum Dorf; Invercoe Caravans, Tel. (08552) 210, 10 Zeltstandplätze, geöffnet April-Oktober, östlich des Ortes an der B863.

Wenn Sie es eilig haben oder Ihnen die Strecke sonst zu lang wird, können Sie auf der A82(T) weiter zur Brücke nach North Ballachulish fahren.

Kartenskizze Etappen 53–55

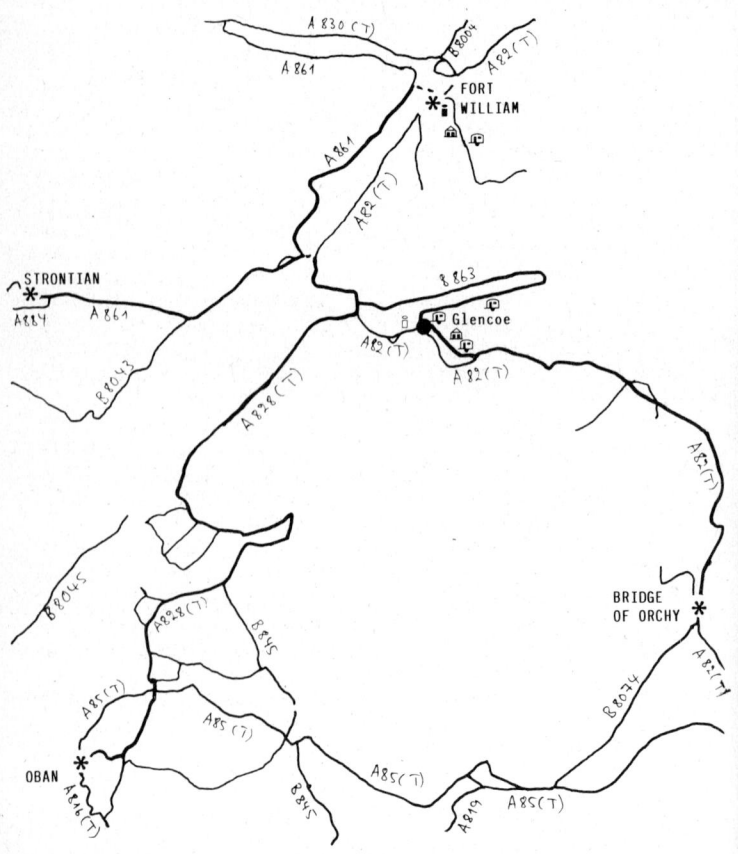

Empfehlenswerter ist aber der längere, schöne Weg rund um Loch Leven, der auf der B863 durch **Kinlochleven** zurückgelegt wird.

Camping: Caolasnacon Camping Site, Tel. (08554) 279, 50 Standplätze, Waschmaschine, 5 km von Glencoe an der B863.

Am Nordufer von Loch Leven fahren Sie weiter nach **North Ballachulish,** erst seit einigen Jahren über eine Brücke mit dem Südufer des Lochs verbunden. Dort stoßen Sie wieder auf die A82(T) Rchtg. Fort William, die Sie aber nach ca. 6 km wieder verlassen können, falls die Zeitplanung es Ihnen ermöglicht (s.u.). Dazu müssen Sie mit der Fähre nach **Corran** zum Westufer von Loch Linnhe übersetzen, dort auf der A861 nordwärts radeln und von **Camusnagaul** wieder die Fähre nach Fort William nehmen. Auf beiden Strecken werden Fahrräder gratis befördert, so daß Sie der Abstecher nur ein paar Pence kostet; die Straße am anderen Ufer ist aber erheblich schöner und ruhiger als die A82(T). Allerdings können Sie diese Variante nur wählen, wenn Sie nicht zu spät unterwegs sind; zwar verkehrt die Fähre nach Corran halbstündlich bis gegen 21 h, aber die Verbindung ab Camusnagaul wird zwischen 17 und 18 h letztmalig bedient. Außerdem erhalten Sie per Fähre nach Corran Anschluß an die Etappen über Strontian nach Mull oder Skye.

Welche Variante Sie sich auch aussuchen, Etappenende ist in Fort William.

Fort William, 10000 Einwohner, Highland Region (Inverness-shire), ist kurz gesagt ein unattraktives Einkaufs- und Verkehrszentrum. Die günstige Verkehrslage mit Eisenbahnanschluß und Straßen in alle Himmelsrichtungen beschert dem Ort dennoch einen beträchtlichen touristischen Andrang. Das liegt u.a. daran, daß hier nicht nur der Caledonian Canal durch das Great Glen, eine der Standardstrecken von bzw. nach Inverness, beginnt, sondern gleich hinter Fort William der höchste Berg Großbritanniens aufragt, **Ben Nevis,** 1343 m hoch und meist in Wolken versteckt. Über einen Touristenpfad kann man bei gutem Wetter den Gipfel bezwingen, am besten in Gruppen von der JH im Glen Nevis aus. Außer einem kleinen Museum am Cameron Square hat die Stadt selbst wenig zu bieten; Blickfang auf der High Street ist ein riesiges Sportgeschäft mit Cafeteria und einem in der Tat sehr umfassenden Angebot. Falls Sie Ihre Regenkleidung vergessen haben, ist hier eine günstige Gelegenheit, diesem Mißstand abzuhelfen.

Information: ganzjährig, Tel. (0397) 3781.

Verkehrsverbindungen: Eisenbahn nach Glasgow und Mallaig; Personen-/Fahrrad-Fähre über Loch Linnhe nach Camusnagaul.

Jugendherberge: Glen Nevis, Tel. (0397) 2336, 128 Betten, nur im November geschlossen, 5 km von Fort William im Tal des River Nevis.

Camping: Glen Nevis Caravan & Camping Park, Tel. (0397) 2191, 230 Zeltstandplätze, Waschmaschine, geöffnet März-September, im Glen

Nevis nahe der JH.
Fahrradersatzteile: Marshall & Pearson, High Street, begrenztes Angebot.
Waschsalons: im Croit Anna Hotel, Tel. (0397) 2268, 3 km südlich, täglich 9-22h; im Einkaufszentrum des nördlichen Vorortes Caol.

Etappe 54:
Oban - Connel - Tynribbie - North Ballachulish - Fort William (82 km)

Nordwärts zum Great Glen; fast ausschließlich unter Hauptstraßennutzung. Der Anfang der Etappe wird in Oban allerdings auf der Nebenstraße (Glencruiten Road) ostwärts aus der Stadt gemacht; die Strecke kreuzt die Eisenbahnlinie und kommt nach etwa 3 km zu einer T-Mündung, an der Sie links nach **Connel** (Bahnstation) fahren. Dort nehmen Sie die A828(T), die über die schmale Meerenge nach Norden Rchtg. Fort William führt. Nach einigen Kilometern passieren Sie ein "Sea life Centre", ein Meerwasseraquarium, das April-Oktober geöffnet ist, Juli/August jeweils bis 20 h. Die A828(T) verläuft um die Bucht von Loch Creran, überquert die Landzunge von Appin und erreicht das Ostufer von Loch Linnhe. Bei Ballachulish überqueren Sie auf einer Brücke Loch Leven und treffen in **North Ballachulish** auf die Streckenführung von Etappe 53 nach **Fort William** (s. dort).

Etappe 55:
Strontian - Corran - Fort William (40 km)

Die Verbindungsstrecke zwischen den südwestlichen Inseln und Halbinseln und dem zentralen Hochland.
Es wird durchgehend die A861 benutzt; eine sehr ruhige Straße über die Morvern-Halbinsel, die nur vereinzelt Gehöfte berührt. Dieser Teil Schottlands gehört den Schafen und den riesigen Rhododendronbüschen, die vor allem am Loch Linnhe die Straße säumen. In **Corran** trifft die Etappe auf die Streckenführung der Etappe 53 (s. dort) nach **Fort William.** Achten Sie auf die dort gegebenen Hinweise zu den Fähr-Verkehrszeiten; notfalls können Sie bei Corran auf die andere Loch-Seite wechseln und auf der A82(T) weiterfahren. Eine andere mögliche Variante ist der Anschluß an Etappe 53 in umgekehrter Richtung ebenfalls ab Corran.

Etappe 56:
Fort William - Loch Laggan - Drumgask - Newtonmore - Kingussie (75 km)

Vom Great Glen zum Spey Valley (Anschluß an Etappe 22).
Die Strecke beginnt in Fort William auf der A82(T) nach Spean Bridge.
Falls Sie die kürzere Strecke lieber gegen eine schönere und weniger
befahrene eintauschen möchten, können Sie auch der Etappe 57 bis Spean
Bridge folgen. Doch von dort an gibt es kein Entrinnen mehr: die A86 als
einzige vorhandene Straße ins Spey Valley dient auch dieser Etappe als
Strecke. Ein interessanter Abstecher ist bei Roybridge ins nördlich ge-
legene Glen Roy möglich, wo durch eiszeitliche Erdbewegungen terrassen-
förmige Hänge entstanden sind.
Camping: Bunroy Caravan Park, Tel. (039781) 332, 30 Standplätze, geöffnet April-September, beim Ort südlich der Eisenbahnlinie.
Fahrräder: Nevis Cycles, Pine Cottage, Spean Bridge, Tel. (039781) 404.

Die A86 führt zwischen teils bewaldeten Hängen hindurch, anfangs am
River Spean entlang, dann am Loch Moy, von dem der Fluß gespeist wird,
und schließlich längs des Stausees Loch Laggan, der seit 1933 Kühlwasser
für die Aluminiumindustrie in Fort William liefert. Etwa 10 km hinter
dem Ende von Loch Laggan erreicht die Straße das Tal des River Spey.
Dort können Sie unmittelbar nach der Flußüberquerung einen Abstecher
über die Nebenstraße zum westlich gelegenen Dorf Crathie und dem dort
befindlichen Eisenzeitfort **Dun da Lamh** machen. Außerdem bietet Ihnen
die A889 von Drumgask aus Anschluß an Etappe 22 in umgekehrter Richtung, d.h. nach Pitlochry. Ansonsten bringt Sie die A82 geradewegs nach
Newtonmore und **Kingussie**, den ersten Orten der Tourismusregion des **Spey
Valley** (s. Etappe 22).

Etappe 57:
Fort William - Gairlochy - Invergarry - Fort Augustus (55 km)

Im Great Glen zu den Ostküsten-Strecken des nördlichen Hochlandes.
Die Etappe beginnt in Fort William zwar auf der A82 Rchtg. Norden,
biegt jedoch gleich hinter der Brücke über den River Nevis links auf die
A830(T) ab. Im Nachbarort Banavie fahren Sie dann rechts auf der B8004
oberhalb des Caledonian Canal nach Norden, eine zwar leicht hügelige,
aber recht schöne Strecke und zudem die einzige Möglichkeit, der Hauptstraße noch für ein paar Kilometer zu entgehen. Bei **Gairlochy** kreuzt die
Straße den Kanal und trifft nach etwa 2 km in der Nähe von Spean Bridge
(Anschluß an Etappe 56 möglich) auf die A82(T). Biegen Sie links auf die
Hauptstraße ein und fahren Sie immer am Loch Lochy entlang über Laggan
bis nahe **Invergarry,** eine etwas abseits an der A87(T) liegende Ansied-

Kartenskizze Etappen 56–58

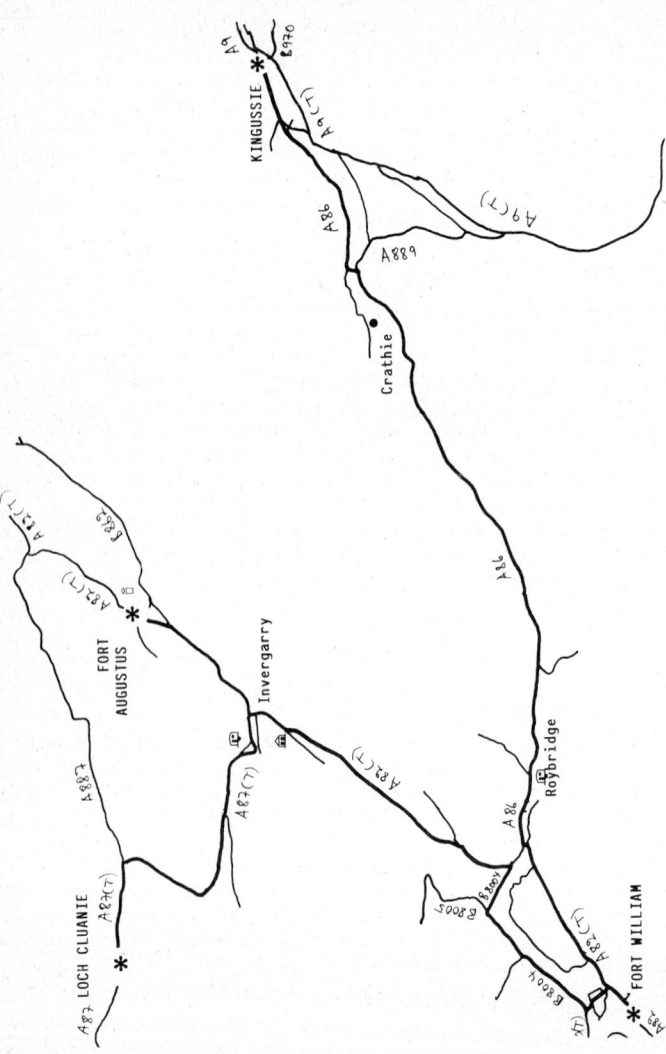

lung mit einer spärlichen Burgruine. Nach weiteren 10 km erreichen Sie am Eingang zu Loch Ness das Etappenziel Fort Augustus.

Fort Augustus, 800 Einwohner, Highland Region (Inverness-shire), ist eine Schleusenstation des Caledonian Canal und Weggabelung für die Strecken am Loch Ness. Zu Zeiten der englisch-schottischen Fehden stand hier eine Festung, die im 19. Jahrhundert in Umkehrung des "normalen" Ganges zu einer Benedektinerabtei mit angeschlossener Schule um- und ausgebaut wurde; im Sommer manchmal Führungen. An der Kanalbrücke 3 km südlich von Fort Augustus gibt es in einer ehemaligen Schmiede die "Great Glen Exhibtion", eine geologische Ausstellung zur Entstehung dieses Landeinschnittes quer durch die Highlands, geöffnet Mai-Oktober. Und selbstverständlich kann man von Fort Augustus aus auch auf Jagd nach Nessie gehen, denn Kabinenkreuzer für den Kanal und die Seen sind hier ebenso zu buchen wie Ausflugsfahrten.

<u>Information:</u> Mai-September am Parkplatz, Tel. (0320) 6367.
<u>Jugendherberge:</u> Loch Lochy, South Laggan, Tel. (08093) 239, 68 Betten, geöffnet Ostern-Oktober, 4 km südlich von Invergarry.
<u>Camping:</u> Faichemard Farm Camping Site, Tel. (08093) 276, 30 Zeltstandplätze, geöffnet März-Oktober, abseits der A87 3 km westlich von Invergarry; Faichem Park, Ardgarry Farm, Tel. (08093) 226, 15 Zeltstandplätze, geöffnet April-Oktober, nahe dem obigen Platz.

Etappe 58:
Fort William - Invergarry - Loch Cluanie (72 km)

Vom Great Glen zur Westküste; Anschluß erfolgt über Etappe 59 oder 60. Von Fort William folgt die Strecke der Etappe 57 (s. dort) bis **Invergarry** (JH und Camping s. Fort Augustus, Etappe 57), biegt aber dort westwärts ab auf die A87(T) , die am Loch Garry entlang führt, in einer langgezogenen Steigung (fast 300 m Höhenunterschied) Ausläufer einer Bergkette überquert, den Beinneun Forest durchläuft und dann links zum **Loch Cluanie** schwenkt. Das ist ein langgestreckter Bergsee in einer ausgesprochen einsamen Gegend, außer im Gasthof Cluanie Inn am Westende des Sees gibt es hier und auch auf den nächsten 20 km keine Einkehrmöglichkeit. Es empfiehlt sich also, für ein Picknick in freier Natur die nötigen Zutaten mitzuführen. Letzte Einkaufsmöglichkeit ist in Invergarry.

Etappe 59:
Loch Cluanie - Shielbridge - Dornie - Strathcarron - Torridon - Kinlochewe - Gairloch (170 km)

Durch das Gebiet von Wester Ross in die nördlichen Highlands.
Die Etappe beginnt am Loch Cluanie auf der A87(T) Rchtg. Kyle of Lochalsh, der Hauptzufahrtstraße zur Insel Skye, und führt durch das Glen Shiel, meist direkt neben dem River Shiel hinunter nach **Shielbridge.** Das ist eigentlich weniger ein Ort als vielmehr eine Art Versorgungs- und Informationspunkt, denn außer einer Tankstelle und einem auch sonntags geöffneten Laden mit Snackbar gibt es hier eine Touristeninformation. Außerdem zweigen an dieser Stelle die Straßen zur Fähre in Glenelg (s. Etappe 60) und zur JH in Ratagan ab.
Information: Mai-September, Tel. (0599) 81264.
Geldwechsel: mobile Filiale der Royal Bank of Scotland macht donnerstags die Runde durch Shielbridge, Ratagan (vormittags) und Glenelg.
Jugendherberge: Ratagan, Tel. (0599) 81243, 44 Betten, geöffnet Ostern-Oktober, Fahrradverleih, neu umgebautes Haus, aber ohne Duschen, ab A87 beschildert, entweder ab Infostelle über für Autos gesperrten Weg oder über Straße zur Fähre Glenelg bis zur Abzweigung nach Ratagan.
Camping: Shiel Shop, Shielbridge, Tel. (0599) 81221, 25 Zeltstandplätze, geöffnet Ostern-September, beim Laden an der Brücke.

Folgen Sie der A87(T) weiter Rchtg. Kyle of Lochalsh am Loch Duich entlang. Nach etwa 10 km taucht links von der Straße eine Insel im Loch auf, auf der die angeblich meistfotografierte Burg des Hochlandes steht, **Eilean Donan Castle,** über eine Brücke mit dem Festland verbunden. Das 1220 erbaute Castle beherbergt heute ein Museum des MacRae-Clans und ist selbstverständlich zu besichtigen. Kurz hinter Eilean Donan überqueren Sie bei Dornie einen schmalen Meerarm; nach weiteren ca. 4 km zweigt dann rechts die A890 ab, führt recht steil (bis zu 10 % Steigung) den Berg hinauf und dann wieder hinab nach **Stromeferry.** Der Name dieses Ortes täuscht leider: es gibt keine Fähre mehr über Loch Carron nach Stromemore. Sie müssen deshalb auf der A890 weiter fahren bis **Strathcarron,** einer Bahnstation an der prachtvollen Eisenbahnstrecke von Inverness nach Kyle of Lochalsh; auf diesem Straßenstück sind etliche kurze und steile Steigungen enthalten. Strathcarron hat übrigens am Bahnhof ein Hotel mit recht ordentlichem Imbißangebot.

Die Straße kreuzt die Bahnlinie; nach etwa 2 km biegen Sie links auf die A898 Rchtg. Strome Castle und Lochcarron ab. Die langgestreckte Siedlung von Lochcarron (touristische Informationstafel an der Straße) durchradeln Sie etwa zur Hälfte und fahren dann rechts auf der A896 weiter nach Ardarroch (keine Straßennummer beschildert), eine ziemlich steile Strekke. Vorher können Sie von Lochcarron aus einen Abstecher zum **Strome Castle** machen, einer Burgruine aus dem Mittelalter und eine der wenigen Burgen des National Trust, die man gratis durchstreifen darf. Die Zufahrt ist aber eine Sackgasse, so daß Sie zurück nach Lochcarron fahren müssen, wenn Sie weiter nach Ardarroch möchten. Hinter diesem Ort führt die A896 im Bogen nordwärts; nach einigen Kilometern haben Sie ggf. die Möglichkeit, über den Applecross Pass zum gleichnamigen Dorf zu fahren - allerdings sollten Sie vorher ein wenig Bergsteigertraining machen, denn der Paß ist so ziemlich die steilste und schmalste Straße im weiten Umkreis und selbst bei Autofahrern deshalb gefürchtet. Also bleiben Sie besser auf der A896, die in einer gemäßigten Steigung nach Shieldaig verläuft (in Gegenrichtung steiler) und dort rechts nach **Torridon** schwenkt. Diese Siedlung befindet sich am gleichnamigen See, im Hintergrund ein ausgedehntes Naturschutzgebiet des National Trust, der auch ein Informationszentrum unterhält (geöffnet Juni-September täglich 10-18 Uhr, sonntags ab 14 h). Ein paar hundert Meter entfernt ist der Rotwild-Artenreichtum der Gegend in einem Deer Museum dargestellt, das dem Infocenter angeschlossen ist.

Jugendherberge: Tel. (044587) 284, 80 Betten, geöffnet März-Oktober, modernes Haus mit Gruppenräumen, deshalb oft ausgebucht. Als Ausweichmöglichkeit gibt es in der Nähe einige B&B-Häuser.

Auf dem folgenden Teilstück haben Ihre Waden Schonzeit: fast ohne Steigungen verläuft die A896 bis **Kinlochewe,** einem kleinen Ort am Südende des Loch Maree, einem Bilderbuchsee, dessen Anblick Sie ausgiebig genießen können, da Sie nun links auf die A832 abbiegen. Die Straße führt anfangs über weite Strecken direkt neben dem See her, bevor sie sich aufmacht, um eine Hügelkette nordwestwärts zum Loch Gairloch zu überqueren. Der Ort **Gairloch** war einmal ein Fischerhafen, ist heute aber eher ein Ferienort, in dessen Nähe es einige schöne Strände ebenso gibt wie genügend Raum für Wanderungen und - bei klarem Wetter - einen schönen Blick auf die Isle of Skye. Ein kleines Heimatmuseum hat der Ort ebenfalls, geöffnet Mai-September täglich außer sonntags.

Information: Achtercairn, Tel. (0445) 2130, ganzjährig geöffnet.

Jugendherberge: Carn Dearg, Tel. (0445) 2219, 56 Betten, geöffnet Mitte Mai-September, 4 km westlich an der B8021.

Camping: Sands Holiday Centre, Tel. (0445) 2152, 200 Zeltstandplätze, geöffnet April-Oktober, 5 km von Gairloch an der B8021 (s. JH).

Kartenskizze Etappe 59 + 60

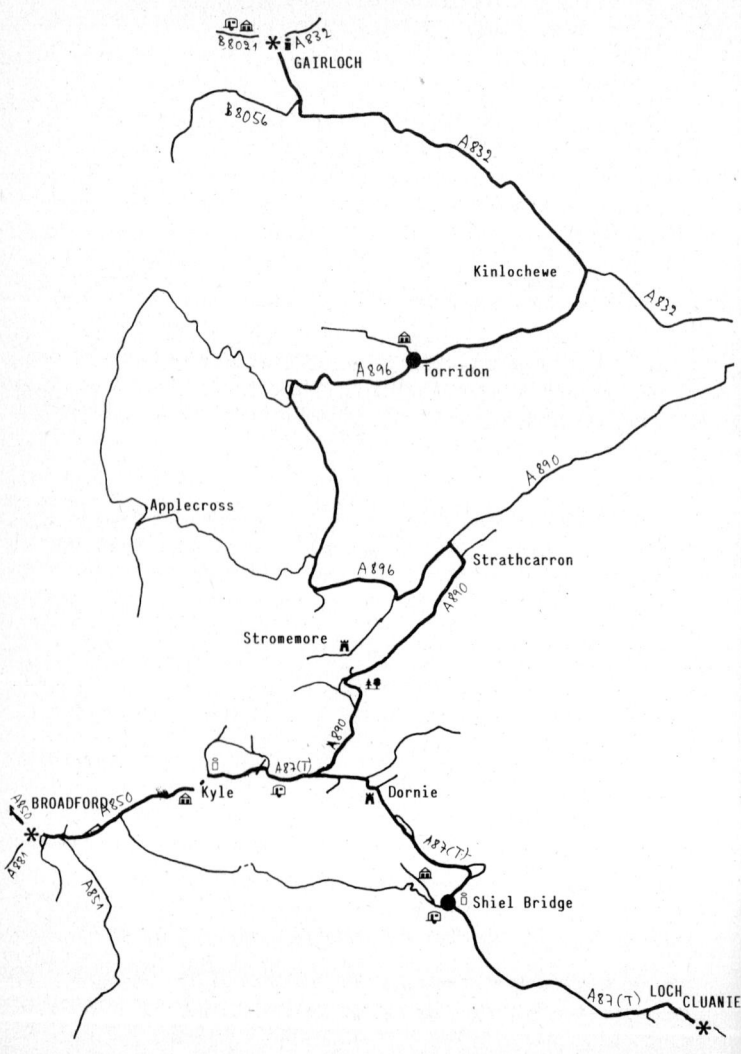

Etappe 60:
Loch Cluanie - Shielbridge - Kyle of Lochalsh - Kyleakin - Broadford
(72 km)

Die nördliche Zubringerstrecke zur Isle of Skye; für Bergradler mit
einer Variante.
Sie folgt der Etappe 59 (s. dort) über Shielbridge, Eilean Donan Castle
und Dornie, biegt aber nicht auf die A890 ab, sondern bleibt auf der
A87(T) bis Kyle of Lochalsh. Etwa 4 km vor Kyle kommen Sie dabei am
Gelände von Balmacara, einem Landschaftspark des National Trust, vorbei
(ganzjährig für 40 p zugänglich); das Herrenhaus des Anwesens ist nicht
zu besichtigen.
Camping: Forestry Commission, 50 Standplätze, geöffnet Mai-September,
im Wald abseits der A87; Reraig Caravan Site, Tel. (059986) 285, 40
Standplätze, geöffnet April-September, 5 km vor Kyle of Lochalsh.

Kyle of Lochalsh ist der wichtigste Fährhafen zur Isle of Skye, über
eine sehr schöne Eisenbahnlinie mit Inverness verbunden. Die nur 5 Minu-
ten dauernde Überfahrt wird im Pendelverkehr täglich einschl. sonntags
durchgeführt; der Fährpreis für Mensch und Rad liegt bei stolzen 45 p.
Information: Mai-September, Tel. (0599) 4276.

Eine landschaftlich sehr lohnende Alternative für leistungsbewußte Radler ist die Fähre von Glenelg nach Kylerhea, die Ende Mai-Mitte September täglich außer sonntags verkehrt; sie ist über die Nebenstraße vorbei
an der JH Ratagan (s. Etappe 59) zu erreichen und verkehrt bis 17 h, im
Juli/August bis 18 h; Fährpreis ca. 60 p je Strecke). Absicherung ggf.
unter Tel. (059982) 224 vornehmen. Auf der anderen Seite ist aber dann
ein steiler Berg zu überqueren, was nicht für jeden durch die Neben-
straßenverbindung ausgeglichen sein wird.

Wenn Sie in Kyleakin mit der Fähre ankommen, so finden Sie dort eine JH
vor, die die bisherige in Kyle of Lochalsh ersetzt hat (Tel. 0599/4585,
80 Betten, geöffnet März-Oktober, in einem ehemaligen Hotel, zubereitete
Mahlzeiten). Über die A850 gelangen Sie geradewegs nach **Broadford** (s.
Etappe 50).

Etappe 61: Isle of Skye
Broadford - Bracadale - Dunvegan - Portree - Kilmaluag - Uig (155 km)

Eine Rundfahrt über die Insel Skye, die durch Abstecher ausgebaut werden
kann (und sollte).
Skye ist bekannt als die "Wolkeninsel" (so auch eine der möglichen Übersetzungen der gälischen Bezeichnung), was schon hinreichend klar macht,

welche Wetterlage hier im allgemeinen herrscht. Zwar hat Skye kein Mono-
pol auf wolkenverhangenen Himmel, aber höhere Berge, von denen die Insel
einige besitzt, neigen nun einmal besonders dazu, ihre Gipfel den Augen
der Betrachter zu entziehen. Skye ist die größte Insel der inneren Hebriden und auch aufgrund der guten Verkehrsanbindung die am meisten
besuchte. Sie besteht im Grunde aus einem halben Dutzend Halbinseln mit
recht unterschiedlichen Landschaftsformen - allerdings überwiegend hü-
gelig bis bergig. Abseits der Straßen können viele Gebiete erwandert
werden, und Abstecher in Täler abseits des Hauptstraßenringes sind immer lohnend. Als erster solcher Ausflug bietet sich die Fahrt nach **Elgol**
über die A881 von Broadford aus an.

Die Etappe beginnt in Broadford auf der A850 Rchtg. Portree, die sich
25 km lang nördlich der höchsten Gipfel der Insel entlangschlängelt. Ein
kleines Museum im Stil der Jahrhundertwende befindet sich etwa auf halber Strecke in **Luib.** Im Örtchen Sconser gibt es eine Fährverbindung der
Cal-Mac zur nördlich gelegenen Insel **Raasay** (außer sonntags, bis zu 6
mal täglich, ca. £ 1,20 für Mensch und Rad je Strecke), einem für Naturfreunde interessanten Ziel.
Jugendherberge: Creachan Cottage, 34 Betten, geöffnet Mitte Mai-September, einfaches Haus ohne Warenverkauf nördlich der Anlegestelle.

Bei der Mündung des River Sligachan in das gleichnamige Loch verlassen
Sie die A850 und fahren auf der A863 weiter Richtung Dunvegan. Nach etwa
10 km bietet sich die nächste Möglichkeit zu einem sinnvollen Abstecher:
über die B8009 und anschließende Nebenstraße ins Glen Brittle. Dort hat
man die beste Möglichkeit, die **Cuillin Hills** zu besteigen, die höchsten
Gipfel der Insel und höchst ungewöhnlich geformt. Das Wort "Hügel" darf
dabei als Ausdruck britischen Understatements betrachtet werden.
Jugendherberge: Tel. (047842) 278, 58 Betten, geöffnet Ostern-September, 2 km vor dem Ende der Straße.
Camping: Glenbrittle Farm, Tel. (047842) 232, einfacher Platz, aber
wildcampen ist in dieser Gegend strikt verboten..

Wenn Sie der A863 weiter folgen, kommen Sie durch Bracadale und Struan
(Fahrradwerkstatt C. Ealand, Struan Road Workshops, Tel. 047072/284)
nach Roskhill und weiter nach **Dunvegan.** Das ist der Standort der
Stammburg der MacLeods; der Bau kann zwar besichtigt werden, aber sparen
Sie Ihre Zeit besser für den Schloßpark auf oder machen Sie gleich einen
längeren Abstecher über die B884 (südlich von Dunvegan) Rchtg. **Colbost,**
wo es außer Einsamkeit ein kleines volkskundliches Museum gibt.
Camping: Dunvegan Caravan Site, 33 Standplätze, geöffnet April-September, 2 km vom Dorf an der A850; Mrs. C.A. MacPhie, Kinloch, Tel.
(047022) 312, 20 Zeltstandplätze, geöffnet Mai-Oktober, beim Dorf; Loch
Greshornish Caravan & Camping Site, Borve, Arnisort, Edinbane, Tel.

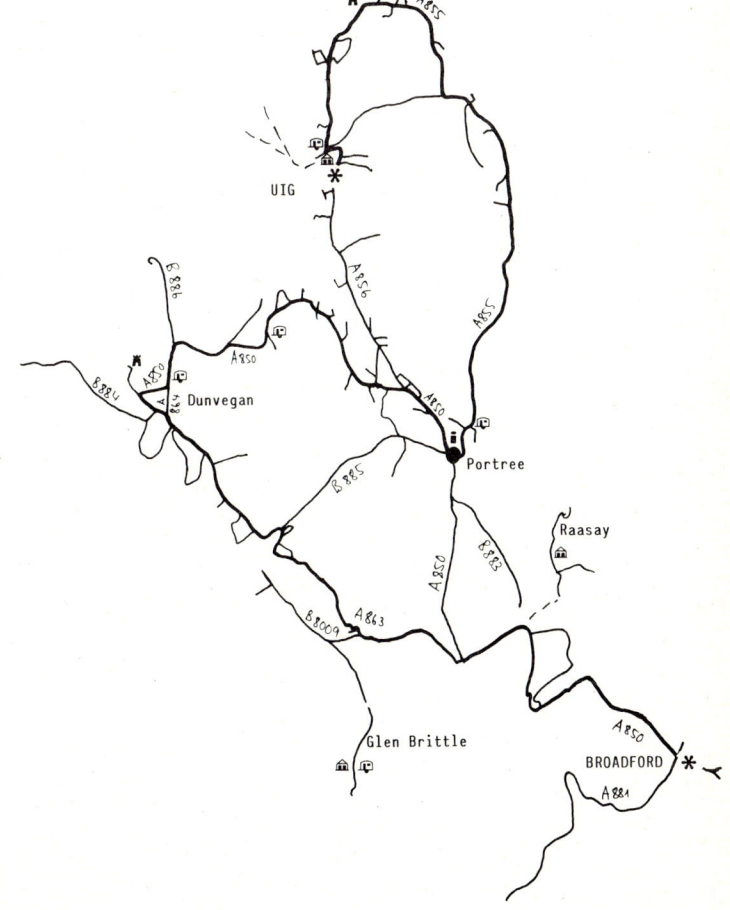

UIG

A855

A856

A855

A887

A850

Dunvegan

B884

A850

B885

A850

A863

Portree

Raasay

A863

B8009

A863

Glen Brittle

A850

BROADFORD

A881

(047082) 230, 100 Zeltstandplätze, geöffnet April-Oktober, 10 km von Dunvegan an der A850 an der weiteren Streckenführung.

Bei der **Fairy Bridge,** 4 km von Dunvegan entfernt, haben Sie erneut Gelegenheit zu einem Abstecher, in diesem Fall auf der B886 auf die Vaternish-Halbinsel. Über die hier rechts abzweigende A850 erreichen Sie nach etwa 30 km den Hauptort der Insel, **Portree.** Obwohl hier alle Straßen zusammenlaufen und alle Arten von Versorgungsunternehmen tätig sind, hat Portree die Atmosphäre eines ruhigen Fischerortes bewahren können.

Information: Meall House, Tel. (0478) 2137, ganzjährig geöffnet.
Camping: Torvaig Caravan & Camping Site, Staffin Road, Tel. (0478) 2209, 100 Zeltstandplätze, geöffnet April-Oktober, 2 km nördlich des Ortes.
Fahrradverleih: A. MacDonald, 1 Urquhart Place, Tel. (0478) 2521; Caledonian Hotel, Wentworth Street, Tel. (0478) 2641.
Waschsalon: E. MacRae, Bayfield Road, Tel. (0478) 2148.

Von Portree aus wählen Sie zur Umrundung der Trotternish-Halbinsel die A855, die nordwärts nach Staffin führt. Auf dieser Strecke kommen Sie an einigen bemerkenswerten Naturphänomenen vorbei: dem "Old Man of Storr", einem 50 m hohen Felsblock, am Wasserfall von Mealt und schließlich am "Kilt Rock", so benannt nach der schottenrockartigen Basaltformation des Felsens. Falls Sie nicht die volle Inselumrundung absolvieren möchten, sollten Sie Ihren Waden die links abbiegende Nebenstraße ("Quiraing") nach Uig zumuten, denn das ist zweifellos eine der schönsten Straßen nicht nur auf Skye, sondern in ganz Schottland. Ansonsten folgen Sie weiter der A855. An der Nordspitze von Skye befinden sich die Ruinen von Duntulm Castle aus dem 15. Jahrhundert, auf den ersten Blick kaum von der Felsenlandschaft kaum zu unterscheiden. An der Score Bay folgt schließlich das interessanteste Museum auf Skye, eine Ansammlung von "Black Houses", die heute das Kilmuir Croft Museum beherbergen. Die Häuser tragen ihre Bezeichnung nicht etwa wegen eines Außenanstrichs, sondern aufgrund der in ihnen herrschenden Dunkelheit: die Behausungen der Crofter hatten früher keinerlei Fenster und auch keinen Kamin - der durch das Strohdach abziehende Rauch wurde zum Imprägnieren sekundärverwertet. Das Ende der Etappe ist schließlich in Uig erreicht; kurz vor dem Ort müssen Sie noch über einen Hügel.

Uig ist der Fährhafen für die Strecken zu den Äußeren Hebriden, im übrigen aber ein sehr kleiner Ort mit schönem Blick auf die Bucht. Falls Sie diese Fähren nicht zur Fortsetzung Ihrer Reisen nutzen möchten, können Sie entweder durchgehend über die A856 und A850 nach Broadford zurückfahren oder die Überquerung der Quiraing-Berge (s.o.) Rchtg. Staffin einschieben. In Broadford erhalten Sie dann Anschluß an die Etappen 50 oder 60 in umgekehrter Richtung.

Jugendherberge: Tel. (047042) 211, 60 Betten, geöffnet Ostern-November, Fahrradverleih, südlich von Uig über der Bucht.
Camping: Ceol-Na-Mara, Tel. (047042) 260, 20 Zeltstandplätze, geöffnet April-Oktober, am Fähranleger.

Etappe 62: Uist
Lochboisdale - Daliburgh - Creagorry - Nunton - Carinish - Tigharry - Lochmaddy/Newtonferry (100 km)

Diese Rundfahrt über den schmalen Riegel der Inselkette, die von South Uist, Benbecula und North Uist gebildet wird, ist etwas für Freunde von Naturerlebnissen in extremer Einsamkeit. Die drei Inseln sind durch Dämme miteinander verbunden; ihre Zusammengehörigkeit wird optisch dadurch betont, daß sie eine recht ähnliche Landschaftsstruktur aufweisen: weitgehend flach, von unzähligen Seen und Meeresarmen unterbrochen und durchzogen, windzerzaust, fast unbesiedelt und im Grunde nur von einer Straße in Süd-Nord-Richtung erschlossen. Der Besuch ist daher nur im Zuge eines "Island Hopping" zu empfehlen, d.h. Ankunft am einen Ende, Weiterfahrt zum Festland oder zur nächsten Insel am anderen Ende. Außerdem sollte man tunlichst vermeiden, einen Sonntag für den Aufenthalt zu wählen, denn abgesehen von nicht vorhandenen Fährverbindungen sind die Äußeren Hebriden sonntags zur Ruhe gebettet: es gibt keinerlei gastronomische Versorgung, die Straßen sind wie ausgestorben, niemand ist zu einem harmlosen Schwätzchen bereit, und selbst B&B-Schilder werden manchmal entfernt oder zugedeckt. Der Sonntag ist in den kleinen Gemeinden auf den Western Isles wie vor Jahrhunderten der "Tag des Herrn", an dem nach presbyterianischer Lehre der Mensch zu ruhen hat, und zwar vollkommen. Und da der Tourismus auf Uist noch eine Ausnahmeerscheinung ist, wird sich an der Situation wohl auch so bald nichts ändern.

Information: saisonal in Lochboisdale, Tel. (08784) 286, und in Lochmaddy, Tel. (08763) 321.
Verkehrsverbindungen: Flugplatz auf Benbecula mit Flügen nach Glasgow (British Airways) und Stornoway und Barra (Loganair); Fähren von Oban direkt oder über Castlebay (Barra) nach Lochboisdale (ca. £ 11 je Strecke), von Lochmaddy direkt oder über Tarbert (Harris) nach Uig (ca. £ 5 je Strecke), "Island Hopscotch"-Tickets erhältlich; Personenfähren mit Fahrradtransport von Ludag nach Barra (ca. £ 3,50), Newtonferry nach Berneray (80 p) und Leverburgh/Harris (ca. £ 3). Keinerlei Fährverkehr an Sonntagen!
Jugendherberge: Ostram House, Lochmaddy, Tel. (08763) 368, 36 Betten, kein Warenverkauf, Fahrradverleih, geöffnet Mitte Mai-September, im Hauptort der Insel; privates Hostel des Gatliff Trust auf Berneray (10

Betten), Tel. (08767) 230, dort auch Auskunft über weitere evtl. einge-
richtete Hostels der gleichen Organisation, vielleicht eines in Howmore
an der A865 auf South Uist mit 10 Betten oder auf Baleshare (Insel).
Camping: Shell Bay Caravan & Camping Site, Liniclate, Tel. (0870) 2447,
12 Standplätze, geöffnet April-Oktober, an der B892 am Südrand von Ben-
becula.
Fahrradverleih: Johnson, Old Court House, Lochmaddy, Tel. (08763) 358;
James Young, Lochboisdale.
Infrastruktur: Geschäfte, Banken und Kneipen vor allem in Lochboisdale,
Balivanich und Lochmaddy, dort auch die meisten B&B-Angebote; guter
Supermarkt in Sollas auf North Uist.

Die Äußeren Hebriden sind eines der letzten gälischen Sprachreservate
Schottlands; man wird deshalb in Prospekten und auf Straßenschildern oft
gälische Übersetzungen bzw. Schreibweisen englischer Namen finden. Da es
angesichts des geringen Straßennetzes aber kaum möglich ist, sich zu
verfahren, wird hier auf die Angabe der Übersetzungen verzichtet.

Die Streckenführung auf South Uist ist völlig unkompliziert: sie startet
in Lochboisdale auf der A865 und führt darauf nordwärts bis zum Damm
nach Benbecula; als Ausgleich für die fehlenden Steigungen dürfen Sie
mit strammem Westwind rechnen. Während östlich der Straße die höchsten
Gipfel der Insel (u.a. Beinn Mhór, 610 m) emporragen, gehen westwärts
immer wieder kleine Stichstraßen zur Küste. Angefangen bei der Zufahrt
zur Landzunge Rub ha Ardvule (einzelner "Standing Stone" am Atlantik)
können Sie diese Nebenstraßen auch zu einem Abstecher vorbei am Ormi-
clare Castle (Ruine) und über Stoneybridge zurück zur A865 nach Howmore
(evtl. Gatliff Trust Hostel, s.o.) nutzen. Nördlich des Ortes gibt es
eine sehr alte Kirche nahe der Straße. Kurz vor dem Damm nach Benbecula
liegt links von der Straße das Dorf Eochar, wo ein kleines Museum in
einem "Black House" existiert. Auf den äußeren Hebriden sind übrigens
einige dieser Crofter-Behausungen - mit nachträglich eingebauten Fen-
stern - noch bewohnt.

Wenn Sie den Damm überquert haben, können Sie bei Creagorry links auf
die B892 abbiegen. Der Campingplatz folgt kurz darauf, und die Straße
verläuft an der Küste der Insel, die im Grund ein einziges Torfmoor ist,
vorbei an den spärlichen Ruinen von Borve Castle nach Nunton und weiter
nach **Balivanich**. Bei dieser Ansiedlung befindet sich das Flugfeld der
Insel, kombiniert mit einem Armeestützpunkt, der zwei Drittel der Inselbevölkerung stellt. 2 km danach stößt die B892 wieder auf die A865, die
in einer über mehrere Inselchen sich erstreckenden Dammkonstruktion nach
North Uist führt. In **Carinish** passieren Sie den "Trinity Temple", wo
angeblich schon in grauer Vorzeit eine Art Schule unterhalten wurde.
Danach wird die Landschaft etwas weiter, ein Straßenring zieht sich rund

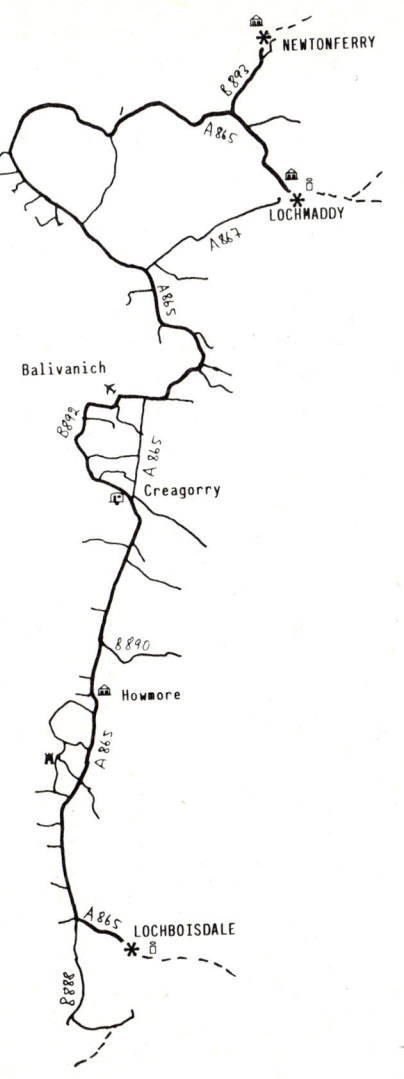

um die Insel, in deren Mitte der 230 m hohe Marrival als einzig nennenswerte Erhebung vergebliche Versuche als "Wolkenkratzer" macht. Erst etwa 8 km vor dem Etappenende führt links die B893 nach Newtonferry, die Sie nutzen können, falls Sie zur dortigen Fähre möchten. Ansonsten erreichen Sie über die A865 geradewegs **Lochmaddy,** den Hauptort der Insel und Fährhafen nach Harris und Skye.

Etappe 63: Harris/Lewis

Leverburgh - Manish - Tarbert - Laxay - Achmore - Callanish - Carloway - Barvas - Stornoway (150 km)

Das bei Etappe 62 Genannte gilt teils auch für Lewis/Harris: auch hier herrscht strikte Sonntagsruhe, auch diese Strecke ist vollständig nur im Zuge eines Springens von Insel zu Insel (und schließlich zum Festland) sinnvoll zu befahren. Allerdings gibt es einige bedeutsame Unterschiede. Der augenfälligste ist topografischer Art: ist Uist eine Kette von drei Inseln ähnlicher Landschaftsgestaltung, so ist Lewis/Harris eine zusammenhängende Insel, deren landschaftliche Diskrepanz nicht deutlicher sein könnte, was ihr den Doppelnamen beschert hat. Das weitgehend flache Lewis wird nämlich vom südlichen, bergigen Harris durch eine Gebirgskette derartig abgetrennt, daß in früheren Zeiten keine Straße die beiden Inselteile verband; jeglicher Verkehr mußte über See abgewickelt werden. So bestanden im Bewußtsein der Bewohner in den Äußeren Hebriden eigentlich zwei Inseln. Mittlerweile führt jedoch eine gewundene Single-Track-Road durch das Gebirge. Da Lewis relativ groß und von einer ringförmigen Straße mit Abstechern umschlossen ist, kann der Nordteil der Insel für mehrtägige Erkundungsfahrten einiges bieten.

Information: 4 South Beach Street, Stornoway, Tel. (0851) 3088, ganzjährig; Pier Road, Tarbert, Tel. (0859) 2011, Mai-September.
Verkehrsverbindungen: Flughafen in Stornoway mit Flügen nach Glasgow/Inverness (British Airways) und Benbecula/Barra (Loganair); Fähren von Leverburgh nach Berneray und Newtonferry (ca. £ 3 je Strecke), von Tarbert nach Lochmaddy und Uig (ca. £ 5 je Strecke), von Stornoway nach Ullapool (ca. £ 7,50 je Strecke, "Island Hopscotch"-Ticket erhältlich, kein Sonntagsverkehr.
Jugendherberge: Kyles, Stockinish (Harris), kein Telefon, kein Warenverkauf, 32 Betten, geöffnet Mitte Mai-September, 10 km südlich von Tarbert an der Etappenführung aus Rchtg. Leverburgh; das Hostel des Ratliff Trust in Rhenigidale ist nur zu Fuß zu erreichen (10 km von Tarbert).
Camping: Coll Beach, 21 Aird Tong, Tel. (0851) 2053, 10 Standplätze, geöffnet April-Oktober, 6 km nördlich von Stornoway an der B895; Laxdale, 4 Laxdale Lane, 30 Zeltstandplätze, ganzjährig geöffnet, an der

A857 3 km von Stornoway.

Fahrräder: Cycle Shop, Cromwell Street, Stornoway, Tel. (0851) 2202; Vermietung auch im Sports Shop, 6 North Beach Street, Stornoway, Tel. (0851) 5464.

Je nachdem, welche Fähre Sie benutzen, ist Anfangspunkt der Etappe in Leverburgh oder Tarbert. Falls Sie von North Uist kommen, ist die Leverburgh-Fähre günstiger (allerdings verkehrt die Fähre nur vormittags), da Sie dann den radtouristisch besonders interessanten Südteil von Harris durchradeln. Ab Tarbert wäre das im Rahmen einer Rundstrecke alternativ möglich. Von der Fähre in Leverburgh fahren Sie rechts auf der A859 nach **Rodel,** wo sich eine recht ansehnliche mittelalterliche Kirche befindet; den Schlüssel gibt's ein paar Häuser weiter im Hotel. Für die Weiterfahrt benutzen Sie die kleine Straße, die an der Ostküste entlang durch winzige Orte führt. Bevor die Straße auf die A859 trifft, geht rechts eine Zufahrtstraße nach Stockinish (JH s.o.) ab. Auf der A859 gelangen Sie schließlich nach **Tarbert,** dem Hauptort von Harris und Fährhafen. Von dort an schlängelt sich die Straße am Meer entlang und zwischen Bergen hindurch zur Moorlandschaft von Lewis. Nach wenigen Kilometern können Sie über eine Stichstraße (B887) einen Abstecher über eine herrliche Küstenstraße bis zur Insel Scarp machen. Nachdem Sie von Tarbert aus über 40 km zurückgelegt haben, geht links eine Nebenstraße nach Achmore ab, die die Verbindung zur A858 herstellt. An dieser Strecke, die zur Westküste und daran entlang Richtung Nordosten führt, liegen die meisten Sehenswürdigkeiten der Insel. Den Anfang macht das prähistorische Kleinod, die **Standing Stones of Callanish,** eine 3500 Jahre alte Kultstätte aus Steinkreisen, die im Rang mit Stonehenge in Südengland wetteifert, aufgrund ihrer geografischen Abgeschiedenheit aber noch ohne Umlagerung von Touristen-Busladungen zu genießen. Etwa 8 km weiter folgt das nächste Monument, der Carloway Broch, ein Wehrturm aus vorchristlicher Zeit - angeblich der besterhaltene in Schottland. Beim Dorf Carloway führt ein schmaler Weg zum Dorf Garrenin, einer Ansammlung verlassener Black Houses, die teils noch bis in die siebziger Jahre bewohnt waren. Ein zum Museum ausgebautes und wiederhergerichtetes Beispiel dieser Behausung befindet sich in **Arnol,** 15 km weiter an der A858. Auf dem Weg dorthin kommen Sie außerdem noch im Dörfchen Shawboast an einem kleinen Folk Museum vorbei, das von der dortigen Schule aufgebaut wurde.

Falls Sie von Callanish eine Sehnsucht nach weiteren steinernen Monumenten mitbekommen haben, so verlassen Sie in Barvas die Etappenführung und fahren nordwärts auf der A857 Richtung Butt of Lewis, der nördlichen Landspitze, weiter; nach einigen Kilometern wird der Wunsch mit einem allerdings erheblich kleinerem Kreis und einem hohen einzelnen Monolith erfüllt. Ansonsten biegen Sie in Barvas rechts ab auf die A857 nach

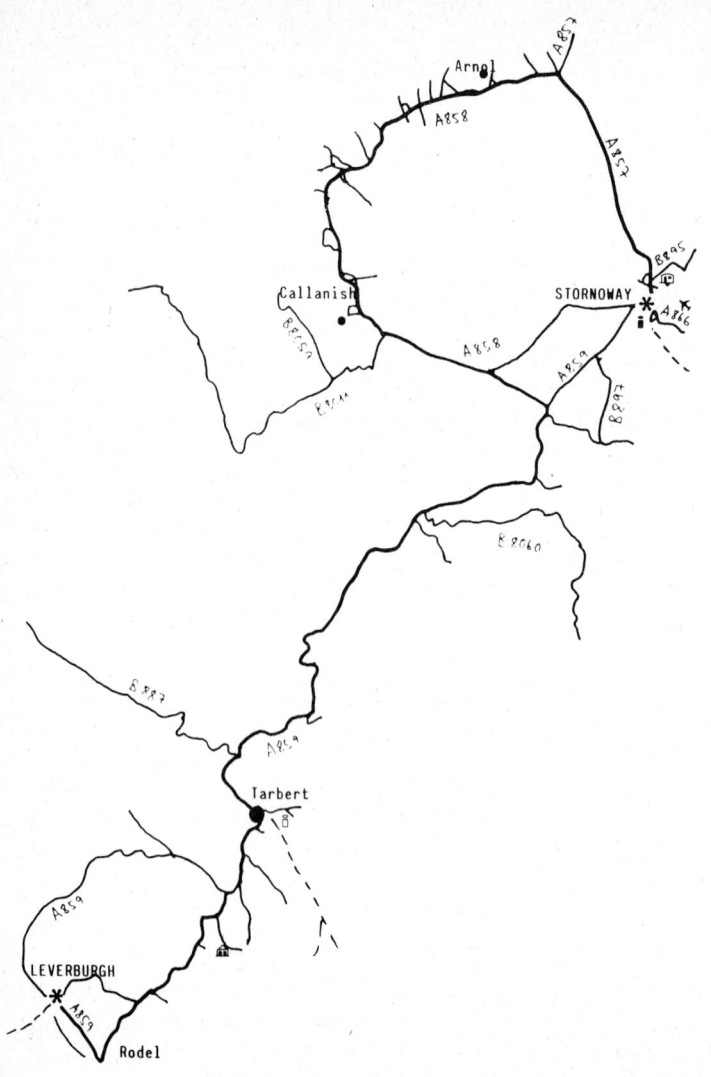

Stornoway, mit über 5000 Einwohnern die einzige Stadt auf der Insel und absolute Hauptstadt der Äußeren Hebriden. U.a. befinden sich hier alle weiterführenden Schulen der Western Isles, so daß alle Schüler irgendwann einmal das hiesige Pensionsleben kennenlernen, falls sie nicht auf Schulen zum Festland geschickt werden. Traditionell lebte die Bevölkerung vom Fischfang und der berühmten Harris-Tweed-Herstellung; heute haben die Versorgung der schottischen Bohrinseln und der Bau dieser Konstruktionen die Hauptrolle übernommen.

Etappe 64:
Fort Augustus - Drumnadrochit - Cannich - Beauly - Muir of Ord - Strathpeffer - Dingwall - Alness (120 km)

Westlich an Inverness vorbei zur Ostküste des nordschottischen Hochlandes.
Die Etappe beginnt in Fort Augustus auf der A82(T) Rchtg. Inverness, einer leider sehr stark befahrenen, für diese Etappe aber unverzichtbaren Straße. Sie führt anfangs immer am Westufer von Loch Ness entlang über **Invermoriston** bis **Drumnadrochit.** Kurz vor diesem Ort steht direkt am See die Ruine von Urquhart Castle aus dem 16. Jahrhundert, die zu den üblichen Zeiten für £ 1 Eintritt besichtigt werden kann. In Drumnadrochit ist der Standort des "Loch Ness Centre", einer Ausstellung zur Geschichte der Monsterjagd, die mit "Dokumenten" aller Art Nessies Existenz belegen will (ganzjährig geöffnet).
<u>Jugendherberge:</u> Glenmoriston, Tel. (0320) 51274, 56 Betten, geöffnet Mitte Mai-September, 5 km nördlich von Invermoriston direkt an der A82.
<u>Camping:</u> Loch Ness Caravan & Camping Park, Tel. (0320) 51207, 35 Zeltstandplätze, geöffnet März-Oktober, bei Invermoriston an der A82(T); Borlum Farm Camping Site, Lewiston, Tel. (04562) 220, 30 Zeltstandplätze, geöffnet Juni-September, südlich vom Drumnadrochit an der A82.

In Drumnadrochit haben Sie endlich Gelegenheit, der vielbefahrenen "Selbstmörderstrecke" am Loch Ness den Rücken zu kehren, indem Sie links auf die A831 abbiegen. Durch das schöne Glen Urquhart führt diese Straße geradewegs nach **Cannich,** einem kleinen Dorf, bei dem vier Hochlandtäler zusammenlaufen.
<u>Jugendherberge:</u> Tel. (04565) 244, 46 Betten, geöffnet Mitte Mai-September, kein Warenverkauf, zwischen River Glass und River Cannich im Dorf.
<u>Camping:</u> Penrick Caravan & Camping Park, Tel. (04565) 364, 15 Standplätze, geöffnet März-Oktober, südlich der A831 beim Dorf.

In Cannich wenden Sie sich mit der A831 nordwärts ins Tal des River Glass und erreichen nach etwa 25 km **Beauly,** ein kleines Städtchen an der

Mündung des gleichnamigen Flusses. Alternativ können Sie auch die etwas längere und steigungsreichere Nebenstraße auf der Ostseite des Tales zur A833 bei Kiltarlity benutzen. Kurz vor Beauly trifft die A831 auf die A862 aus Rchtg. Inverness. Die Überreste des örtlichen Klosters können mo-fr zu den üblichen Zeiten für 50 p betreten werden. Zu den gleichen Zeiten ist Juni-September der Highland Craft Point geöffnet, eine Verkaufsausstellung in einem Kunsthandwerkszentrum. Etwa 5 km südöstlich gibt es südlich der A862 eine kulinarische Kuriosität: in Moniack Castle ist Schottlands einziges Weingut ansässig. Verkosten und Kaufen der Produkte ist ganzjährig täglich außer sonntags 10-17 h möglich. Über die A862 erreichen Sie nördlich von Beauly das Städtchen **Muir of Ord.** Falls Sie bis zu diesem Zeitpunkt noch keine Whiskybrennerei besichtigt haben, können Sie das in der Ord Distillery am Ortsrand (an der A832) nachholen.

<u>Camping:</u> Cruivend Caravan & Camping Park, Beauly, Tel. (0463) 782367, 30 Standplätze, geöffnet März-Oktober, 2 km südlich von Beauly; Lovat Bridge Caravan Site, Beauly, Tel. (0463) 782374, 75 Standplätze, geöffnet März-Oktober, nahe beim Cruivend Park; Druimorrin Caravan Park, Urray, Tel. (09973) 252, 55 Standplätze, geöffnet Mitte Mai-Mitte September, 3 km nordwestlich von Muir of Ord an der A832.

<u>Fahrräder:</u> J. Urquhart, Main Street, Tel. (0463) 870462.

Über die A832 und die A834 kommen Sie nach etwa 12 km in das viktorianische Kurbad Strathpeffer.

Strathpeffer, 800 Einwohner, Highland Region (Ross-shire), zwischen zwei Hügeln und einem großen Waldgebiet gelegen, war Ende des 19. Jahrhunderts ein florierendes Heilbad vor allem für rheumatische Erkrankungen; das Heilquellengebäude ist restauriert. Im viktorianischen Bahnhof ist heute ein Kunsthandwerkszentrum untergebracht (und die Touristeninformation), das April-Oktober geöffnet ist. Und ein Puppenmuseum mit Exponaten der gleichen Zeit rundet die Nostalgie ab (geöffnet Ostern-September täglich außer dienstags 14-18 h, Eintritt 30 p).

<u>Information:</u> Visitors' Centre, Tel. (0997) 21415, Ostern-September.

<u>Verkehrsverbindungen:</u> ab Dingwall Eisenbahn nach Inverness, Kyle of Lochalsh und Wick/Thurso.

<u>Jugendherberge:</u> Tel. (0997) 21532, 70 Betten, geöffnet Ostern-September, am Südrand des Ortes.

<u>Camping:</u> Riverside Caravan Site, Contin, Tel. (0997) 21351, 15 Standplätze, ganzjährig geöffnet, 2 km südlich von Strathpeffer an der A832; Jubilee Park Camping Site, Dingwall, Tel. (0349) 62236, 60 Standplätze, geöffnet April-September, in Dingwall (s.u.).

Die A834 führt von Strathpeffer geradewegs in das 5 km entfernte Städt-chen **Dingwall,** wo es außer den diversen Eisenbahnanschlüssen (s.o.) ein Museum im Rathaus gibt. Fahren Sie in den Ort, dort links entsprechend der Beschilderung zur A862 Rchtg. Alness, aber noch am Ortsrand von der Hauptstraße hinunter auf die westlich parallel verlaufende Nebenstraße. Diese Strecke bleibt stetig auf der Westseite der Eisenbahnstrecke Rchtg. Alness und trifft hinter Evanton auf die A9(T). Biegen Sie links auf die Hauptstraße ein; falls Sie auf Etappe 67 weiterfahren möchten, bleiben Sie im Straßenverlauf auf der A836; ansonsten biegen Sie mit der A9(T) rechts ab nach **Alness,** dem Etappenende. Das ist eine Marktstadt an der Küstenstraße nach Inverkeithing und Tain mit recht viel Durchgangs-verkehr, aber auch brauchbaren Einkaufsmöglichkeiten.

Verkehrsverbindungen: Eisenbahn nach Inverness und Wick/Thurso.

Camping: Black Rock Caravan Site, Evanton, Tel. (0349) 830213, 10 Zelt-standplätze, geöffnet April-Oktober, 5 km südlich von Alness bei Evanton an der Streckenführung der Etappe.

Fahrräder: Calum MacLeod, Unit 8, Kendal Crescent, Tel. (0349) 884337; Ken Ross Cycles (CTC-empfohlen), 2 Munro Street, Invergordon (5 km öst-lich an der B817), Tel. (0349) 85258.

Waschsalon: Launderette, Main Street, Alness.

Etappe 65:
Fort Augustus - Foyers - Dores - Inverness (51 km)

Östlich auf Nebenstraßen am Loch Ness entlang.

Erfreulicherweise gibt es auf dieser Strecke eine hervorragende Mög-lichkeit, der vielbefahrenen Straße am Westufer von Loch Ness zu entge-hen. Lassen Sie sich nicht durch Urquhart Castle verführen, die A82(T) bis Inverness zu benutzen - die Strecke ist für den intensiven Verkehr viel zu schmal.

Die B862, die Sie von Fort Augustus aus befahren, ist zwar noch schma-ler, was aber angesichts des erheblich geringeren Autoverkehrs kein Problem darstellt. Nach ca. 12 km geht links die B852 ab, die Sie am River Foyers entlang zum Loch Ness und daran entlang bringt. An dieser Strecke befinden sich etliche Gelände vorgeschichtlicher Befestigungen, z.B. bei Inverfarigaig. Radeln Sie bis Dores auf der B852.

Herberge (unabhängig): Edinuanagan Croft, Torness, Tel. (046375) 314, ganzjährig, billig, an der B862.

Camping: Balachladaich Camp Site, Drummond, Tel. (046375) 251, 25 Zeltstandplätze, geöffnet März-November, südlich von Dores an der B852.

In Dores trifft die Straße wieder auf die B862 nach **Inverness** (s. Etappe 33).

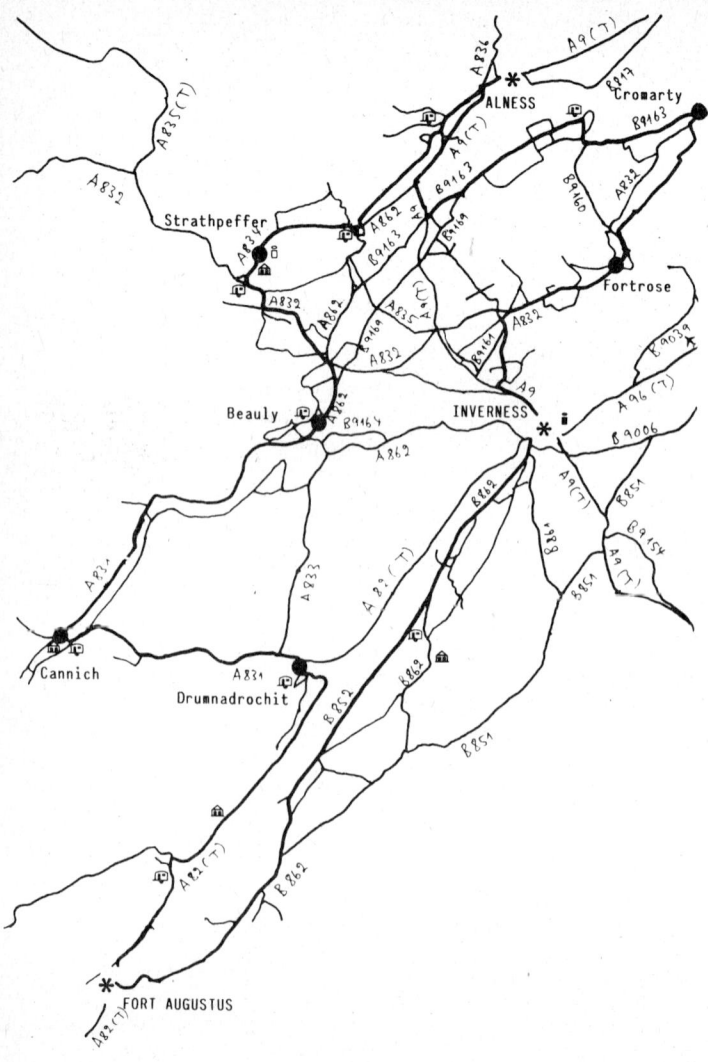

Etappe 66: Black Isle
Inverness - North Kessock - Munlochy - Fortrose - Cromarty - Shoretown -
Alness (80 km)

Eine Rundfahrt um die "Black Isle", eine Halbinsel im Moray Firth, die
zwar seit dem Bau der Brücke aus Inverness nicht mehr so abgeschieden
liegt wie vorher, aber immer noch vom allgemeinen Verkehr erfreulich
mißachtet wird. Sie ist zu großen Teilen bewaldet und ermöglicht außer
der vorgeschlagenen Rundtour auch eine Nebenstraßen-Abkürzung nach
Alness von ca. 35 km Länge (s.u.).

Die Etappe beginnt in Inverness auf der einzigen vorhandenen Straße nach
North Kessock, der A9(T), die über eine Brücke den Moray Firth überquert. Wählen Sie die erste rechts abzweigende Nebenstraße (Rchtg. Kilmuir beschildert) und fahren über einen Hügel zur B9161 (in Gegenrichtung ebenfalls Rchtg. Kilmuir beschildert) nach **Munlochy.**

Das ist die Stelle, an der Sie ggf. die Abkürzungsstrecke nach Alness einschlagen: in Munlochy links von der B9161 abbiegen, über die
Nebenstraßen nach Culbokie, dort den steilen Hügel hinunter zur
B9163, links und gleich wieder rechts über die Cromarty-Firth-Brücke
(A9). In Gegenrichtung: hinter der Brücke links, gleich wieder
rechts den Hügel hinauf nach Culbokie, rechts in die B9169, nach
300 m links auf die Nebenstraße nach Munlochy.

Kurz hinter Munlochy mündet die B9161 in die A832 nach **Fortrose,** einem
kleinen Städtchen, das am Chanonry Point (östlich) über die Ruine einer
roten Sandstein-Kathedrale aus dem 14. Jahrhundert verfügt. Im angrenzenden Seebad **Rosemarkie** gibt es ein kleines Heimatmuseum.
Camping: zwei Plätze am Strand in Fortrose und Rosemarkie, beide geöffnet April-September.

Ab Rosemarkie fahren Sie etwa 2 km landeinwärts auf der A832 und bie-
gen dann rechts auf eine Nebenstraße ein, die über kleine Siedlungen wie
Craighead und Eathie nach Newton führt; dort treffen Sie wieder auf die
A832 nach Cromarty.

Cromarty, 600 Einwohner, Highland Region (Ross-shire), war früher
ein florierendes Hafenstädtchen, ist aber heute ein eher abgeschie-
denes Dorf mit vielen Gebäuden des 18. Jahrhunderts. Ein Cottage in
der Church Street, in dem 1802 der Geologe und Schriftsteller Hugh
Miller geboren wurde, beherbergt ein Museum des National Trust, das
Mai-September mo-sa 10-17 h, Juni-September auch sonntags 14-17 h

---

geöffnet ist, Eintritt 65 p.
Camping: Ferry Inn Caravan Site, Balblair. Tel. (03818) 250, 6
Standplätze, geöffnet April-Oktober, 10 km westlich an der weiteren
Streckenführung.

In Cromarty wenden Sie sich um fast 180 Grad und fahren auf der B9163
(Rchtg. Culbokie) westwärts, zuerst an der Cromarty Bay entlang, dann
der Linie des Cromarty Firth folgend, durch Balblair (Campingplatz s.o.)
nach Shoretown. Bleiben Sie dort auf der B9163, wenn diese rechts von
der Strecke Rchtg. Culbokie abknickt, und radeln Sie geradewegs bis zur
A9(T), die Sie unmittelbar vor der Brücke über den Cromarty Firth erreichen. Da in diesem Bereich die Eisenbahn als Trennlinie zwischen der
Hauptstraße und der Nebenstraße von Etappe 64 wirkt, müssen Sie bis
Alness (s. Etappe 64) auf der Hauptstraße verbleiben. Kurz vor der Stadt
ist bereits Anschluß an die Etappen 67/68 möglich.

Etappe 67:
Alness - Achandunie - Strathrory - Bonar Bridge - Lairg (47 km)

Die Zubringerstrecke zum zentralen nördlichen Hochland.
Sie beginnt in Alness auf einer Nebenstraße, die im Ortszentrum östlich des River Averon beginnt und nordwärts den Hügel hinauf nach Achandunie führt. Dort trifft Sie auf die A836, eine sehr schöne Hochland-
straße, die aber leider recht stark befahren ist. Die Küstenstrecke
A9(T) ist hingegen keine Alternative, da genauso stark mit Autos versehen, von nichtssagenden Städten gesäumt und zudem 20 km länger - der Weg
über die Berge ist eindeutig der bessere. Er führt auf fast 300 m Höhe
hinauf und auf der anderen Seite mit einem prachtvollen Ausblick auf den
Dornoch Firth wieder hinunter. Die A9(T) wird bei Fearn Lodge erreicht
und bis in den 7 km entfernten Ort Bonar Bridge benutzt.

Bonar Bridge, 400 Einwohner, Highland Region (Sutherland), wäre
eigentlich ein völlig unbedeutender Ort, gäbe es hier nicht die
einzige Straßenverbindung an der nordschottischen Ostküste. Die na-
mensgebende Brücke überspannt das Südende des Kyle of Sutherland,
eines fast völlig von Land umgebenen Meeresarmes. Sutherland ist der
Name, der hier jahrhundertelang das Sagen hatte: der Duke of Sutherland besaß einmal fast die gesamte Grafschaft und ist immer noch ihr
größter Grundbesitzer. Eines seiner kleineren Schlösser, **Carbisdale,**
liegt am Westufer des Kyle, etwa 6 km nordwestlich von Bonar Bridge
und über eine Nebenstraße zu erreichen, die in Ardgay, noch vor der

Brücke nach Bonar Bridge, beginnt. Die Eintrittskarte ist der Jugendherbergsausweis, denn das Gebäude (frühes 20. Jahrhundert) ist heute eines der größten Häuser des schottischen Herbergsverbandes.
Information: Mai-September, Tel. (08632) 333.
Verkehrsverbindungen: Eisenbahnstationen in Bonar Bridge und Culrain (an der JH) an der Strecke Inverness-Wick/Thurso.
Jugendherberge: Carbisdale Castle, Culrain, Tel. (054982) 232, 225 Betten, geöffnet Ostern-September, Juli/August zubereitete Mahlzeiten, Fahrradverleih, schönes Haus in prachtvoller Lage, trotz der hohen Bettenzahl stark belegt (wegen Eisenbahnstation viele Inter-Railer). Weiterfahrt nur über Bonar Bridge oder Inveroykel (s. Etappe 73) möglich, vorher nur Eisenbahnbrücke über den Kyle of Sutherland.
Fahrräder: Cycle Shop, Bonar Bridge.
Waschsalon: Launderette im Bridge Hotel, Tel. (08632) 255, täglich bis 22 h geöffnet, preiswert.

In Bonar Bridge verlassen Sie die A9(T) nach links auf die A836 Rchtg. Lairg, diese aber in Invershin erneut geradeaus fahrend auf die A837. Nach etwa 1 km, gleich hinter der Brücke über den River Shin, zweigt rechts eine parallel zum Fluß und vorbei an einem schönen Wasserfall verlaufende Straße nach Lairg ab; kurz vor diesem Marktstädtchen mündet sie in die A839. **Lairg** liegt an einer für das nördliche Hochland bedeutenden Kreuzung von Straßen aus allen Himmelsrichtungen am Südende des langgezogenen Loch Shin; die Berge, Wälder und Täler der Umgebung sind bei Naturfreunden, speziell bei Ornithologen, sehr beliebt.
Information: Mai-September, Tel. (0549) 2160.
Verkehrsverbindungen: Eisenbahn nach Inverness und Wick/Thurso.

Etappe 68:
Alness - Bonar Bridge - Loch Buidhe - Golspie - Brora - Helmsdale (56 km)

Der erste Teil der Ostküstenstrecke im nördlichen Hochland. Sie folgt bis **Bonar Bridge** der Etappe 67 (s. dort).

Hinter der Brücke über den Kyle of Sutherland, wenn sich die Hauptstraße in A9 (rechts) und A836 (links) aufteilt, nutzen Sie die Gelegenheit und fahren geradeaus auf eine Nebenstraße, die einen Hügel hinaufführt. Die Steigung (auf etwa 200 m) erfolgt aber in mehreren Etappen und ist dadurch nicht besonders anstrengend. Oben erwartet Sie dann die schönste Straße weit und breit, eine Art abgelegenes Hochland im kleinen. Etwa 5 km hinter Bonar Bridge haben Sie den höchsten Punkt der Straße am Loch

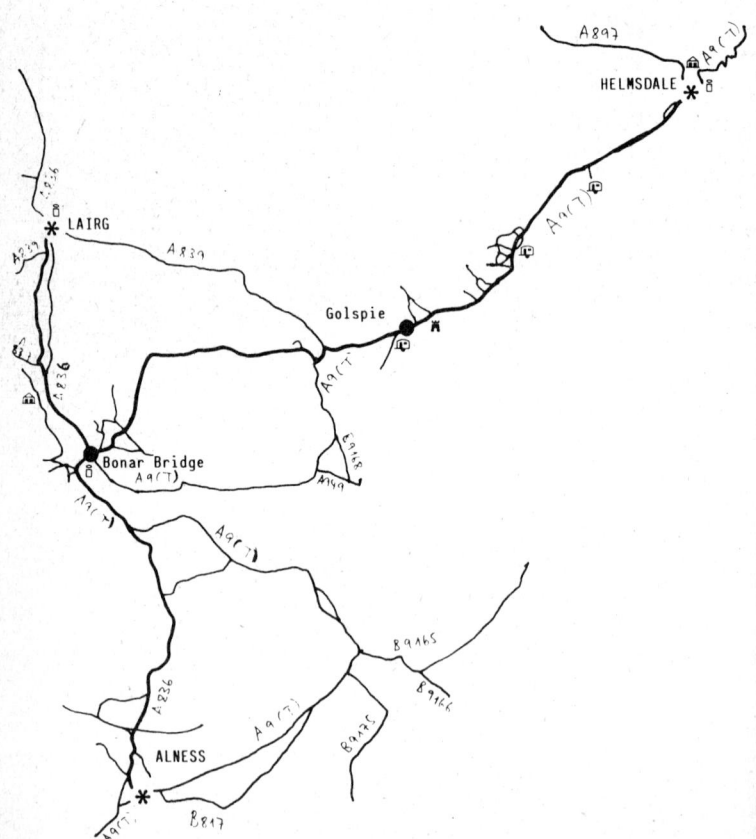

Buidhe erreicht und fahren von dort an etwa 10 km lang stetig bergab, zwischen Hügeln und Mooren hindurch und an Flußläufen entlang, bis Sie an der Bucht von Loch Fleet auf die A9(T) treffen. Biegen Sie links ein; am Nordrand der Bucht kreuzen Sie die Eisenbahnstrecke und folgen der Hauptstraße nach rechts, unterhalb eines runden Felsens und weitgehend parallel zur Eisenbahnstrecke nach **Golspie**. Etwa 1 km hinter diesem Städtchen liegt rechter Hand ein Schloß, das den Reichtum der Herzöge von Sutherland hervorragend dokumentiert: **Dunrobin Castle,** ein im 19. Jahrhundert mit großem Aufwand umgebautes Schloß, das mit seinen Türmchen und Zinnen ein weiteres Beispiel des Baronialstils ist. Es ist das nördlichste der viktorianischen Prachtschlösser und kann samt Park für £ 1,80 besichtigt werden.

Verkehrsverbindungen: Eisenbahnstationen in Golspie und Brora an der Strecke Inverness-Wick/Thurso; privater Bahnhof (!) für Ausflugsfahrten in Dunrobin.

Camping: Golspie Caravan & Camping Site, Ferry Road, Golspie, Tel. (04083) 3192, 30 Standplätze, geöffnet Ende Mai-Mitte September, südlich von Golspie an der Straße nach Littleferry; Dachalm Caravan Club Site, Tel. (0408) 21479, 90 Standplätze, geöffnet Mai-September, 2 km nördlich von Brora (s.u.).

Fahren Sie auf der A9(T) weiter an der Küste entlang durch **Brora** nach Helmsdale; auf diesem Stück müssen Sie einige Male ein paar Höhenmeter den Hügelrand hinauf überwinden. **Helmsdale** ist ein kleines Marktstädtchen an der Mündung des gleichnamigen Flusses ohne besondere touristische Bedeutung.

Information: Parkplatz am Pier, Tel. (04312) 640, Mai-September.

Verkehrsverbindungen: Eisenbahn nach Inverness und Wick/Thurso.

Jugendherberge: kleines Haus am nördlichen Ortsrand, 38 Betten, geöffnet Mitte Mai-September, kein Warmwasser/Dusche, Fahrradverleih (Klappräder deutscher Produktion!).

Camping: Crakaig Seaside Caravan Site, Loth, Tel. (04082) 260, 5 Zeltstandplätze, geöffnet April-Oktober, auf halbem Weg von Brora an der Küste.

Etappe 69:

Helmsdale - Berriedale - Latheron - Lybster - Camster - Watten - Stanstill - Hastrigrow - Lyth - Canisbay - John o'Groats (80 km)

Zur Nordostspitze Schottlands - "where Scotland ends"...
Die erste Hälfte der Etappe wird auf der A9(T) zurückgelegt, die aber ihren Hauptstraßencharakter immer mehr ablegt, je weiter Sie nach Norden vordringen. Sie sollten die Strecke gut ausgeruht beginnen, denn auf den ersten 30 km zeigt Schottlands Nordosten sich von seiner anstrengendsten Seite. Auf dem Teilstück bis Dunbeath geht es etliche Male steil und

lange bergauf und wieder hinunter; eine Probe dieser Steigungen beginnt gleich in Helmsdale. Auf dem ersten Hügel überschreiten Sie die Grenze zur Grafschaft Caithness, die sich mit einem Aussichtspunkt vorstellt. Ein paar Kilometer weiter, im Tal von Ousdale, führt ein Fußweg zum verlassenen Dorf von Badbea hinab, eine im Zuge der Highland Clearances geschaffene Siedlung, in der aus dem Hochland vertriebene Familien untergebracht waren.

Hinter dem nächsten Berg folgt die steilste Abfahrt an diesem Küstenstreifen: hinunter nach **Berriedale** mit 13 % Gefälle, auf anderen Seite genauso steil wieder hinauf, beide Male mit 200 m Höhenunterschied. In Berriedale befindet sich Langwell House, ein Besitztum des Herzogs von Portland; die Parkanlagen sind meist zugänglich, das Haus selbst hingegen nicht. Ebenfalls nur aus der Ferne zu bewundern ist das Dunbeath Castle, etwa 8 km weiter abseits der Straße an der Küste. Auf dem Weg nach Latheron kommen Sie außerdem noch am Laidhay Croft Museum vorbei, einer Mischung aus Volkskunde- und Landwirtschaftsmuseum (täglich geöffnet). Etwa 2 km nordöstlich von Latheron hat 1985 der Gunn-Clan ein Museum zu seiner eigenen Geschichte eröffnet. Und in **Lybster** , einer sich zum Meer hinunter erstreckenden ziemlich großen Siedlung, ist bei der Nordmauer des Friedhofes eines der ansonsten in dieser Gegend recht seltenen keltischen Kreuze zu sehen.

Damit ist der Reigen der Sehenswürdigkeiten an dem Küstenteil der Etappe geschlossen, denn nun folgt eine einmalige Gelegenheit, die ruhigste Durchgangsstraße der Grafschaft Caithness durch eine faszinierende Moor- und Hügellandschaft zu erradeln. Dazu biegen Sie 2 km hinter Lybster links auf die Nebenstraße nach **Camster** ab, die gemächlich einen Hügel hinauf führt. Kurz vor der Kuppe befindet sich links neben der Straße eine äußerst sehenswerte Ansammlung prähistorischer Grabhügel aus Stein, ca. 5000 Jahre alt und über ins Moor getriebene Holzbohlen zu erreichen. Ausgrabungs- und Rekonstruktionsarbeiten an weiteren Hügeln sind in der Nähe noch im Gange; der Zugang ist jederzeit und gratis möglich. Von der Kuppe verläuft die Straße nordwärts hinab in die weite Ebene, die die Nordostecke der Grafschaft Caithness bildet. Sie stößt im Tal an einer T-Mündung auf die A882(T), die Sie links nach einem Kilometer in das Dorf **Watten** (einige Läden und Pubs) bringt.
Camping: Central Caravans, Oldhall, Tel. (095582) 215, 10 Standplätze, geöffnet April-Oktober, 5 km westlich am anderen Ende von Loch Watten.

Dort biegen Sie rechts ab auf die B870 Rchtg. Stanstill (beschildert, allerdings weder auf der O.S.-Karte noch auf Ortsschildern enthalten), kreuzen die Eisenbahnlinie und die B874 (leicht nach rechts versetzt) und fahren dann links auf der B876 Rchtg. Thurso. Nach einem Kilometer geht rechts die Nebenstraße nach **Lyth** ab.

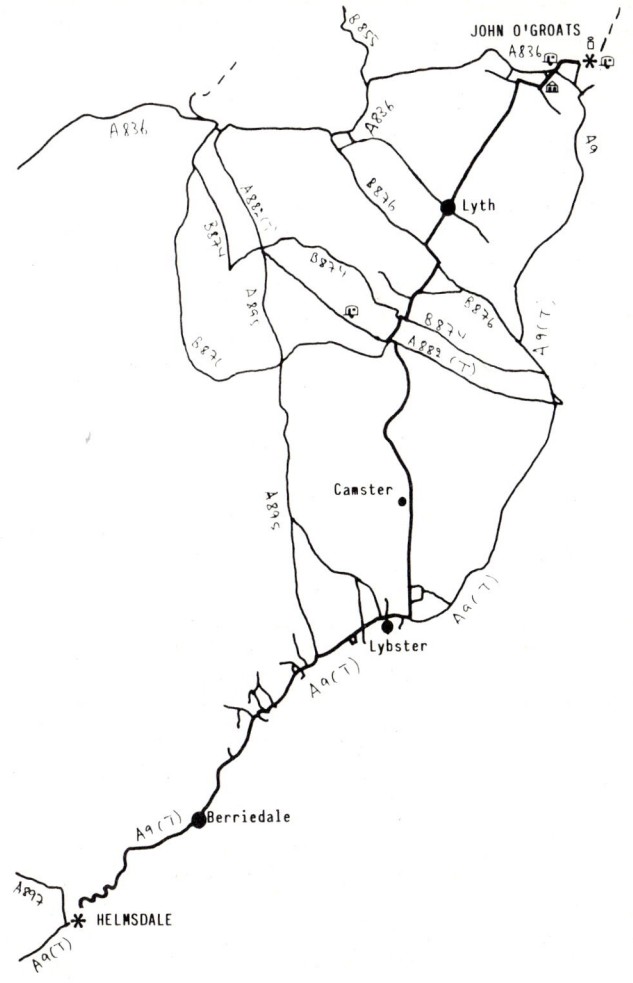

Cairn in Camster

Bei diesem Dorf (ca. 1 km östlich) gibt es nicht nur ein "Arts Centre" mit Kunstausstellungen (25 p Eintritt, Studenten gratis) und Theater-/ Musikaufführungen, sondern 200 m weiter außerdem eine Töpferei mit einem kleinen Kunsthandwerkszentrum (auch künstlerische Keramik, Textilien, Fotos und Gemälde).

Nach einem etwaigen Besuch im Arts Centre oder Craft Centre fahren Sie zu der letzten Kreuzung zurück, um wieder auf die nordwärts weiterführende Nebenstraße zu gelangen. Am Ende der Straße (T-Mündung) biegen Sie rechts ab nach **Canisbay** (Jugendherberge, s.u.) und von dort ggf. nach **John o'Groats.**

Das ist wahrscheinlich einer der bekanntesten Ortsnamen in Schottland, denn hier endet nach landläufiger Meinung das Festland. Zwar ist der nördlichste Punkt am **Dunnet Head,** auf halbem Weg nach Thurso gelegen, die größte Landausdehnung hat Großbritannien aber zwischen Land's End in Cornwall und eben John o'Groats. Dieser Umstand bringt dem Dorf einen konstanten Tourismus, obwohl es hier außer ein paar Andenkenläden wirklich nichts zu sehen gibt. Für Radtouristen interessant ist hingegen die Fährverbindung zu den Orkneys, die hier im Sommer besteht. Den Namen hat der Ort nach einem Holländer namens Johan de Groot, der hier für seine Familie eine achteckige Behausung gebaut haben soll, damit kein Familienmitglied ohne seine eigene Ecke war... Die Geschichte wird von einem Andenkenladen am Fähranleger in ebensolcher Bauweise wiederholt.

Information: Mai-September in Fähranlegernähe, Tel. (095581) 373.

Verkehrsverbindungen: Busverbindungen zu den Eisenbahnanschlüssen in Wick und Thurso; Fähre nach Burwick/South Ronaldsay, Orkney Inseln.

Jugendherberge: Canisbay, 48 Betten, geöffnet Mitte Mai-September, aufgrund der recht guten Anbindung an öffentliche Verkehrsmittel oft stark belegt.

Camping: Stroma View, Huna, Tel. (095581) 313, 15 Zeltstandplätze, geöffnet April-Oktober, 3 km westlich von John o'Groats an der A836; John o'Groats Caravan Site, Tel. (095581) 250 & 329, 45 Standplätze, geöffnet April-September, am Fähranleger.

Falls Sie statt nach John o'Groats lieber nach Thurso fahren möchten, um den Anschluß an Etappen oder Fähren von dort zu bekommen, so können Sie das entweder auf der B876 bis Castletown (dann A836) oder ab Lyth über die Nebenstraße nach Greenland zur B876 nach Castletown tun.

Etappe 70:
Gairloch - Poolewe - Laide - Braemore Forest - Ullapool (90 km)

Der mittlere Teil der Wester Ross Küstenstraße.

Die Etappe beginnt in Gairloch auf der A832 nach **Poolewe,** einem kleinen Ort am Südende von Loch Ewe, dessen Stolz mit Recht die Parkanlagen von **Inverewe Garden** sind. Ungeachtet der rauhen Winde und starken Regenfälle an diesem Küstenstreifen hat ein wohlhabender Schotte hier ein exotisches Paradies geschaffen, mit Palmen, Eukalyptusbäumen, allerlei subtropischen oder südpazifischen Gewächsen. Nur die milden Temperaturen des Golfstroms begünstigten das Vorhaben, das zur bemerkenswertesten gärtnerischen Leistung auf den britischen Inseln wurde. Seit 1952 betreut der National Trust das Anwesen; er hat ein Informationszentrum eingerichtet und betreibt auch eine Cafeteria. Der Besuch der letzteren bietet eine kleine Möglichkeit, einen Blick auf Teile der Pracht zu werfen; ansonsten sind £ 1,40 Eintritt fällig. Der Park ist ganzjährig von 9 h bis Sonnenuntergang, maximal bis 21 h, zugänglich, das Besuchszentrum April-Oktober bis maximal 18.30 h.

Camping: Inverewe Caravan Park, Tel. (044586) 249, 5 Zeltstandplätze, geöffnet April-September, in Poolewe an der A832.

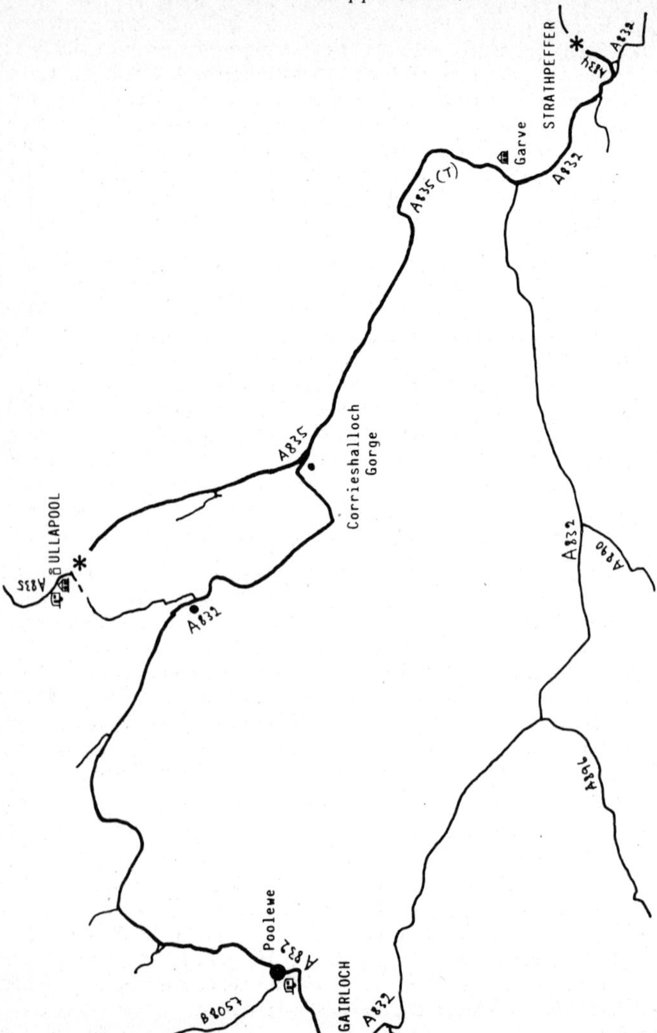

STRATHPEFFER

A832

A834

Garve

A835 (7)

A832

A835

Corrieshalloch Gorge

A832

A890

ULLAPOOL

A835

A832

Poolewe

A832

GAIRLOCH

A832

A8058

A8056

Auf der folgenden, teils felsigen und kargen Küstenstrecke sind die Übernachtungsmöglichkeiten für Nicht-(Wild)Camper dünn gesät; eine größere Zahl von B&B-Angeboten gibt es eigentlich nur in **Aultbea,** einem mittleren Dorf etwa 8 km nördlich von Poolewe. Die Buchten auf diesem Teilstück sind durchweg mit schönen Sandstränden gesegnet, allerdings täuscht die Idylle: die **Gruinard Bay,** die erste Bucht östlich von Poolewe, ist zum Baden denkbar ungeeignet, da die gleichnamige vorgelagerte Insel im Zweiten Weltkrieg als Versuchsgelände für biologische Kriegsführung gedient hat und immer noch mit Milzbranderregern verseucht ist. Fahren Sie also besser gleich weiter.

Vor der Siedlung Dundonnell kommen Sie am Ardessie Wasserfall vorbei; an dieser Stelle gibt es einen schönen Ausblick auf den Fjord Little Loch Broom. Bei der Siedlung selbst oder beim einige Kilometer folgenden Haus gibt es eine Möglichkeit zur Abkürzung der Strecke: Sie können auf einer kleinen Straße Rchtg. Badrallach und Aultnaharrie links abbiegen, einen etwa 300 m hohen Berg erklimmen und dann auf einem unbefestigten Pfad nach Aultnaharrie hinunterfahren bzw. wahrscheinlich eher schieben, denn der Zustand des Weges ist erbärmlich. Dadurch kommen Sie zum Aultnaharrie Hotel, gleich gegenüber von Ullapool. Im Sommer verkehrt hier tagsüber alle zwei Stunden eine kleine, hoteleigene Fähre. Vorsichtshalber sollten Sie sich aber, bevor Sie sich auf den Weg machen, telefonisch erkundigen, ob die Verbindung auch besteht: Tel. (085483) 230.

Ansonsten fahren Sie weiter auf der A832 eine langgezogene Steigung hinauf und dann zum Braemore Forest wieder hinab. Kurz vor dem Erreichen der Talstraße kommen Sie an der Schlucht **Corrieshalloch Gorge** vorbei, mit 50 m hohem Wasserfall und einer Hängebrücke quer hinüber. Der National Trust erhebt dafür ausnahmsweise keinen Eintritt. Nach der Überquerung des Flusses im Tal biegen Sie links ein auf die A835(T), die Sie fast genau nordwärts nach Ullapool bringt. Etwa 2 km vor der Stadt befindet sich ein Aussichtspunkt, von dem aus sich ein besonders schöner Blick auf die weißen Häuserreihen und Loch Broom bietet.

Ullapool, 1100 Einwohner, Highland Region (Ross-shire), nennt sich selbst tiefstapelnd "das größte Dorf in Wester Ross", ist aber durchaus schon etwas städtisch angehaucht. Der Ort wurde 1788 als Heringshafen angelegt und dient in der herbstlichen Fangsaison nach wie vor diesem Zweck. Loch Broom ist dann ein beliebter Liegeplatz für Verarbeitungsschiffe aus aller Welt, und das rege Fischertreiben sorgt dafür, daß der Ort nach Ende der Sommersaison nicht verödet. Außerdem ist Ullapool der Hauptfährhafen zu den Äußeren Hebriden und für viele Touristen der nördlichste Ort Schottlands, den sie besuchen. Konsequenterweise ist die touristische Infrastruktur in Ullapool besonders stark ausgeprägt, ohne daß das Städtchen vom Rummel verschluckt worden wäre. Vielleicht liegt das daran, daß die Abhängigkeit von den Reisenden nicht vollständig ist, sondern die Fischerei ein wichtiger Erwerbszweig geblieben ist. Freizeitangler und Vogelfreunde kommen übrigens ebenfalls auf ihre Kosten, denn die vor der Küste liegenden Inseln, besonders die **Summer Isles,** bieten für diese Hobbys einiges. Für Regentage gibt es zu guter Letzt ein kleines Heimatmuseum.

<u>Information:</u> Ostern-September, Tel. (0854) 2135.

<u>Verkehrsverbindungen:</u> Fähre nach Stornoway, Lewis, 1-2 Abfahrten täglich, ca. £ 7,50 je Strecke; Personenfähre über Loch Broom.

<u>Jugendherberge:</u> Shore Street, Tel. (0854) 2254, 84 Betten, geöffnet Ostern-September, an der Hafenpromenade, recht große Schlafsäle.

<u>Camping:</u> Ardmair Point Caravan Site, Tel. (0854) 2054, 45 Standplätze, geöffnet April-September, 5 km nördlich an der A835; Broomfield Holiday Park, Shore Street, 108 Standplätze, geöffnet April-Oktober, am Ende der Hafenpromenade.

<u>Fahrräder:</u> Verleih bei Loch Broom Community Ass., Recreation Park; Verkauf & Ersatzteile bei Ullasport, West Argyle Street, Tel. (0854) 2621, Sportgeschäft mit begrenztem Fahrradangebot.

<u>Waschsalon:</u> im Broomfield Holiday Centre, s. Camping, täglich geöffnet.

Etappe 71:
Strathpeffer - Garve - Braemore Forest - Ullapool (65 km)

Quer durch das Hochland zur Westküste.
Diese Strecke verläuft in Ermangelung von Nebenstraßen durchgehend auf Hauptstraßen. Da die gleiche Strecke Zubringer zur Fähre nach Stornoway (Lewis) ist, müssen Sie mit relativ viel Verkehr rechnen - auch wenn nördlich von Inverness "viel Verkehr" etwas ganz anderes bedeutet als z.B. auf der Strecke Edinburgh-Inverness.

Die Etappe beginnt in Strathpeffer auf der A834, auf der Sie ca. 3 km weit südwärts bis Contin fahren. Dort wenden Sie sich nach rechts auf die A832 Rchtg. Gairloch und fahren auf ihr bis **Garve** (letzte Bahnstation der Linie Inverness-Kyle of Lochalsh an der Strecke). Bei diesem Ort war für 1986 die Eröffnung einer unabhängigen Herberge angekündigt: Sail More Croft, Comusnagaul, Dundonald, bei Garve, ggf. vor Ort Erkundigung nötig.

Von der A832 zweigt rechts die A835(T) Rchtg. Ullapool ab, eine stetig sich zwischen Bergketten hinziehende, meist neben Flüssen und Seen verlaufende Straße. Am Braemore Forest, in Höhe der Schlucht von Corrieshalloch Gorge, trifft die Strecke auf Etappe 70 (s. dort) nach **Ullapool**, dem Etappenziel.

Etappe 72:
Ullapool - Drumrunie -
a) Coigach - Lochinver - Unapool - Scourie - Laxford Bridge (105 km)
b) Ledmore - Skiag Bridge - Unapool - Scourie - Laxford Bridge (82 km)

Der nördliche Teil der Wester Ross Küstenstraße mit Weiterführung zur Nordwestspitze. Verproviantierung ist angesagt, da es außer in den wenigen Orten keine Läden gibt.
Während die Variante A auf kleinen Straßen die Küstenlinie abfährt und dabei etliche steile, aber kurze Steigungen enthält, verläuft die zweite Variante durchgehend auf der hier nur noch mäßig befahrenen Haupstraße mit erheblich längeren, dafür gemäßigteren Steigungen. Die erste Variante kann ab Lochinver noch abgewandelt werden (s.u.); Anschluß an Etappe 73 ist nur über Variante B möglich.

Die Etappe benutzt für die ersten ca. 12 km in jedem Fall die A835 nach Norden. Bei der Siedlung Drumrunie müssen Sie sich dann für eine der beiden Varianten entscheiden.

Strecke A knickt links auf eine kleine Nebenstraße ab und führt an zwei Seen entlang westwärts, bis am Aussichtspunkt des Aird of Coigach rechts eine andere Nebenstraße nach Lochinver abzweigt. Falls Sie auf der Sackgasse Rchtg. Summer Isles einen Abstecher einlegen möchten, folgen Sie stattdessen der geradeaus um Loch Osgaig herumführenden Strecke nach **Achiltibuie.** Wegen der besonders schönen Lage dieses Ferienortes werden Sie dort zwar nicht auf die absolute Einsamkeit treffen, aber immerhin auf einige Unterkunftsmöglichkeiten, und zwar außer Hotels folgende:
Jugendherberge: Achininver, 20 Betten, kein Telefon, kein Warenverkauf, geöffnet Juni-September, 4 km südlich von Achiltibuie am Horse Sound.
Camping: Achnahaird Caravan and Camping Site, Tel. (085482) 348, 30 Standplätze, Fahrradverleih, geöffnet Mai-September, nordwestlich von Loch Osgaig.

Vom Aird of Coigach fahren Sie nordwärts bis **Lochinver** auf einer Straße durch karge Fels- und Seenlandschaft. Lochinver ist ein Fischerdorf, das wegen der landschaftlichen Schönheit seiner Lage und Umgebung zu einem Ferienort geworden ist.
Information: Mai-September, Tel. (05714) 330.
Jugendherberge: Recharn, Achmelvich, Tel. (05714) 480, 36 Betten, geöffnet Mitte Mai-September, 6 km westlich abseits der B869 an der Bucht.

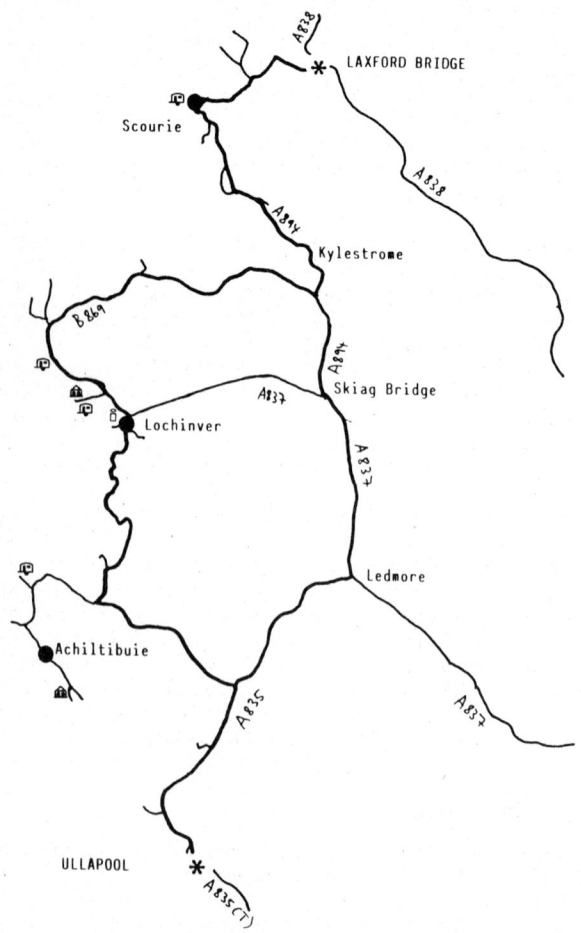

LAXFORD BRIDGE

A838

A838

Scourie

A894

Kylestrome

B869

A894

Skiag Bridge

A837

Lochinver

A837

Ledmore

Achiltibuie

A835

A837

A835

ULLAPOOL

A835(T)

<u>Camping:</u> Mrs. Macleod, Recharn, 102 Achmelvich, Tel. (05714) 250, 15 Standplätze, geöffnet April-Oktober, nahe der JH; Clachtoll Caravan & Camping Site, Tel. (04083) 3192, 60 Standplätze, geöffnet Mai-September, 10 km von Lochinver an der B869.

Die B869 über Drumbeg ist eine extrem wellenförmige Strecke, mit vielen kurzen, aber sehr steilen Steigungen. Wer das vermeiden möchte, sollte von Lochinver die A837 bis Skiag Bridge nehmen und dort entsprechend Variante B weiterfahren. Ansonsten folgen Sie der einspurigen B869 durch **Drumbeg** (Einkaufsmöglichkeit) bis Newton, einer kleinen Siedlung unweit von Unapool, Kylesku und Kylestrome; hier treffen Sie in jedem Fall auf die andere Variante.

Strecke B bleibt in Drumrunie auf der A835, führt vorbei an Knockan, wo ein Visitors Centre mit naturkundlicher Ausstellung existiert, durch Elphin zur Straßenmündung **Ledmore Junction,** wo ggf. Anschluß an Etappe 73 besteht. Biegen Sie links auf die A837 ein und radeln zwischen Bergketten hindurch nordwärts. Abseits der Straße befinden sich bei Ichnadamph einige Kalksteinhöhlen, in denen prähistorische Funde gemacht wurden. Ein paar Kilometer stehen am Ostufer von Loch Assynt die spärlichen Überreste von Ardvreck Castle aus dem 16. Jahrhundert. Kurz darauf, in **Skiag Bridge,** verlassen Sie die nach links führende A837 auf die A894 nach Unapool, wo die beiden Etappen-Varianten sich vereinigen.

Kurz hinter diesem Punkt liegt das Örtchen Kylesku, bis vor noch nicht zu langer Zeit ein Anlaß zur Zwangspause, weil hier zum anderen Ufer nach **Kylestrome** eine Fähre benutzt werden mußte. Diese geistert zwar auch in neuesten Reiseführern noch umher, ist aber in Wirklichkeit seit August 1984 von einer neuen Brücke abgelöst worden. Auf dieser Brücke überqueren Sie den Meeresarm und fahren weiter nach **Scourie,** einem Dorf mit ein paar Einkaufsmöglichkeiten und den angeblich nördlichsten Palmen der Welt - die Sucht der Briten nach exotischen Pflanzen wird sich sicherlich im Laufe der Zeit noch weiter nach Norden bewegen. Außer ein paar B&B-Häusern gibt es noch einen Campingplatz.
<u>Camping:</u> Scourie Caravan & Camping Park, Harbour Road, Tel. (0971) 2217, 30 Standplätze, geöffnet Ostern-Oktober, Vorbuchung nur telefonisch am Morgen des Ankunftstages möglich, an der Scourie Bay gelegen.

Nach weiteren ca. 10 km endet die Etappe an der **Laxford Bridge,** wo Anschluß an die Etappen 74 und 76 besteht.

Etappe 73:
Ledmore - Oykel Bridge - Lairg (44 km)

Entspannende Querstrecke durchs nördliche Hochland.

Diese Etappe bietet mit einer besonders schönen Binnenlandstrecke eine günstige Möglichkeit, zur infrastrukturarmen Westküste eine Alternativstrecke zu finden. Es gibt Anschlußmöglichkeiten an vier andere Etappen nach Norden, Nordosten, Nordwesten und Südwesten.

Wenn Sie in Ledmore Junction ostwärts auf der A837 fahren, haben Sie eine Strecke vor sich, auf der Sie sich von allen etwaigen Steigungsstrapazen der Küste erholen können. Durch eine ruhige Landschaft ohne nennenswerte Steigungen geht es über sanfte Hügel, durch Wald- und Heidegebiete ins Tal des River Oykel. Es gibt an dieser Strecke keine nennenswerte Ansammlung von Häusern. Die erste Möglichkeit zur Einkehr ist das Hotel in **Oykel Bridge,** wo Sie auf die andere Flußseite wechseln. Erst nach etwa 30 km gibt es eine Möglichkeit, rechts (Rchtg. Inveroykel) abzubiegen; falls Sie zur Jugendherberge in Carbisdale Castle oder ohnehin über Bonar Bridge weiterfahren möchten (s. Etappe 67), nehmen Sie diese Nebenstraße - es gibt danach bis Bonar Bridge keine Brücke über den Oykel und den Kyle of Sutherland. Ansonsten fahren Sie geradeaus weiter, bis hinter Invercassley links die A839 nach **Lairg** (s. Etappe 67) abzweigt. Dort ist das Etappenende erreicht. Sie haben dort direkten Anschluß an die Etappen 67 (Rchtg. Inverness), 74 (Rchtg. Laxford Bridge), 75 (Rchtg. Bettyhill), und über Bonar Bridge an Etappe 68 (Rchtg. Helmsdale/John o'Groats).

Etappe 74:
Laxford Bridge - Loch Shin - Lairg (60 km)

Durch einsamste Berge und an Seen entlang Richtung Südosten.
Diese Strecke kehrt dem nordwestlichen Hochland den Rücken; sie ist eindeutig in Richtung auf das Zentrum um Inverness gerichtet. Im allgemeinen darf man dabei mit Rückenwind rechnen, weshalb vom Befahren in Gegenrichtung abgeraten werden muß.

Fast für die gesamte Strecke wird die (einspurige) A838 benutzt, und zwar aus dem einfachen und überzeugenden Grund, daß es keine Ausweichmöglichkeit gibt. Die Straße führt durch extrem einsame Gegenden, nur ganz vereinzelt an Häusern vorbei; etwa auf halber Strecke gibt es ein Hotel für eine Rast. Vor allem der erste Teil enthält einige Steigungen, die aber mit etwas Glück vom Rückenwind gemildert werden. Die zu überwindenden Hügel trennen die neben der Straße liegenden Seen voneinander;

die zweite Etappenhälfte verläuft ständig am oder nahe beim Ufer des
25 km langen Loch Shin.
Erst kurz vor dem Etappenziel mündet die A838 in die A836 nach **Lairg**
(s. Etappe 67).

Etappe 75:
Lairg - Altnaharra - Strathnaver - Bettyhill (74 km)

Eine direkte Strecke zur Nordküste Schottlands, die ggf. auf etwa 60 km
verkürzt werden kann (s.u.).
Diese Etappe, die in Lairg auf der A836 Rchtg. Tongue startet, wetteifert mit Etappe 74 darum, durch die einsamsten Regionen des Hochlandes
zu führen. Nur auf halber Strecke gibt es so etwas wie ein Dorf, ansonsten nur vereinzelte Gehöfte, einen Gasthof und jede Menge Natur.

Die ersten 20 km der Straße, auf denen die A836 allmählich höher klet-
tert, sind von teils umfangreichen Aufforstungsgebieten gesäumt. Wenn
Sie am Crask Inn, dem einzigen Gasthaus an der Strecke, vorbeigekommen
sind, verändert sich die Landschaft zu Heide und Moor, eine faktisch
völlig unbesiedelte Gegend. Nach gut 30 km Fahrt erreichen Sie mit
Altnaharra den ersten und einzigen Ort dieser Strecke.

Dort fahren Sie entweder geradeaus weiter, zwischen Ben Loyal und Loch
Loyal hindurch, bis **Tongue** (Jugendherberge, s. Etappe 76), oder Sie
biegen auf die ebenfalls einspurige B873 ab, die am Loch Naver entlang
und durch das folgende Tal des River Naver verläuft und erst etwa 5 km
vor **Bettyhill** auf die A836 in dieses Örtchen trifft. Dort gibt es im
Strathnaver Museum einiges über die Lebensweise in den Highlands vor den
Clearances zu erfahren. Der Ort ist vergleichsweise gut mit B&B-Häusern
zu günstigen Preisen bestückt.
Information: Mai-September, Tel. (06412) 342.
Camping: Craigdhu Caravan Site, Tel. (06412) 273, 90 Standplätze,
geöffnet April-Oktober, im Dorf gelegen.

Etappe 76:
Laxford Bridge - Durness - Tongue - Bettyhill (92 km)

Um die Nordwestecke des schottischen Hochlandes.
Diese Strecke beinhaltet die spektakulärsten Stellen der Nordküste;
optische Genüsse vom feinsten als Entschädigung für viele Kilometer
winderungsreicher Straßen werden geboten. Die Etappe beginnt auf der
einzigen Straße, die es hier gibt, nämlich der (einspurigen) A838. Bevor

Kartenskizze Etappe 73-76

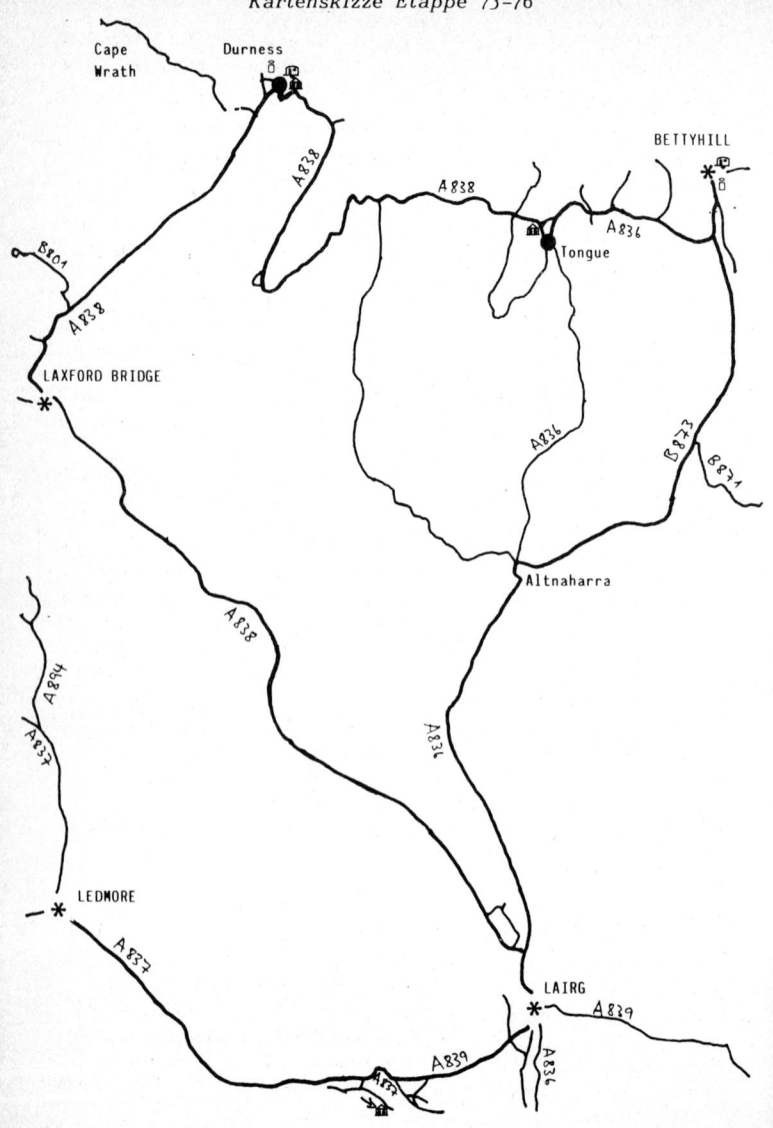

Cape
Wrath

Durness

A838

B801

A838

LAXFORD BRIDGE

*

A838

A894

A837

LEDMORE

*

A837

A838

BETTYHILL

*

A838

A836

Tongue

A836

B873

B871

Altnaharra

A836

A839

LAIRG

*

A839

A836

A839

Sie um die Kurve etwa 2 km hinter Laxford Bridge Richtung Nordosten ab-
drehen, sollten Sie sich noch einmal umwenden: der Blick lohnt sich.
Danach führt die Straße zwischen einer Hügelkette im Westen und 2-3 mal
so hohen Bergen im Osten hindurch nach Durness.

Durness, 300 Einwohner, Highland Region (Sutherland), ist der nord-
westlichste Ort Schottlands; der westlich liegende Landzipfel ist
durch Berge und den Kyle of Durness, an dem man schon Kilometer vor
dem Ort entlangfährt, vom Rest der Welt abgeschnitten. Man kann aber
dennoch zu **Cape Wrath,** wie diese Anhäufung von Klippenszenerien
heißt, gelangen: bei Keoldale, südlich von Durness, gibt es im Sommer einen regelmäßigen Bootsverkehr über den Kyle, und wer sein Rad
nicht mit hinübernehmen möchte, findet zusammen mit den anderen
Fahrgästen Anschluß mit einem Kleinbus, der zum Leuchtturm an der
Kapspitze fährt. Dort kann man dann in den Klippen umherstreifen,
Seehunde und anderes Getier beobachten und sich den Wind um die Nase
wehen lassen. Ein Naturerlebnis besonderer Art, das man sich nicht
entgehen lassen sollte.
Das recht umfangreiche Übernachtungsangebot von Durness gibt bereits
Hinweise darauf, daß in der Hauptsaison, d.h. etwa ab Mitte Juli,
der touristische Andrang an diesem markanten Punkt etwas größer ist
als sonst in der Einsamkeit des nordschottischen Hochlandes. Es gibt
aber in der Tat noch weitere Attraktionen bei diesem Ort. Eine ist
die Kirche von Balnakeil, 2 km westlich von Durness, ein Bau von
1619. In dieser Siedlung war früher eine Frühwarnstation der Air
Force untergebracht; die ehemaligen Kasernen gehören heute einer Ko-
operative von Kunsthandwerkern, die hier einen Laden und gastronomische Betriebe unterhält.
Nur bei Ebbe können Sie die 2 km östlich von Durness gelegene Kalk-
steinhöhle **Smoo Cave** betreten, d.h. die äußerste der drei Kammern -
die anderen zwei stehen ständig unter Wasser.
Information: Mai-September, Tel. (097181) 259.
Jugendherberge: Smoo, Tel. (097181) 244, 40 Betten, geöffnet Mitte
Mai-September, nahe der Smoo Cave.
Camping: Sango Sands Oasis Caravan & Camping Site, Tel. (097181)
262, 75 Standplätze, Fahrradvermietung, geöffnet Ostern-September.

Von Durness aus windet sich die A838 an der Küste und dann am Loch Eri-
boll entlang ostwärts - zumindest theoretisch, denn faktisch führt der
recht lange Weg um die Meeresbucht größtenteils südwestlich, so daß Sie
nach der Umrundung nur wenige Kilometer nach Osten gekommen sind. Rich-
ten Sie Ihre Gedanken und Blicke also nicht auf die Straße am anderen
Ufer der Bucht, auf der Sie eine Stunde später selbst langfahren werden,

sondern schenken Sie Ihre Aufmerksamkeit dem Berg- und Meerespanorama; es lohnt sich. Hinter der Brücke bei Hope geht es dann über einen Berg (etwa 200 m Höhenunterschied) zum Kyle of Tongue, über den ein Damm hinüber nach **Tongue** führt, einem kleinen, schön gelegenen Ort mit einer Burgruine aus dem 14. Jahrhundert.

Jugendherberge: Tel. (084755) 301, 52 Betten, geöffnet April-September, beim Damm über den Kyle of Tongue gelegen.

Von Tongue aus führt die A836, zu der Sie über eine Verbindungsstraße auch direkt vom Damm aus gelangen können, zuerst an der Küste entlang und dann über ein hügeliges Stück Binnenland nach **Bettyhill**, dem Etappenende (s. Etappe 75).

Etappe 77:
Bettyhill - Melvich - Thurso - John o'Groats (87 km)

Immer an der Nordküste entlang zum Ende der schottischen Welt.
Diese Etappe ist Zubringerstrecke zu den Fährhäfen nach den Orkneys; da der letzte Abschnitt (ab Thurso) landschaftlich ziemlich uninteressant ist und auch am Ziel nicht viel zu bieten hat (s. Etappe 69), sollte er nur in Zusammenhang mit einem Inselbesuch absolviert werden. Außerdem ist das Befahren dieses Teilabschnitts in Gegenrichtung nicht zu empfehlen, da zur etwas langweiligen Landschaft der ständige Westwind als entnervende Zugabe mitgeliefert wird. Wer hingegen an einem Tagesbesuch auf den Orkneys mit Busrundfahrt (empfehlenswert) interessiert ist und anschließend Etappe 69 in umgekehrter Richtung befahren möchte, sollte sich vom Rückenwind bis John o'Groats schieben lassen.
Dazu wird durchgehend die A836 benutzt, die - anfangs einspurig und mit vielen kleinen Windungen - ostwärts führt. Von der Melvich Bay wird die Straße breiter, die Landschaft flacher. Nachdem rechts die A897 Rchtg. Helmsdale (übrigens wie alle nördlichen Hochlandstraßen eine sehr schöne Route, als Abkürzung zu empfehlen) abgezweigt ist, überschreiten Sie die Grenze zur ehemaligen Grafschaft Caithness und kommen nach einigen Kilometern an einer Anlage vorbei, die als Beispiel für die Einstellung britischer Regierungen gesehen werden kann, Schottland als Versuchsgelände für gefährliche Experimente zu nutzen: **Dounreay Nuclear Establishment,** ein Versuchszentrum der britischen Atomenergiebehörde. Bereits seit 1955 (Baubeginn) werden hier riskante Spiele mit Kernspaltung betrieben; die auch militärisch genutzten Reaktoren sind ständig erweitert worden. Die Anlage kann im Sommer besichtigt werden; außer dem ersten Schnellen Brüter des Landes (mittlerweile durch einen moderneren ersetzt) gibt es eine von technischem Zweckoptimismus geprägte Ausstellung. Nennenswerten Widerstand gegen Dounreay hat es im dünn besiedelten nordschottischen Hochland nie gegeben, während auf den Orkneys, in deren unmittel-

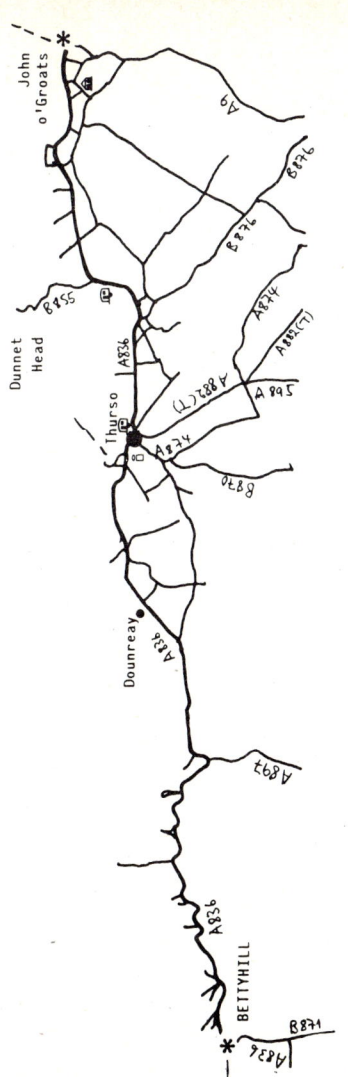

barer Nachbarschaft Lagerplätze für Atommüll und Aufbereitungsanlagen geplant sind, durchaus Proteste sicht- und hörbar sind. Nur - die Regierung in London ist weit...

Etwa 15 km hinter der Atomanlage erreicht die A836 Thurso.

Thurso, 9500 Einwohner, Highland Region (Caithness), ist die nördlichste Stadt des britischen "Festlandes", ein recht großzügige Stadtanlage und ein Ort, in dem mit Opposition gegen die nahe Kernkraftanlage nicht zu rechnen ist: seit Bau des Schnellen Brüters hat sich die Einwohnerzahl verdreifacht, die meisten Bewohner sind also zumindest in Kenntnis des Ungetüms, wenn nicht sogar seinetwegen zugezogen. Der ständig gewachsene Tourismus, der Eisenbahnanschluß und der Fährhafen zu den Orkney Inseln tragen ebenfalls zum Wachstum der traditionell von Landwirtschaft lebenden Gegend bei. Konsequenterweise ist die Versorgung mit Geschäften aller Art in Thurso recht gut. Beim Stadtbummel kann man einen Blick auf die Ruine der Old St. Peter's Church und in das kleine Heimatmuseum (beim Rathaus) werfen.

Information: Riverside, Tel. (0847) 62371, Mai-September.

Verkehrsverbindungen. Eisenbahn nach Inverness (ab Georgemas Junction mit den Wagen aus Wick zusammengekoppelt); Fähren nach Stromness (Orkney), ziemlich unregelmäßiger Fährplan (bis zu 3 Fahrten täglich, mittwochs und in der Hauptsaison sonntags jeweils nur 12 h).

Camping: Maclean, 19 Mill Road, Tel. (0847) 62611, 10 Zeltstandplätze, geöffnet April-Oktober, an der A836 am östlichen Ortsrand; Scrabster Road, 50 Zeltstandplätze, geöffnet Mai-September, an der A882 Rchtg. Fährhafen.

Fahrräder: The Bike Shop (CTC-empfohlen), 52 Princess Street, Tel. (0847) 66124.

Waschsalon: Thurso Laundrette, Riverside Place, Tel. (0847) 63266, mo-sa bis abends geöffnet.

Von Thurso an verläuft die Etappe auf der A836 durch die ebene Landwirtschaftregion von Caithness. Wenn Sie die vom Meer aus ansehnliche Küstenlinie betrachten wollen, sollten Sie einen Abstecher zur nördlichsten Landzunge Schottlands, **Dunnet Head,** machen, zu erreichen etwa 11 km von Thurso über die B855. An der Spitze der Klippen steht ein Leuchtturm auf einem etwa 125 m hohen Sandsteinfelsen.

Camping: Dunnet Bay Caravan Club Site, Tel. (084782) 319, 45 Standplätze, an der Bucht nahe der A836 südlich von Dunnet.

Die restlichen 20 km dieser Flachlandstrecke bringen Sie schließlich zum Etappenende, nach **John o'Groats** (s. Etappe 69).

Etappe 78 (Orkney):
Stromness - Waith - Skara Brae - Brough Head - Dounby - Stoneyhill -
Maes Howe - Kirkwall - Foubister - Lamb Holm - Burray - St. Margaret's
Hope - Burwick (110 km)

Eine Strecke über die Hauptinseln der Orkneys, die von beiden Endpunkten
aus auch unkompliziert zu einer Rundstrecke ergänzt werden kann. Die
Streckenführung ist so angelegt, daß alle interessanten Punkte der
Hauptinseln berührt werden. Da das Straßennetz recht dicht ist, gibt es
keinerlei Probleme, die restlichen Straßen zur Vervollständigung einer
Rundtour zu nutzen.

Die Orkneys sind eine Ansammlung von über 50 teils winzigen Inseln, von
denen 24 bewohnt sind. Der südlichste Zipfel von South Ronaldsay liegt
nur 10 km vom schottischen Festland entfernt und ist durch die Fähre von
John o'Groats aus schnell zu erreichen. Schon bei der Ankunft wird
augenfällig, daß die Orkney-Inseln eine ganze andere Art von Schottland
sind: nicht Felsen, Klippen, einzeln stehende hohe Berge, Heide und Moor
bestimmen das Landschaftsbild, sondern sanfte Hügel und saftige Wiesen,
durchzogen von Seen und Meeresbuchten in einer Art und Weise, daß man
nie genau sehen kann, wo das Land aufhört und die offene See anfängt.
Hinter jeder Kurve bietet sich ein neuer Anblick, und die geringen Steigungen sind ein erholsamer Kontrast zu den manchmal steilen Hochlandstraßen. Die einzige Ausnahme macht die Insel **Hoy,** deren hohe Berge man
auf der Anfahrt per Fähre aus Scrabster/Thurso aus der Nähe sieht; das
ist auch die einzige Möglichkeit - von einem Fußweg auf der Insel abge-
sehen-, einen Blick auf den 130 m hohen Felsen "Old Man of Hoy" werfen
zu können.

Das englische Wort für Festland, "mainland", in Großbritannien ansonsten
für die Landmasse der Hauptinsel zwischen Land's End und John o'Groats
benutzt, bekommt auf den Orkneys einen anderen Sinn. Mainland ist hier
die mit Abstand größte der Inseln, und die mittlerweile über Dämme ange-
bundenen Inseln im Südosten erhöhen diese Landmasse noch. Die Etappenbeschreibung beschränkt sich deshalb auf diesen Teil der Orkneys. Das bedeutet aber keineswegs, daß die anderen Inseln nicht zugänglich oder
nicht interessant wären, im Gegenteil. Fast alle bewohnten Inseln sind
über Personenfähren, teils auch per Flugzeug zu erreichen; eine solche
Reiseart setzt aber einen längeren Aufenthalt voraus, bei dem die er-
wünschten Informationen unkompliziert zugänglich sind. Die bergige Insel
Hoy hat als einzige übrigens auch einen Autofährenanschluß ab Houton.
Wer die touristische Übersichtskarte im Informationsprospekt der Orkneys
aufschlägt, wird feststellen, daß die gesamte Inselgruppe mit "M" in
Frakturschrift übersät sind, der britischen Kennzeichnung für histori-

sche Monumente von Vorzeitgräbern bis zu Burgruinen. Diese Häufung historischer Gemäuer dokumentiert, daß die Inseln bereits seit rund 5000 Jahren bewohnt sind. Im Mittelalter gehörte Orkney durchgängig zum norwegischen Wikingerreich und war ein äußerst wohlhabendes Gemeinwesen. So ist es kein Zufall, daß die imposanteste mittelalterliche Kathedrale Schottlands ausgerechnet in Kirkwall, der Inselhauptstadt, steht. Nach der Verpfändung Orkneys an Schottland im Jahre 1468 sorgte das schottische Clansystem zwar für einen Rückgang des Wohlstandes der Orcadians, wie sich die Insulaner nennen, die Clearances des Hochlandes fanden hier hingegen nicht statt, es gab keine Entvölkerung und dadurch auch keine Verödung.

Schon seit der Wikingerzeit gab es auf der Nordmeerroute Marinestützpunkte auf den Orkneys sowohl für Handel als auch für kriegerische Aktivitäten - was ja ohnehin meist Hand in Hand ging. Diese Sitte wurde von den Schotten und Engländern übernommen und perfektioniert; außer Zollstationen für vorbeifahrende Schiffe gab es vor allem einen Flottenstützpunkt in der Bucht von **Scapa Flow**, der u.a. in beiden Weltkriegen Ankerplatz der britischen Flotte war. Nach dem Waffenstillstand von 1918 war dann der Großteil der deutschen Kriegsmarine in Scapa Flow interniert und sorgte im Juni 1919 dafür, daß der Name der Bucht weltweit bekannt wurde: auf ein Kommando des Admirals versenkten sich sämtliche 74 Schiffe in einer konzertierten Aktion, die 5000 Mann Besatzung begaben sich in Rettungsboote und dann in britische Gefangenschaft. Einige der Wracks liegen immer noch auf dem Grund des Meeres. Im zweiten Weltkrieg war ein nicht weniger spektakuläres Ereignis die Versenkung des britischen Kriegsschiffes "Royal Oak" durch ein deutsches U-Boot; weniger wegen der 800 ertrunkenen Seeleute als vielmehr der darauf folgenden Abriegelung der Bucht nach Osten durch Dämme zu den südöstlich gelegenen Inseln. Italienische Kriegsgefangene wurden zum Bau der mit Betonblöcken "verzierten" Dämme eingesetzt. Die martialische Vergangenheit wird auch dem oberflächlichen Betrachter durch die zahlreichen Schiffswracks auf beiden Seiten der **Churchill Barriers** genannten Dämme deutlich.

In jüngerer Vergangenheit haben zwei Entwicklungen die Orcadians bewegt: der schottische Ölboom, an dem auch die Orkneys einen gewissen Anteil haben, und die Atomwirtschaft. Während Ende der Siebziger Jahre der Abbau von Uran noch verhindert werden konnte, ist der Unmut der Insulaner nun durch geplante Atommülldeponien und Wiederaufbereitungsanlagen für das Plutonium aus Dounreay (s. Etappe 77) geweckt. Die Ablehnung scheint nahezu hundertprozentig zu sein, wenn man den praktisch in jedem Schaufenster ausgehängten Plakaten und Flugblättern glauben darf.

<u>Information:</u> Broad Street, Kirkwall, Tel. (0856) 2856, ganzjährig; Ferry Terminal Building, Stromness, Tel. (0856) 716, ganzjährig.

<u>Verkehrsverbindungen:</u> Flugplatz Tankerness bei Kirkwall mit Flügen (außer sonntags) nach Wick, Inverness, Aberdeen, Edinburgh, Glasgow und zu den größeren Inseln im Norden; Fähren von Stromness nach Scrabster/ Thurso und Hoy; von Kirkwall zu den nördlichen Inseln und zu den Shetlands, von Burwick nach John o'Groats, verschiedene kleine Privatfähren zu diversen Inseln.

<u>Jugendherbergen:</u> Stromness, 41 Betten, geöffnet Mitte Mai-September, am südlichen Ortsrand, Old Scapa Road, Kirkwall, Tel. (0856) 2243, 100 Betten, geöffnet Mitte Mai-September, am Südstrand an der Straße Rchtg. Hobbister; Hoy Hostel mit Außenstelle in Rackwick (8 km entfernt), insgesamt 28 Betten, geöffnet April-Mitte September, gemeindeeigene Herbergen, zugänglich mit JH-Ausweis; Beltrane House, Papa Westray, Tel. (08574) 267 & 238, 16 Betten, Fahrradverleih, ganzjährig geöffnet, auf der nördlichsten Insel, Eigentum der örtlichen Kooperative, mit JH-Ausweis zugänglich.

<u>Private Hostels:</u> Mrs. Brown, 47 Victoria Street, Stromness, Tel. (0856) 850661, 17 Betten, ganzjährig; Evie Hostel, Flaws, Tel. (085675) 208, 20 Betten, ganzjährig, an der Nordküste von Mainland; Hikers Hostel, Herston, Tel. (085683) 208, 12 Betten, ganzjährig, auf South Ronaldsay an der B9042; Tormison Academy, Burwick, Tel. (085683) 315, 24 Betten, am Südende von South Ronaldsay, Eday Hostel, Tel. (08572) 221, auf Eday.

<u>Camping:</u> zwei Plätze, jeweils 30 Standplätze, geöffnet Mitte Mai-Mitte September, gemeinsames Tel. (0856) 3535: Ness Point Caravan & Camping Site, Stromness, am Südrand der Stadt; Pickaquoy Caravan & Camping Site, Kirkwall, westlich der Stadt.

<u>Fahrräder:</u> Paterson (auch großes Verleihangebot), Tankerness Lane, Kirkwall, Tel. (0856) 3097.

<u>Waschsalon:</u> Laundrama, Kirkwall, gegenüber der Kathedrale, sonntags geschlossen.

Die Etappe beginnt in **Stromness**, einem alten Hafenstädtchen mit engen Gassen, dessen Ortskern unter Denkmalschutz gestellt ist. Die Stadt liegt sehr schön leicht ansteigend an einem Abhang. Es gibt hier eines der kleinen Museen, die auf Orkney einen sehr anheimelnden Charakter haben, ein bißchen dilletantisch und darum so liebenswert. Typisch dafür ist die Mischung von Heimatmuseum, naturgeschichtlicher Ausstellung und örtlicher Geschichte, die es hier in der Alfred Street am Nordrand der Stadt zu sehen gibt. Geöffnet ganzjährig, Eintritt 20 p. Am Pier der Fähre ist in einem "Arts Centre" eine Kunstgalerie zu finden, untergebracht in zwei Häusern aus dem 18. Jahrhundert an der Victoria Street, der Hauptstraße von Stromness. Der Eintritt ist frei, montags geschlossen. Von Stromness aus fahren Sie auf der A965 Rchtg. Kirkwall, bis nach 8 km

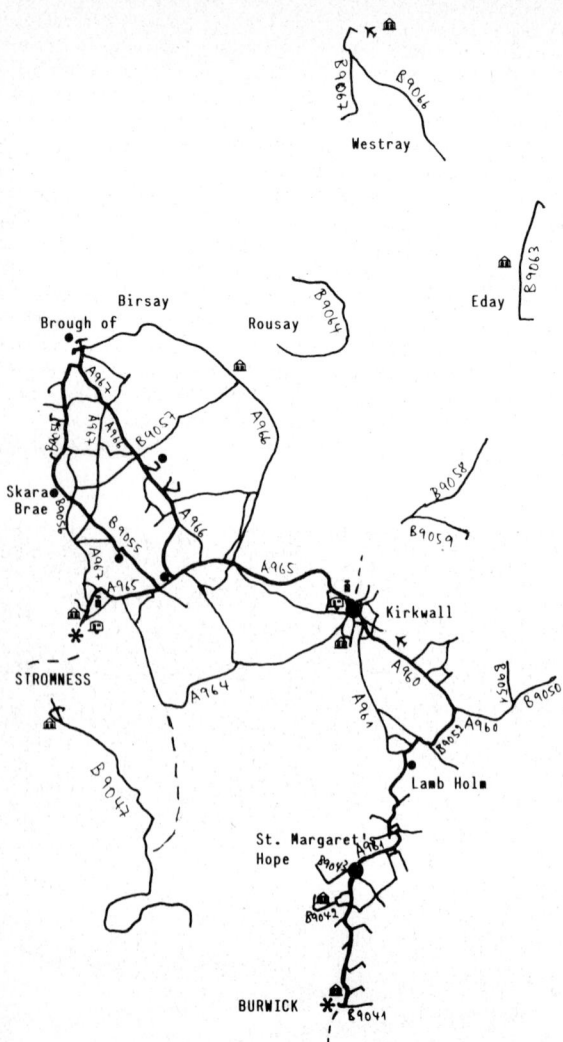

Westray

Eday

Rousay

Birsay
Brough of

Skara
Brae

STROMNESS

Kirkwall

Lamb Holm

St. Margaret's
Hope

BURWICK

A967
A966
B9053
A986
B9055
A967
A965
A965
B9059
B9058
A965
A964
A960
A961
A960
B9052
B9050
B9060
B9047
A961
B9043
B9042
B9041
B9044
B9046
B9063
B9064

246

links die B9055 abgeht. Diese Straße führt auf einem schmalen Landstreifen zwischen zwei Seen hindurch und kommt an zwei interessanten prähistorischen Stätten vorbei: zwei Steinkreise bzw. Reste davon, zuerst rechter Hand die vier verbliebenen Steine eines Kreises von 12 Exemplaren, dann nach einigen hundert Metern der "Ring of Brochar", ein immer noch 36 Monolithe umfassender Kreis von über 100 m Durchmesser. Beide Stätten sind gekennzeichnet und jederzeit und gratis zugänglich. Die B9055 kommt auf dem Weg nach Westen u.a. an einer Zufahrt zum Knowtoo Cottage vorbei, wo der Töpfer und Maler Sidney Smith arbeitet und eine Verkaufsausstellung unterhält, nur ein Beispiel für die zahlreichen Künstler und Kunsthandwerker, die sich auf Orkney angesiedelt (und teilweise auch die Grundstückspreise in die Höhe getrieben) haben. Die Straße kreuzt nach einigen Kilometern die A967 und stößt dann auf die B9056 nach **Skara Brae.** Das ist das besterhaltene Steinzeitdorf Europas, vor etwa 5000 Jahren nicht etwa verlassen, sondern von einem Sandsturm zugedeckt, wobei einige Bewohner gleich mitbegraben wurden. Bis zum Jahre 1850 blieb auf diese Art die gesamte Siedlung gut konserviert, bis ein ebenso starker Sturm die schützenden Erdmassen fortblies. Die aus zehn Häusern bestehende Siedlung kann für £ 1 Eintritt besichtigt werden.

Von Skara Brae aus führt die B9056 nach Norden und trifft etwas südlich von The Barony auf die A967. Fahren Sie in diesen Ort weiter, wo an einem kleinen Fluß die letzte noch tätige Wassermühle der Orkneys steht. Der Bau von 1873 kann gegen 50 p Eintritt im Rahmen von Führungen, die der Müller selbst durchführt, besichtigt werden. Im angeschlossenen Laden gibt es außer frischem Mehl auch Hafermehlpfannkuchen aus eigener Produktion zu kaufen, ein Imbiß, der im Gegensatz zur sonstigen schottischen Sitte frei von Zucker ist. Ein wenig weiter westlich liegen dann abseits der Straße die nicht sonderlich dekorativen Reste des Earl's Palace aus dem 16. Jahrhundert, und es folgt ein Zufahrtsweg zum Brough of Birsay. Das ist eine kleine Insel vor der Küste, die bei Ebbe über einen felsigen Klippenweg zu erreichen ist. Gleich zu Beginn der Insel befinden sich die Reste einer frühchristlichen Siedlung, die man sich von einem Führer erklären lassen kann (50 p Eintritt); wer sich mit dem Überblick über das Gelände zufrieden geben will, kann aber auch um das darum herum gehen und auf den Hügel dahinter klettern, von wo es schöne Ausblicke auf Land und Meer gibt.

Fahren Sie zurück durch The Barony, an der Wassermühle vorbei und weiter auf der A967. In Twatt, 4 km südlich, zweigt halblinks die A986 ab, die über Dounby nach Südosten verläuft. Etwa 2 km hinter Dounby führt links ein Zufahrtsweg (1 km den Hügel hinauf) zum Corrigall Farm Museum. Dort sollten Sie in jedem Fall einen Besuch einlegen (gratis), denn die restaurierte Farm des 19. Jahrhunderts mit Inneneinrichtung und scharrenden Hühnern ist wirklich sehenswert. Anschließend fahren Sie zurück zur A968 und weiter nach Südosten, bis rechts eine mit "Stoneyhill" beschilderte Nebenstraße abzweigt. Diese führt im Bogen zur A965, und nur wenige Meter südlich der Einmündung befindet sich **Maes Howe,** ein etwa 4500 Jahre altes Kammergrab in einem Hügel. Die schottischen Tourismusbehörden sehen es als besterhaltenes in Westeuropa an; bemerkenswert sind in der Tat die ungeheure Größe und das Gewicht der verwendeten Steinplatten, während die äußere Gestaltung z.B. gegen Newgrange (Irland) keine ernstzunehmende Konkurrenz darstellt. Geöffnet zu den üblichen Zeiten für £ 1 Eintritt.

Unweit des Grabhügels gibt es auf der anderen Straßenseite ein früheres Mühlengebäude, in dem heute außer einem Kunsthandwerks- und Andenkenladen auch ein Restaurant untergebracht ist. Von hier aus gelangen Sie über die A965 geradewegs nach **Kirkwall,** der Hauptstadt der Insel. Der schöne alte Stadtkern steht genau wie in Stromness unter Denkmalschutz; schmale Gassen ziehen sich zwischen alten Häusern hin und verführen durch ihr Plattenpflaster zu dem Irrtum, es handele sich um eine Fußgängerzone. Überragt wird das alles von der St.-Magnus-Kathedrale, der schönsten, weil einzig erhaltenen mittelalterlichen Kathedrale Schottlands, ein äußerst imposantes Bauwerk, das frei zugänglich ist. Etwas

Die Churchill Barriers

weiter stehen die Ruinen zweier Paläste (Earl Patrick's Palace, Bishop's Palace), die für zusammen 50 p besichtigt werden können, Freitagnachmittag geschlossen. Schräg gegenüber der Kathedrale schließlich ist in einem Kaufmannshaus des 16. Jahrhunderts das Tankerness Museum untergebracht, das Inselmuseum, ganzjährig und gratis geöffnet. Es enthält eine interessante Ausstellung zur Geschichte der Inseln.

Bei der Weiterfahrt aus Kirkwall benutzen Sie die A960 Rchtg. Flugplatz, an dem Sie nach einigen Kilometern vorbeikommen. Fahren Sie immer geradeaus, bis rechts die B9052 Rchtg. St. Margaret's Hope abzweigt. An dieser Straße liegt kurz vor der Einmündung in die A961 rechter Hand das Norwood Antiques Museum, eine anheimelnde private Sammlung im einem Haus des 19. Jahrhunderts, geöffnet Mai-September nur mi/do/so 14-17 h und 18-20 h, Eintritt 50 p.

Gleich links nach der Einmündung in die A961 führt ein Damm über den nördlichsten Teil der Churchill Barriers nach **Lamb Holm,** wo Sie in jedem Fall eine Rast einlegen sollten. Dort steht nämlich bei der Straße eines der ungewöhnlichsten Bauwerke neuerer Zeit auf den Orkneys, die "Italian Chapel". Diese Kapelle wurde im Zweiten Weltkrieg von italienischen Kriegsgefangenen, die beim Bau der Churchill Barriers eingesetzt waren, für ihre Gottesdienste gebaut. Sie verwendeten dazu zwei Wellblechhütten, die sie mit einem gemauerten Portal versahen; einige Künstler und Handwerker unter ihnen besorgten die Innenausstattung, die mit akribischer Malerei den Eindruck eines gemauerten Gewölbes erzeugt. Für den dabei hauptsächlich tätigen Maler wurde diese Aufgabe zu einem Lebenswerk, für das er nach Kriegsende noch auf den Orkneys blieb und später mehrmals zu Restaurierungsarbeiten zurückkehrte. Die Kapelle ist frei zugänglich, eine kleine Ausstellung zur Herstellung und Renovierung ist darin enthalten.

Die A961 überquert anschließend die kleine Insel Glimps Holm und das deutlich größere Eiland Burray, bevor der letzte Damm der vier Churchill Barriers South Ronaldsay erreicht. Auf dieser südlichsten Insel der Orkneys liegt der größte Ort der südlichen Inselgruppe, das Städtchen **St. Margaret's Hope.** Gleich neben der Abzweigung in den Ort befindet sich in einem Cottage das "Wireless Museum", eine Ausstellung von Funkausrüstung und zur Funkgeschichte der Inseln - die Orkneys waren und sind Standort ziviler und militärischer Sendestationen. Das Museum ist geöffnet April-September. Wenn Sie hinunter in den Ort fahren, können Sie einen Besuch in einem Craft Shop mit Pottery machen, der Töpferware mit recht interessanten Pastelltönen im Programm hat.

Nach etwa 10 km endet die Etappe im Dörfchen **Burwick,** wo eine keltische Kirche in Resten erhalten ist. Burwick ist der Fährhafen für die Personen-/Fahrradfähre nach John o'Groats.

Register

Ausführliche Informationen bzw. bei mehreren Seitenangaben die jeweilige Hauptnennung sind durch **halbfette** Seitenangaben gekennzeichnet; die Seitenzahlen der Abbildungen sind in Klammern gesetzt.

Dunrobin Castle

Mit dem Fahrrad auf Reisen

Nicht nur in Schottland machen Fahrradtouristen eine grundlegende Erfahrung:

Der Wind kommt immer von vorn

Der Titel dieses Buches steht stellvertretend für die Erfahrungen auf einer Fahrradreise, sei es in Dänemark oder anderswo.

Bei der Planung, Vorbereitung und Durchführung einer Reise, angefangen mit der Auswahl und Ausstattung eines geeigneten Fahrrades, gibt es eine Vielzahl von Details zu beachten.

Der Autor *Jürgen Rieck* hat in seinem Buch alle nötigen Informationen zusammengetragen. Die darin gegebenen Hinweise sind für jede Radtour gültig, gleich wie lange sie dauert und wohin sie geht. Sie sollen dazu beitragen, daß Fahrradreisen mit dafür ungeeigneten Fahrrädern, zu unterschiedlichen technischen und physischen Voraussetzungen, Planungsfehlern, falschen Landkarten, zu viel Gepäck und ungenügender Reparaturausstattung der Vergangenheit angehören.

Zur Vorbereitung Ihrer Reise sollten Sie sich dieses Buch besorgen. Da wird Ihnen auch dann der Spaß an der Reise nicht vergehen, wenn Sie das meteorologische Wunder erfahren:

Der Wind kommt immer von vorn.

160 Seiten, zahlreiche Fotos und Abbildungen.
Preis: DM 9,80.

Schottland ist nicht das einzige Fahrradreise-Paradies. Für die wichtigsten radtouristischen Gebiete Europas erscheinen in gleicher Art wie dieses Buch entsprechende Bände mit jeweils 80-120 Routenbeschreibungen auf ca. 300 Seiten.

Holland per Rad

Der bereits in 2. Auflage erschienene Band erschließt jene Wege, die eines der dichtestbesiedelten Länder Europas zum idealen Fahrrad-Reiseland machen. Abseits der Hauptstraßen werden Regionen vorgestellt, deren Existenz viele Touristen nicht einmal ahnen — auf Nebenstraßen an schmalen Kanälen, auf Fahrradrouten durch Wald und Heide, auf Dünenwegen und Treidelpfaden.

Irland per Rad

Das in 2. Auflage erschienene, 350 Seiten starke Buch trägt der ungewöhnlichen Beliebtheit des Fahrrades bei Irland-Reisenden Rechnung. In der Tat bilden die Grüne Insel und das Fahrrad eine ideale Kombination; fahrradfreundliche Nebenstraßen sind kaum irgendwo so verbreitet wie in Irland. Die 1986 erschienene Neuausgabe enthält jetzt auch Routen (insgesamt 117!) und Information zu Nordirland.

Dänemark per Rad

In unserem nördlichen Nachbarland hat die Verbreitung des Fahrrades als Alltagsverkehrsmittel — ähnlich und doch anders als in den Niederlanden, ein günstiges Nebenstraßen- und Radroutennetz geschaffen. Dänemark wird in diesem Band sowohl auf dem Festland als auch auf den diversen Inseln ausführlich beschrieben.

Geplant für 1987/88: Südschweden, Nordfrankreich, Südfrankreich, England, Ungarn.

Jeder Band mit etwa 300 Seiten kostet **DM 19,80.**

Die vorgestellten Bücher sind zu beziehen in jeder Buchhandlung oder direkt vom

Verlag Wolfgang Kettler · **Goethestr. 80** · **1000 Berlin 12**
Tel. (030) 312 91 78

Beim Verlag (*und nur dort*) gibt es außerdem ein Set von 4 Postkarten mit Radfahr-Grafiken von Jutta Herold aus den bisher erschienenen Büchern dieser Reihe. Preis: **DM 2,00**